Dieter Grimm

Deutsche Verfassungsgeschichte

1776–1866

Vom Beginn des modernen Verfassungsstaats bis zur Auflösung des Deutschen Bundes

Suhrkamp

edition suhrkamp 1271
Neue Folge Band 271
Erste Auflage 1988

Erstausgabe

Satz: Hümmer, Waldbüttelbrunn
Druck: Nomos Verlagsgesellschaft, Baden-Baden
Umschlagentwurf: Willy Fleckhaus
Printed in Germany

3 4 5 6 7 8 – 00 99 98 97 96 95

Inhalt

IV. Die Struktur der deutschen Verfassungen

V. Die Verfassungsentwicklung im Vormärz

VI. Die Revolution von 1848 und die Paulskirchen-Verfassung

Vorwort

Dieser Verfassungsgeschichte liegt die im folgenden näher erläuterte Auffassung zugrunde, daß die Verfassung in der modernen Bedeutung des Wortes ein historisches Novum bildet, das in Reaktion auf säkulare soziale Veränderungen des 18. Jahrhunderts entstanden ist und seitdem der Politik der Verfassungsstaaten die Struktur gibt. Daher ist die vorliegende Darstellung unter dem Blickwinkel der Durchsetzung, Ausbreitung und Krise der modernen Verfassung geschrieben worden, der freilich ihre Verzögerungen und Verhinderungen umfaßt. Daher setzt sie auch – obwohl deutsche Verfassungsgeschichte – dort ein, wo der Verfassungsgedanke zum Durchbruch kam, und beginnt zu einer Zeit, als in Deutschland an moderne Verfassungen noch nicht zu denken war. Auf diese Weise erst lassen sich die besonderen Bedingungen und Ausprägungen des Verfassungsstaats in Deutschland angemessen verstehen, ohne daß darin ein Bekenntnis zu der umstrittenen These vom »deutschen Sonderweg« erblickt werden dürfte.

In dem vorliegenden ersten Band ist vor allem die an Umwegen und Rückschlägen freilich reiche Etappe der Durchsetzung und Ausbreitung des Verfassungsstaats zu behandeln. Im folgenden zweiten Band wird nach einer kurzen Phase der Konsolidierung stärker von Krise und Verfall zu sprechen sein. In der bundesrepublikanischen Gegenwart scheint der Verfassungsstaat jedoch unangefochtener denn je und durch die ausgedehnte Verfassungsgerichtsbarkeit, die das Bonner Grundgesetz eingeführt hat, erstmals in voller Wirksamkeit dazustehen. Gleichwohl mehren sich die Anzeichen, daß die Verfassung angesichts gewandelter Geltungsbedingungen ihre Fähigkeit zur Politiksteuerung einzubüßen beginnt. Gerade deswegen soll die historische Darstellung bis an die Gegenwart herangeführt werden und der Blick auf die Herkunft der Verfassung mit der Frage nach ihrer Zukunft enden.

Bielefeld, im März 1987 *Dieter Grimm*

I. Die Entstehung des modernen Konstitutionalismus

1. Die Verfassung als geschichtliches Novum

Im letzten Viertel des 18. Jahrhunderts kam es in Nordamerika und Frankreich im Zuge zweier erfolgreicher Revolutionen zum Bruch mit der angestammten monarchischen Staatsgewalt und zur Neubegründung politischer Herrschaft auf der Basis der Volkssouveränität. Dieser Umsturz wich von den zahlreichen gewaltsamen Machtwechseln, die aus der Geschichte bekannt sind, dadurch ab, daß er sich nicht in einem Austausch der Machthaber oder einer Änderung der Regierungsform erschöpfte. Vielmehr wurden zuvor die Bedingungen legitimer politischer Herrschaft gedanklich konstruiert und gesetzlich festgelegt und erst auf dieser Basis Personen zur Herrschaft berufen. Das Mittel war die Konstitution oder, in der deutschen Terminologie, die *Verfassung*. Sie bestimmte die Grundlage und den Zweck staatlicher Herrschaft, ordnete ihre Einrichtung und Ausübung und regelte die Beziehungen zwischen Regierenden und Regierten. Die Verfassung bildete auf diese Weise sowohl den Rechtsgrund als auch den Maßstab staatlicher Gewalt. Legitimität konnte nur die verfassungsmäßig zustande gekommene, Verbindlichkeit nur die verfassungsmäßig ausgeübte Herrschaft beanspruchen. Politische Machtausübung war konsequent verrechtlicht.

Der in Amerika erstmals verwirklichte und dann von Frankreich übernommene Verfassungsgedanke gewann alsbald überragende Bedeutung für den Fortgang der europäischen Geschichte. Das neue Instrument zur Lösung des alten Problems der Herrschaftsbegründung und Herrschaftsbegrenzung stieg zum dominierenden Thema der Zeit auf. Die Auseinandersetzung über die gerechte Sozialordnung wurde zur Auseinandersetzung über Notwendigkeit und Inhalt von Verfassungen. In den Revolutionen des 19. Jahrhunderts ging es überwiegend um die Herstellung oder Ausweitung des Verfassungsstaats. Restauration war gleichbedeutend mit Rückwendung zum vorkonstitutionellen System. Ja, die europäische Geschichte seit 1789 läßt sich über hundert Jahre geradezu als Geschichte von Verfassungskämpfen schreiben. Am Gelingen oder Scheitern von Verfassungen, an ihrem Inhalt und ihrer Geltungskraft können die Machtverhältnisse und Ordnungsvorstellungen in der Gesellschaft abgelesen werden, bis die Ausbreitung der Industriegesellschaft noch im 19. Jahrhundert andere Themen vor die Verfassungsfrage rückte und inzwischen die Fähigkeit der Verfassung zur Verrechtlichung von Macht überhaupt in Frage gestellt hat.

Das Neue an der Verfassung war freilich weder die theoretische Konstruktion der Bedingungen legitimer Herrschaft noch die rechtliche Bindung der Staatsgewalt für sich genommen. Die Legitimation von Herrschaft bildet ein Dauerthema der Sozialphilosophie, und seit dem Verblassen religiöser Legitimationsmuster infolge der Glaubensspaltung hatte die Vernunftrechtslehre in der Theorie vom Gesellschaftsvertrag eine neue Legitimationsgrundlage staatlicher Herrschaft entwickelt. Legitim war danach nur ein Staat, der als von allen Gesellschaftsgliedern vertraglich begründet gedacht werden konnte. Für diesen gedachten Vertrag wurde zwar naturrechtliche Geltung beansprucht. Doch war die Geltung des Naturrechts überpositiver Art. Sie stützte sich auf Wahrheit, nicht auf Autorität. Von den staatlichen Autoritäten wurde es nicht anerkannt, geschweige denn in positives Recht übersetzt. Das positive Staatsrecht beruhte vielmehr auf dem Prinzip umfassender monarchischer Gewalt, die sich auf Gottes Gnaden zurückführte und in der Dynastie vererbte, ohne einer Anerkennung durch die Herrschaftsunterworfenen bedürftig zu sein. Das Naturrecht blieb ihr gegenüber je nach seinem Inhalt affirmative oder kritische Theorie.

Trotz ihres Absolutheitsanspruchs darf man sich diese Herrschaft aber nicht als rechtlich unbegrenzte vorstellen. Im Gegenteil hatte der im 16. und 17. Jahrhundert entstehende moderne Fürstenstaat alsbald das Bedürfnis nach rechtlichen Bindungen geweckt und um die Mitte des 17. Jahrhunderts bei günstigen Gelegenheiten herrscherlicher Abwesenheit oder Schwäche auch eine Reihe sog. Regierungsformen nach sich gezogen, die die fürstliche Gewalt zugunsten der ständischen Rechte begrenzen sollten. Wenngleich sich diese Regierungsformen gegen die staatsbildenden Kräfte nur selten zu halten vermochten, übernahm doch nach und nach eine Anzahl sog. Fundamentalgesetze, Herrschaftsverträge oder Wahlkapitulationen deren Funktion. Sie wurden meist schriftlich fixiert, konnten vom Herrscher nicht einseitig abgeändert und unter Umständen sogar gerichtlich gegen ihn durchgesetzt werden. In der Regel waren sie vertraglichen Ursprungs. Das deutet darauf hin, daß hinter ihnen soziale Machtgruppen standen, die über bestandswichtige Leistungen für den monarchischen Staat verfügten und auf diese Weise in die Lage kamen, dem Monarchen einzelne Herrschaftsverzichte abzuverlangen, die rechtsverbindlich zugesichert wurden. Als vertraglich begründete setzten diese Bindungen aber zum einen die monarchische Gewalt immer schon voraus und brachten sie nicht selbst hervor; zum anderen galten sie nicht allgemein, sondern nur zwischen den Parteien, die am Vertragsabschluß beteiligt gewesen waren.

Demgegenüber lag das eigentliche Neue an der Verfassung darin, daß sie die beiden Linien zusammenführte und dem theoretisch entworfenen Modell legitimer Herrschaft positivrechtliche Geltung verlieh. Von den älteren rechtlichen Begrenzungen der Staatsgewalt unterschieden sich die modernen Verfassungen danach auf dreifache Weise. Während erstens Herrschaftsverträge und Fundamentalgesetze eine legitime Staatsgewalt immer schon voraussetzten und sie nur hinsichtlich einzelner Äußerungsformen regelten, wurde durch die Verfassung legitime Herrschaft überhaupt erst hervorgebracht. Sie wirkte also nicht nur herrschaftsmodifizierend, sondern *herrschaftsbegründend.* Wo zweitens die Herrschaftsverträge und Fundamentalgesetze die als umfassend gedachte Staatsgewalt nur in einzelnen Hinsichten banden, erhoben die Verfassungen den Anspruch, die Staatsgewalt nach Entstehung und Ausübung durchgehend zu regeln. Sie wirkten also nicht punktuell, sondern *umfassend.* Galten schließlich drittens die älteren normativen Bindungen aufgrund ihrer vertraglichen Entstehung nur zwischen den Vertragspartnern, so erstreckte sich die Geltung der Verfassungen auf sämtliche Herrschaftsunterworfenen. Sie wirkten also nicht partikular, sondern *universal.*

Die umstürzende Bedeutung dieses Vorgangs bleibt häufig dadurch verschleiert, daß die neue Sache mit einem alten Begriff bezeichnet wurde. Schon vor der Revolution war es allgemein üblich, etwa von der Konstitution Englands oder der Verfassung des Heiligen Römischen Reiches zu sprechen. Damit verband sich aber nicht derselbe Sinn wie mit jenen Verfassungen, die aus den beiden neuzeitlichen Revolutionen hervorgingen. Verfassung in dem älteren Sinn bezeichnete vielmehr den Zustand eines bestimmten Staates: anfangs noch weit gefaßt, nämlich so, wie er durch geschichtliche Entwicklungen, natürliche Gegebenheiten und rechtliche Bestimmungen geprägt war; später verengt auf den Status, den ihm Konventionen, Verträge oder Gesetze verliehen. Jeder Staat befand sich dann in einer bestimmten Verfassung. Beide Begriffe konnten sogar synonym vorkommen. Verfassung war also ein *Seinsbegriff.* Demgegenüber schrieb die neue Verfassung systematisch und erschöpfend in einem rechtsförmigen Dokument vor, wie die Staatsgewalt eingerichtet und ausgeübt sein mußte, um als legitim gelten zu können. Verfassung bezog sich nicht mehr auf den rechtlich geprägten Zustand eines Staates, sondern auf die den Zustand prägende Norm und wurde damit selber zum *normativen Begriff.* In diesem neuen Sinn waren dann keineswegs alle Staaten auch Verfassungsstaaten.

2. Die soziale Basis der Verfassungsbewegung

Wenn die Begrenzung politischer Macht ein Dauerproblem bildet, die spezifisch verfassungsrechtliche Lösung aber erst Ende des 18. Jahrhunderts aufkam, legt das die Vermutung nahe, daß die Entstehung der modernen Verfassung an bestimmte Bedingungen geknüpft war, die vor diesem Zeitpunkt nicht bestanden. Solche Bedingungen lassen sich am besten ermitteln, wenn man die Frage nach dem sozialen Träger der neuen Entwicklung stellt. Geschieht das zunächst für den komplizierteren, für Europa aber maßgeblichen Fall Frankreichs, lassen sich einerseits der Monarch und andererseits die bevorrechtigten Stände Adel und Klerus schnell ausschließen – der Monarch, weil die Verfassung ihn seines originären Herrschaftsrechts entkleidet und zum Organ eines von ihm unabhängigen Staates degradiert hätte; die beiden bevorrechtigten Stände, weil sie von einer nicht historisch gewachsenen, sondern rational konstruierten Verfassung in der zweiten Hälfte des 18. Jahrhunderts keine Bestätigung ihrer Privilegien mehr erhoffen konnten (was selbstverständlich nicht ausschließt, daß es Mitglieder dieser Stände, ja sogar Fürsten wie Leopold II. von Toskana gab, die aus besserer Einsicht uneigennützig oder aus weiser Voraussicht eigennützig bereit waren, auf Vorrechte zu verzichten).

Als sozialer Träger der Verfassungsbewegung bleibt jedenfalls nur der »Dritte Stand« übrig. Bürger und Bauern umfassend, stellte er den weitaus größten Teil der Bevölkerung, im vorrevolutionären Frankreich etwa 95%. Vom Adel trennte ihn die Geburt, vom Klerus die Weihe. Standesgrenzen waren prinzipiell undurchlässig. Die Privilegien, die diese Stände genossen, blieben ihm daher unerreichbar. Insofern kann man im »Dritten Stand« ein gemeinsames Interesse am Abbau der Privilegien voraussetzen. Das ist indessen noch nicht mit dem Verlangen nach einer Verfassung identisch. Denn Verfassung als planvolle und zukunftsgerichtete Neuordnung des Verhältnisses von Staat und Gesellschaft stellt Anforderungen an Bildung und Muße, die im 18. Jahrhundert nur von einer schmalen Bevölkerungsschicht erfüllt wurden. Dem größten Teil des »Dritten Standes«, den Bauern, fehlte es gänzlich an diesen Voraussetzungen. Ihr Interesse richtete sich auf Befreiung von den Lasten, die die feudale Agrarstruktur ihnen auferlegte, griff aber nicht auf eine Umgestaltung des politischen Systems über. Erst recht gilt das für die stets am Rande der Existenznot lebenden unterständischen Schichten. Als Träger der Verfassungsbewegung kommt danach nur der kleinere, aber besser situierte Teil des »Dritten Standes«, das Bürgertum, in Frage.

Auch hier bedarf es aber einer Differenzierung. Traditionell bestand das Bürgertum aus den Bewohnern der Städte, die sich von Handel und Gewerbe ernährten. Die schmale Oberschicht dieses Standes erstrebte nicht die Beseitigung der Privilegien, sondern die Teilhabe an ihnen, während die breite Schicht der Krämer und Handwerker in der ständischen Ordnung und zünftischen Gewerbeverfassung ihre Sicherheit fand und eine andere Ordnung eher als Bedrohung denn als Fortschritt betrachtete. Aus dem altständischen Bürgertum war im Lauf der Zeit aber eine neue Schicht hervorgegangen, die, obwohl dem »Dritten Stand« zugezählt, die alte Ständeeinteilung im Grunde sprengte. Dabei handelte es sich zum einen um das Bildungsbürgertum der Professoren, Juristen, Lehrer und Literaten, zum anderen um das Wirtschaftsbürgertum der Groß- und Fernhändler, Manufakturiers, Bankiers und Rentiers. Beide Gruppen verdankten ihre Existenz nicht zuletzt dem modernen Fürstenstaat, der für seine ausgeweiteten Zwecke einen erhöhten Güter- und Personalbedarf entwickelte, der sich nur im Bürgertum decken ließ. Aus diesem Grund begünstigte er die Bildung größerer Wirtschaftseinheiten, die er dann allerdings von den traditionellen ständischen Bindungen ausnehmen mußte, und schuf sich einen Stab eigens ausgebildeter Beamter, die ebenfalls aus der überkommenen Ständeordnung herausfielen.

Es war diese neubürgerliche Schicht, die den Keim der Auflösung in die alte Ordnung senkte. Die objektive Voraussetzung dafür lag in der steigenden Bedeutung, die die bürgerlichen Funktionen für Bestand und Entwicklung des Systems gewannen, während gleichzeitig die Funktionen der bevorrechtigten Stände Adel und Klerus an Gewicht abnahmen. Für den Klerus war das der Fall, weil infolge der Glaubensspaltung und des von ihr beschleunigten Fortschreitens rationaler Welterklärung die Religion ihre Funktion als Legitimitätsspender und Sinnstifter allmählich verlor. Für den Adel galt das, weil mit dem Übergang der Friedenssicherung vom Grundherrn auf den Staat und mit der Herausbildung einer professionellen Staatsverwaltung seine öffentlichen Funktionen zusehends schrumpften. Die subjektive Voraussetzung lag in dem Bewußtsein von der eigenen, auf Wirtschaftskraft und Bildung beruhenden Wichtigkeit, das zu einem Vergleich zwischen sozialer Bedeutung und rechtlicher Stellung einlud und die Privilegien der oberen Stände in Gestalt von Steuerfreiheit, Ämterzugang, Pfründen, Sonderstrafrecht, wirtschaftlicher Absicherung usw. ungerecht erscheinen lassen mußte.

Die Diskrepanz zwischen sozialer Bedeutung und rechtlicher Stellung der Stände wurde seit der Mitte des 18. Jahrhunderts Gegenstand kritischer Reflexion. Das geschah auf verschiedenen Ebenen. Zuerst läßt sich ein Bemühen des in die ständische Tradition nicht eingebetteten und von politischem Einfluß abgeschnittenen Bürgertums um Selbstvergewisserung, Identitätsfindung und Weltdeutung beobachten. Dadurch gewann das Bürgertum, jedenfalls in seiner Formationsphase, einen existentiellen Bezug zur Kultur, der den alten Ständen fehlte und der seinerseits die Kultur veränderte. Diese konnte sich aufgrund der bürgerlichen Nachfrage aus ihren höfischen und kirchlichen Abhängigkeiten befreien und gerade in der neu gewonnenen Autonomie die Selbstfindungsbedürfnisse des Bürgertums befriedigen. In den bürgerlichen Kulturinstitutionen des Theaters, des Konzerts, der Ausstellung, der kritischen Zeitschrift, der Lesegesellschaft, des Salons, die allesamt in dieser Zeit aufkamen, entstand eine neue Form der Publizität, die mit dem alten Begriff des Publikums als Adressat obrigkeitlicher Verlautbarungen nichts gemein hatte, sondern auf eine von Staat und Kirche unabhängige Verständigung über öffentliche Angelegenheiten gerichtet war und diesen Institutionen dadurch das Monopol des Öffentlichen streitig machte.

Das öffentliche Räsonnement entspann sich anfangs an unpolitischen Gegenständen, erstreckte sich jedoch bald von der scheinbar interessenfreien Sphäre der Kunst und Philosophie auf Themen, die die soziale Stellung des Bürgertums betrafen. Das gilt insbesondere für das spezifische Tätigkeitsfeld des Bürgertums, die Wirtschaft. Hier hatte die merkantilistische Politik des absoluten Staates Kräfte mobilisiert, die nun an die Grenzen der im ganzen nach wie vor feudal, zünftisch und dirigistisch bestimmten Ordnung stießen. Wirtschaftliches Können und rechtliches Dürfen gerieten dadurch in Konflikt, der sich in einer wachsenden bürgerlichen Kritik an der Wirtschaftsordnung ausdrückte. Zusammengenommen lief sie auf ein von korporativen Bindungen und politischen Interventionen freies Wirtschaftssystem hinaus, das auf dem Leistungsprinzip beruhte und sich selber über den Markt steuerte. Dabei kamen den Kritikern die Erfahrungen Englands zustatten, wo ein solches Modell seit dem späten 17. Jahrhundert praktiziert wurde und zu beispielloser Prosperität geführt hatte. In der Forderung nach wirtschaftlicher Autonomie war jedoch, nicht anders als in derjenigen nach kultureller Autonomie, eine Veränderung des politischen Systems enthalten, insofern es seinen umfassenden Lenkungsanspruch einschränken mußte. Es konnte nicht ausbleiben, daß sich die bürgerlichen Forderungen über kurz oder lang darauf erstreckten.

3. Das theoretische Fundament

Die bürgerlichen Forderungen erhielten in der Sozialphilosophie der Aufklärung ihre übergreifende theoretische Grundlage. Eine eigenständige Sozialphilosophie konnte sich erst nach der Glaubensspaltung entwickeln. Bis dahin hatte die Überzeugung, daß die gerechte Sozialordnung in der göttlichen Offenbarung vorgegeben sei, eine Trennung von Theologie und Sozialphilosophie nicht zugelassen. Nachdem der religiösen Legitimierung der Sozialordnung durch die Glaubensspaltung der Boden entzogen worden war, ging die Sozialphilosphie daran, Herrschaft unabhängig von der nun umstrittenen göttlichen Offenbarung auf säkularer Grundlage neu zu begründen. Sie versetzte sich zu diesem Zweck in einen gedachten vorstaatlichen Zustand, in dem wegen der definitionsbedingten Herrschaftslosigkeit alle gleich und frei waren. Herrschaft konnte unter diesen Voraussetzungen nur durch freiwillige Vereinbarung aller zustande kommen, und die Frage lautete, unter welchen Bedingungen es von vernunftbegabten Wesen zu erwarten sei, daß sie ihre natürliche Freiheit und Gleichheit gegen einen Herrschaftszustand eintauschten. Gab es solche Bedingungen, dann bildeten diese die Rechtfertigung für Herrschaft überhaupt, zugleich aber auch den Legitimationsmaßstab für bestehende Staaten. Ihre Herrschaft galt dann als legitim, wenn sie der Zustimmung aller vernünftig Denkenden fähig gewesen wäre.

Den rationalen Grund für die Bereitschaft, die natürliche Freiheit aufzugeben und sich der staatlichen Herrschaft zu unterwerfen, fand die Sozialphilosophie in der Unsicherheit der Freiheit im Naturzustand. Die Unsicherheit bestand in einem doppelten Sinn. Zum einen blieb mangels einer verbindlichen Fixierung der natürlichen Rechte die Feststellung, was Rechtens war, dem Einzelnen überlassen. Zum anderen mußte jeder Einzelne mangels einer organisierten Gewalt zur Rechtsdurchsetzung sein Recht selber verfolgen. Daraus ergab sich die zweifache Gefährdung, daß die Rechtserkenntnis von Unvernunft und Eigeninteresse getrübt und die Rechtsdurchsetzung von der physischen Stärke des Gegners bedingt wurde. Für die Verwirklichung der natürlichen Rechte stand es unter diesen Umständen schlecht. Die Errichtung einer organisierten Zwangsgewalt war daher Vernunftgebot. Sie kostete freilich einen Preis an natürlicher Freiheit. Der Zweck der Vereinigung verlangt die Abtretung derjenigen ursprünglichen Rechte an den Staat, die dieser benötigte, um die Mängel des Naturzustands zu beheben und jedem Gesellschaftsmitglied die dort entbehrte Rechtssicherheit zu garantieren.

Die Frage, welche Rechte zur Erreichung dieses Zwecks abgetreten werden mußten, beantwortete die Naturrechtslehre zu verschiedenen Zeiten unterschiedlich. Die Theorie nahm in der Epoche der konfessionellen Bürgerkriege des 16. Jahrhunderts Gestalt an und wurde unter dem Eindruck der englischen Revolution des 17. Jahrhunderts von Hobbes systematisch entwickelt. Vor dem Hintergrund der Bürgerkriege, in denen es an einer durchsetzungsfähigen Staatsgewalt fehlte, mußte der ebenfalls durch die Abwesenheit einer staatlichen Gewalt charakterisierte Naturzustand in der Tat wie ein Kampf aller gegen alle erscheinen, in dem die elementaren Voraussetzungen der menschlichen Existenz jederzeit auf dem Spiel standen. Unter solchen Umständen bot nur eine mit umfassender Machtbefugnis ausgestattete Staatsgewalt die Gewähr dafür, daß der Bürgerkrieg beigelegt und die verfeindeten Parteien zu friedlicher Koexistenz angehalten wurden. Der moderne Souveränitätsbegriff hat hier seine Wurzel und meinte anfänglich nicht nur höchste, sondern auch rechtlich unbeschränkte Gewalt. Es erschien dann auch konsequent, im Gesellschaftsvertrag vom Einzelnen die Abtretung sämtlicher natürlicher Rechte zu erwarten, wenn er dagegen nur das alles überragende Gut der Sicherheit von Leib und Leben eintauschen konnte. In ihren Anfängen führte die Staatsvertragslehre daher zu einer ungeahnten Steigerung der Herrschaftsbefugnisse und legitimierte den absoluten Fürstenstaat.

Langfristig betrachtet ging von der Vertragstheorie jedoch eine Schwächung der Staatsgewalt aus, weil sie nicht mehr auf dem unveränderlichen göttlichen Willen, sondern auf der temporalen Zustimmung der Herrschaftsunterworfenen beruhte, die auch zu anderen Bedingungen erteilt werden konnte, wenn die Verhältnisse das erlaubten. Zu einer solchen Änderung gab der absolute Fürstenstaat selber den entscheidenden Anstoß. Je besser er seine Einigungsaufgabe erfüllte und die Gesellschaft wieder befriedete, desto weniger leuchtete es ein, daß er sämtliche Rechte auf sich vereinigen mußte, während die Untertanen zwar ihresgleichen gegenüber gesichert, vor dem Staat aber rechtlos dastanden. Die jüngere Naturrechtslehre unterlegte dem Staatsvertrag daher einen anderen Inhalt. Staatszweck war nicht mehr die Unterdrückung des Kampfes aller gegen alle, die die Abtretung sämtlicher Urrechte verlangte, sondern im Gegenteil die Sicherung der natürlichen Freiheit jedes Einzelnen. Abzutreten hatte er dann im äußersten Fall lediglich das Recht, sein Recht selber zu verfolgen, während sämtliche übrigen Rechte ihm auch im staatlichen Zustand erhalten blieben und vom Staat zu schützen waren. Die für den natürlichen Zustand angenommene Freiheit und Gleichheit aller bestimmte dann auch den staatlichen Zustand.

In dieser Weise reformuliert, nahm die Staatsvertragslehre eine deutliche Stoßrichtung gegen die bestehende Ordnung an. Die natürliche Gleichheit aller Gesellschaftsglieder war dann ja nur bezüglich des Herrschers aufgegeben worden, der sich von allen anderen durch seine Befehlsgewalt unterschied, während sie im Verhältnis der Untertanen zueinander fortbestand. Die durch Geburt begründete und lebenslänglich unentrinnbare Standeszugehörigkeit mit der Folge unterschiedlicher Rechte und Pflichten erschien unter diesen Umständen unvereinbar mit dem Naturrecht. Im Widerspruch zum Naturrecht standen aber ebenfalls die zahlreichen Beschränkungen der natürlichen Handlungsfreiheit, die sich nicht aus der Notwendigkeit, die Freiheit aller miteinander verträglich zu machen, sondern aus den Standesschranken, dem Feudalsystem, der Zunftordnung und der Staatsräson ergaben. Indem die Sozialphilosophie Ungleichheit und Unfreiheit als unnatürlich und änderungsbedürftig erwies, hob sie die bürgerlichen Reformforderungen aus der Sphäre bloßer Interessenverfolgung heraus und verlieh ihnen den Anspruch universaler Richtigkeit und historischer Notwendigkeit.

Wenngleich sich der Inhalt der späteren Verfassungen in der jüngeren Vertragstheorie weitgehend vorgeformt findet, darf der Staatsvertrag der Naturrechtslehre doch nicht mit der Verfassung im modernen Sinn verwechselt werden. Der Staatsvertrag war ja nicht als wirklich geschlossener Pakt, sondern als regulative Idee gedacht. Er gab die Bedingungen einer gerechten Sozialordnung an und setzte Ordnungen, die diesen Bedingungen nicht entsprachen, ins Unrecht, hatte aber selbst keine Gesetzeskraft. Die Vertragstheorie brachte mit Ausnahme Vattels vor der Revolution auch die Forderung nach einer umfassenden, positivrechtlichen und dem Herrscher übergeordneten gesetzlichen Festlegung der Zwecke, Grundlagen und Modalitäten von Herrschaft nicht hervor. Vielmehr pflegte der gedachte Vertrag mit der Verfassung in der älteren Wortbedeutung einherzugehen. Er war einer der Bestimmungsfaktoren für die Verfassung, nicht aber diese selbst. Auch Rousseau, der die Staatsvertragslehre radikaldemokratisch umformulierte, vollzog damit nicht den Übergang zum modernen Verfassungsgesetz, sondern verwandte den Ausdruck Verfassung weiter in dem älteren Sinn. Zur förmlichen Verfassung bedurfte es offenbar noch eines zusätzlichen Schrittes.

4. Die Reformunfähigkeit des Ancien Régime

Rousseaus *Du contrat social* war, obwohl schon 1762 in Amsterdam erschienen, im vorrevolutionären Frankreich nur auf geringe Resonanz gestoßen. Er hatte auch mit den Reformvorstellungen des französischen Bürgertums wenig gemein. Diese folgten primär ökonomischen und sozialen Motiven, zielten aber noch keineswegs auf eine neue, gar demokratische Herrschaftsgrundlage. Sie richteten sich gegen die Vorrechte der oberen Stände und die feudalen und korporativen Bindungen der Wirtschaft. Beides hing freilich eng miteinander zusammen, denn die Adelsvorrechte besaßen in der Trennung von Stadt und Land sowie in der feudalen Argrar- und Arbeitsverfassung ihre ökonomische Basis. Insofern mußten die bürgerlichen Forderungen unvermeidlich mit den Interessen des Adels in Konflikt geraten. Dieser verteidigte seine Rechte auch nachdrücklich. Auf die wachsende Bedeutung des »Dritten Standes« reagierte er mit verstärkter Abriegelung der Standesgrenzen, und mit Hilfe der von ihm beherrschten oberen Gerichtshöfe, der *parlements,* verfolgte er bereits die Reformliteratur. Allein das *parlement* von Paris verurteilte und verbrannte zwischen 1775 und 1789 65 Schriften feudalismuskritischen oder agrarreformerischen Inhalts.

Dagegen war die Monarchie kein Objekt bürgerlicher Veränderungswünsche. In der Auseinandersetzung mit den bevorrechtigten Ständen erschien der Monarch vielmehr als natürlicher Verbündeter des Bürgertums. Der absoluten Monarchie wohnte ja aufgrund ihres umfassenden Herrschafts- und Lenkungsanspruchs eine Tendenz zur Ausschaltung aller zwischen Staat und Untertan stehenden intermediären Gewalten inne, die bislang aber nur die politischen Mitspracherechte der Stände erfaßt, vor den sozialen Privilegien und Herrschaftsrechten dagegen haltgemacht hatte. Der absolute Monarch allein war es auch, der über die Machtmittel verfügte, den Widerstand der oberen Stände gegen bürgerfreundliche Reformen zu brechen. Der Monarch sollte sich daher nach den Vorstellungen der Reformschriftsteller die Prinzipien der Vernunft zu eigen machen und diese machtvoll gegen partikulare Interessen durchsetzen. Das war freilich ohne eine anschließende Selbstbeschränkung der monarchischen Gewalt im Interesse wirtschaftlicher und geistiger Freiheit und also ohne die Abkehr vom Absolutismus nicht denkbar. Die Legitimationsgrundlage der Monarchie blieb davon aber unberührt, gleichviel, ob die bürgerlichen Forderungen von Physiokraten, Enzyklopädisten oder Voltairianern erhoben wurden.

Die Monarchie verhielt sich gegenüber diesen Forderungen nicht rundheraus abweisend. Die schwerwiegende Finanzkrise drängte sie im Gegenteil auf den Kurs von Wirtschafts- und Steuerreformen. Im Zuge dieser Bemühungen wurden mehrfach Vertreter der reformatorischen Richtungen, namentlich Physiokraten, in die Regierung berufen. Die Reformer stießen bei dem Versuch, ihr Programm gesetzlich zu verwirklichen, aber durchweg auf den erbitterten Widerstand des Adels, der in den Parlamenten des Ancien Régime eine Institution besaß, die es ihm ermöglichte, den politischen Kampf in rechtlicher Form auszutragen. Die französischen *parlements* dürfen nicht mit Volks- oder Ständevertretungen verwechselt werden. Es handelte sich vielmehr um Gerichtshöfe, deren Richterstellen vom Adel besetzt und vererblich oder verkäuflich waren. Im Kampf gegen die Reformen spielten sie deswegen eine Rolle, weil sie nicht nur rechtsprechende Funktionen ausübten, sondern auch an der Gesetzgebung beteiligt waren. Das Inkrafttreten neuer Gesetze hing nämlich von einer bei den Parlamenten vorzunehmenden Registrierung ab. Das damit verbundene Vetorecht konnte vom Monarchen nur in einem aufwendigen Verfahren, dem sogenannten *lit de justice,* überwunden werden.

Der über die Parlamente mobilisierte Widerstand des Adels entzündete sich an den Plänen der Regierung für eine Steuerreform, von denen auch die Interessen des Bürgertums berührt waren. Daher unterstützte es in dieser Situation die Auffassung der Parlamente und des Adels, daß neue Steuern nicht einseitig vom König festgesetzt werden dürften, sondern von den Generalständen bewilligt werden müßten, die indessen seit 1614 nicht mehr einberufen worden waren. In diesem Zusammenhang erhob sich mit wachsender Dringlichkeit der Ruf nach einer Verfassung. Verfassung bedeutete dabei die Wiedererrichtung einer Landesrepräsentation, knüpfte also an die vorabsolutistische Tradition an. Von einer solchen Vertretung versprachen sich sowohl der Adel als auch das Bürgertum eine Verbesserung der Lage; selbst die Regierung betrachtete, jedenfalls in den reformatorischen Phasen, die Verfassung als Weg aus der Krise. Für Turgot, den bedeutendsten Reformminister Ludwigs XVI., bestand das Kernübel der Monarchie nachgerade im Fehlen einer Verfassung, weil ohne sie die Nation nicht in sich geeinigt und dem Staat verbunden werde. Der Staat war dabei freilich als monarchischer immer schon vorausgesetzt. Daran zeigt sich, daß mit Verfassung noch keineswegs die Vorstellung einer rationalen Neubegründung von Herrschaft einherging, sondern durchaus der alte Sinn punktueller Begrenzung einer vorfindlichen Staatsgewalt, die ihre Legitimation in sich trug und sie nicht von einem normativen Dokument erst empfing.

Die Abkehr von dem älteren Verfassungsverständnis wurde aber durch zwei Entwicklungen vorbereitet. Erstens brachen in der Diskussion über die Zusammensetzung der Generalstände die Interessengegensätze zwischen Adel und Bürgertum auf, die in der Steuerdebatte zeitweilig überdeckt gewesen waren. Während der Adel an dem Vertretungsmodus von 1614 festhielt und also zum vorabsolutistischen Ständestaat mit aristokratischem Übergewicht zurückstrebte, verlangte das Bürgertum eine Vertretung, die an den Grundbesitz anknüpfte, auf diese Weise durch die Stände hindurchgriff und die staatsbürgerliche Eigentümergesellschaft in den Blick nahm. Das Bürgertum war somit in der Verfassungsfrage auf sich allein gestellt. Die Auseinandersetzung gewann dadurch an Schärfe. Je hartnäckiger der Adel seine Position auf die Ehrwürdigkeit des historischen Rechts stützte, desto bereitwilliger griff das Bürgertum zum Beweis der höheren Dignität seiner Ansprüche auf das Naturrecht zurück. Dieses gewann erst im Zusammenhang mit dem aktuellen politischen Konflikt seine Breitenwirkung und entfaltete nun das systemsprengende Potential, das in der Staatsvertragslehre schon immer angelegt war.

Dabei wirkte sich zweitens der zunehmende Machtverfall des monarchischen Staates verstärkend aus. Der König hatte die Einberufung der Generalstände in dem Bewußtsein hinausgezögert, daß die erforderlichen Finanzreformen mit einer Ständeversammlung noch weniger durchzusetzen waren als auf dem Verordnungswege. Er suchte deswegen einen interimistischen Weg zu beschreiten, indem er 1787 eine Notabelnversammlung ernannte, von der er sich gleichzeitig Unterstützung der staatlichen Pläne und Befriedigung der Verfassungswünsche im Volk versprach. Diese Hoffnung, die sich einige Jahre zuvor womöglich noch hätte erfüllen können, trog aber inzwischen. Auch die Notabelnversammlung verwies den König zur Durchsetzung seiner Steuerpläne auf die Generalstände. Der Staatsbankrott und die durch Mißernten ausgelöste Unruhe des Jahres 1788 zwangen den resignierten Staat endgültig zum Nachgeben. Er berief die Generalstände, und zwar mit doppelter Mandatszahl für den »Dritten Stand«, ein. Damit verschaffte er den bürgerlichen Reformern freilich erstmals die institutionelle Meinungs- und Willensbildungsbasis, die sie im Gegensatz zum Adel bisher entbehrt hatten.

5. Die Verfassung als Produkt der bürgerlichen Revolution

Es war diese Situation, in der das französische Bürgertum wegen der Kompromißunwilligkeit der privilegierten Stände und der Reformunfähigkeit des monarchischen Staates keine Aussicht mehr hatte, seine Ziele auf *evolutionärem* Wege zu erreichen, welche den »Dritten Stand« zu einem Handeln drängte, das sich schon in den Augen der Zeitgenossen als *revolutionär* darstellte: Am 17. Juni 1789 erklärte sich der »Dritte Stand« der Generalstände auf Antrag von Sieyès mit 491 gegen 90 Stimmen zur Nationalversammlung. Er zog damit den Schluß aus Sieyès' vorrevolutionärer Schrift *Qu'est-ce que le Tiers-État?*, in der dieser dargelegt hatte, daß der »Dritte Stand« nicht nur wegen seiner Zahl mit der Nation gleichgesetzt werden könne, sondern auch alle für die Gesamtheit bestandswichtigen Funktionen allein erfülle. Das müsse auch in der Ständeversammlung zum Ausdruck kommen. »Ich bitte zu beachten, welch gewaltiger Unterschied zwischen der Versammlung des Dritten Standes und den Versammlungen der beiden anderen Stände besteht. Ersterer vertritt fünfundzwanzig Millionen Menschen und berät über die Interessen der Nation. Die beiden letzteren haben ... nur die Vollmacht von ungefähr zweihunderttausend Einzelpersonen und denken nur an ihre Vorrechte. Man wird sagen, der Dritte Stand allein könne keine *Generalstände* bilden. Nun, um so besser, dann wird er eben eine *Nationalversammlung* bilden!«[1]

In dem Beschluß vom 17. Juni 1789 fällt das Wort Verfassung nicht. Gleichwohl bedeutete er eine Umwälzung des bisherigen französischen Staatsrechts und schuf die Voraussetzungen für die Verfassung im modernen Sinn. Nach dem bisherigen Staatsrecht war Repräsentant des Gesamtinteresses der Nation stets der König gewesen. In der vorabsolutistischen Epoche hatte ihm jedoch in Gestalt der Stände eine Repräsentation der wichtigsten Sonderinteressen gegenübergestanden, die beratende, kontrollierende, auch mitentscheidende Funktionen besaß. Im Zuge der Herausbildung des absoluten Staates war es dem Monarchen gelungen, diesen Zweig der Repräsentation auszuschalten und das Alleinvertretungsrecht zu übernehmen. Mit dem Beschluß vom 17. Juni 1789 kehrte der »Dritte Stand« die Verhältnisse um. In einem ersten Teilschritt verwandelte er die gerade wiederaufgelebte Vertretung der verschiedenen Sonderinteressen in eine Vertretung des Gesamtinteresses, weil die Repräsentation »einheitlich und unteilbar« sei und nicht nach Stände- und Klassenzugehörigkeit ausgeübt werden könne.[2] Daher nahm er, ungeachtet der ständischen Rekrutierung der Abgeordneten, die Nation als ihren Auftraggeber in Anspruch und setzte folgerichtig das Mehrheitsprinzip an die Stelle der getrennten Abstimmung nach Ständen. In einem zweiten Teilschritt hob er diese Repräsentation auf den Platz der monarchischen: »Nur ihr steht es zu, den Gemeinwillen der Nation zu interpretieren und zu repräsentieren.«[3]

Ohne dies ausdrücklich hervorzuheben, vollzog die Nationalversammlung damit nicht weniger als eine Auswechselung des Legitimationsprinzips von Herrschaft. Die monarchische Herrschaft hatte ja ungeachtet des Verblassens religiöser Legitimationsmuster als gottgewollt gegolten und sich traditionell innerhalb einer herausgehobenen Familie vererbt. Dagegen stand hinter dem Beschluß der Nationalversammlung die naturrechtlich begründete Überzeugung, daß Herrschaftsrechte nur von den Herrschaftsunterworfenen, also der Gesellschaft insgesamt, abgeleitet werden könnten. Diese Überzeugung richtete sich nicht notwendig gegen die Monarchie, deren Abschaffung im Jahre 1789 noch niemand beabsichtigte, wohl aber gegen ihre bisherige Legitimationsgrundlage, das Gottesgnadentum. An seine Stelle setzte die Nationalversammlung die *Volkssouveränität*. Im Gegensatz zu den Vorstellungen des Adels, der die souveräne Staatsgewalt zugunsten des älteren Systems begrenzter und verteilter Hoheitsrechte wieder auflösen wollte, hielt der »Dritte Stand« an dieser Grundgegebenheit des modernen Staates fest und wechselte nur den Träger der Souveränität aus. Die Monarchie konnte dessenungeachtet fortbestehen, aber der Monarch mußte sich als Beauftragter der Nation betrachten lassen.

Die Entstehung der Verfassung im modernen Sinn war durch diesen Schritt bedingt. Einerseits blieb in Gestalt der ausdifferenzierten und einheitlichen Staatsgewalt ein konstitutions*fähiger* Gegenstand erhalten, wogegen die räumlich und funktional auf zahlreiche autonome Träger verteilte und als unselbständiger Annex von Grundeigentum ausgeübte Hoheitsgewalt der vorstaatlichen mittelalterlichen Ordnung einer einheitlichen Regulierung, wie sie die moderne Verfassung charakterisierte, gar nicht zugänglich gewesen wäre. Andererseits wurde der Gegenstand durch den Wechsel der Legitimationsgrundlage erst konstitutions*bedürftig*. Mit der Zerstörung der Monarchensouveränität und der Proklamation der Volkssouveränität entstand nämlich ein Vakuum – zwar nicht an der Macht, denn die königliche Regierung amtierte weiter, und neben, unter oder über ihr amtierten Komitees der Nationalversammlung – wohl aber an Legitimation zu ihrem Gebrauch. Dem Monarchen und seiner Verwaltung war die Legitimation entzogen; die selbsternannte, nicht vom Volk, sondern von den Ständen bestellte Nationalversammlung konnte sie allenfalls notdürftig und interimistisch beanspruchen; das Volk, dem sie nunmehr zugeschrieben wurde, war aus sich heraus nicht handlungsfähig, sondern mußte durch Verfahren und Organe erst zur Bildung eines einheitlichen Willens instand gesetzt werden. Seine Herrschaft kam, wie Sieyès klar erkannte, nur als *Auftragsherrschaft* in Betracht.

Revolutionärer Bruch mit der angestammten Staatsgewalt und Volkssouveränität als neues Legitimationsprinzip staatlicher Herrschaft liefen auf diese Weise nachgerade auf einen Konstitutionsakt hinaus. Auch das hatte Sieyès vorausgesehen und schon in der Ständeschrift den Schluß gezogen, »daß jede übertragene Regierung ihre Verfassung haben muß«.[4] Zwar war in dem Beschluß der Nationalversammlung nur von einer »restauration nationale« und »régénération de la France«[5] die Rede, es gab aber keinen Zweifel daran, daß das Mittel zur Lösung dieser Aufgabe gerade die Verfassung war. Das wurde zwei Tage später offenkundig, als Militär den Abgeordneten den Zutritt zu ihrem Sitzungssaal verwehrte und diese daraufhin zum Ballhaus weiterzogen, wo sie sich auf ihren Auftrag, »die Verfassung des Königreichs zu bestimmen«, beriefen und schworen, nicht auseinanderzugehen, »ehe die Verfassung des Königreichs errichtet und gesichert ist«.[6] Die organisatorischen Vorkehrungen wurden alsbald getroffen. Am 6. Juli 1789 setzte die Nationalversammlung einen Verfassungsausschuß ein. Am 14. Juli, dem Tag des Sturms auf die Bastille, beschloß sie, der Verfassung eine Menschenrechtserklärung voranzustellen. Am 27. Juli hörte sie den ersten Bericht des Verfassungsausschusses und begann mit der Plenardebatte.

Daß es bei dem Verfassungswerk in der Tat um eine Neubegründung von Herrschaft ging, war indes nicht allen Beteiligten sofort klar. Wie schon die Wähler in ihren vor der Wahl der Generalstände verfaßten Beschwerdeheften, den *cahiers de doléances*, schwankte auch die Nationalversammlung anfänglich zwischen einer wiederherstellenden Reorganisation der traditionellen Gewalten, die mit dem Monarchen schriftlich zu vereinbaren war, und einer Neukonstituierung der Staatsgewalt, die im Gesetzgebungswege zu beschließen war. Der Plan, den König (als von Gottes Gnaden legitimierten Herrscher) abzusetzen und ihn, nach dem Beschluß, daß Frankreich eine Monarchie bilden solle, feierlich (als konstitutionellen Monarchen) wieder einzusetzen, fand noch im Juni 1789 kein Verständnis. Erst nachdem sich der König den grundlegenden Reformbeschlüssen des 4. August: der Abschaffung der Standesunterschiede und der Privilegien, des Feudalsystems und der Zunftordnung, widersetzt hatte, wurde auch den bis dahin unentschlossenen Abgeordneten klar, daß die vom »Dritten Stand« primär erstrebte Sozialreform nicht mit der traditionellen Staatsgewalt, sondern nur gegen sie durchzusetzen war. Von diesem Augenblick an stand endgültig fest, daß die Aufgabe nicht Herrschaftsmodifizierung, sondern allein Herrschaftskonstituierung sein konnte.

6. Das bürgerliche Staatsmodell

Daß politische Herrschaft nach dem revolutionären Bruch neu konstituiert werden mußte, zwang für sich genommen noch nicht dazu, dies auch in Gestalt des förmlichen Verfassungsgesetzes zu tun. Zwar bedarf beauftragte Staatsgewalt stets eines sie legitimierenden Rechtssatzes, der den Auftrag erteilt und deswegen im Rang notwendig über dem Beauftragten und den von ihm ausgehenden Rechtssätzen steht. Dieser Rechtssatz muß sich aber nicht notwendig zur Verfassung im modernen Sinn verdichten. Das Volk kann den Herrschaftsauftrag auch unbedingt und unwiderruflich vergeben. Die Konsequenz ist dann der absolute Herrscher, nur nicht aus originärem, sondern aus übertragenem Recht. Die Möglichkeit einer solchen Konstruktion hatte die ältere Staatsvertragslehre mit ihrer Legitimation unbeschränkter Herrschaft ohne logischen Bruch bewiesen. Unbegrenzte und in einer Person konzentrierte Herrschaft ist aber der verfassungsrechtlichen Normierung weder bedürftig noch fähig. Das Staatsrecht beschränkt sich dann vielmehr auf die Festsetzung der Omnipotenz des Herrschers und die Regelung seiner Nachfolge. Wenn also nicht schon der Auftragscharakter der Herrschaft zur modernen Verfassung führt, dann kann sie sich nur aus der besonderen *Art und Weise* des Auftrags ergeben. Das macht einen Blick auf die bürgerliche Staatsvorstellung nötig.

Das bürgerliche Sozialmodell beruht auf der Prämisse, daß die Gesellschaft über natürliche Selbststeuerungsmechanismen verfügt, die automatisch zu Wohlstand und Gerechtigkeit führen, wenn sie nur ungehindert zum Zuge kommen können. Der Musterfall dieser Selbststeuerungsmechanismen ist der Markt. Er löste in den Augen des Bürgertums sämtliche ökonomischen Probleme effizienter und gerechter, als das eine zentrale staatliche Steuerung vermochte: das Versorgungsproblem durch die Feinfühligkeit des Wechselspiels von Angebot und Nachfrage; das Qualitäts- oder Konsumentenschutzproblem durch die Konkurrenz mehrerer Anbieter um den Kunden; das Problem des gerechten Preises durch die zum besten Interessenausgleich führende individuelle Aushandlung der Vertragsbedingungen. Das Modell bezog sich ursprünglich auf den ökonomischen Bereich von Ware, Dienstleistung und Arbeit, wurde aber auch auf den kulturellen und politischen Bereich übertragen. Dort sollte sich in der Konkurrenz der Meinungen und Ideen das niveauvollere Werk oder das bessere Argument mit Notwendigkeit durchsetzen. Erst der Meinungsmarkt verbürgte dann diejenige Wahrheit, die Staat und Kirche autoritär bestimmen zu können geglaubt hatten.

Der Markt konnte seine Funktion jedoch nur unter der Voraussetzung freien und gleichen Zugangs aller zum Wettbewerb erfullen. Freiheit und Gleichheit waren daher nicht nur jedem Menschen von Naturrechts wegen zustehende Attribute, die bei der Ermittlung des Gemeinwohls zu berücksichtigen waren. Sie machten das Gemeinwohl aus. Dieses verlangte daher nicht mehr, daß der Einzelne sein Verhalten einem objektiv vorgegebenen Gerechtigkeits- oder Tugendideal unterordnete. Vielmehr durfte er sein Handeln autonom bestimmen. Die einzige Grenze der eigenen Freiheit war die gleiche Freiheit der anderen. Blieb diese Gleichheit in der Freiheit gewahrt, mochte jeder sich von seinem Eigeninteresse leiten lassen und konnte doch sicher sein, gerade damit am besten zum Gesamtwohl beizutragen. Dieses behielt auch im bürgerlichen Sozialmodell seinen Rang als oberstes Ordnungsziel, war unter der Prämisse natürlicher Selbststeuerung der Gesellschaft aber formalisiert und prozeduralisiert. Das Gemeinwohl bildete die von inhaltlichen Anforderungen entlastete Resultante des freien Spiels der individuellen Kräfte. Das System funktionierte »subjektiv anarchisch, objektiv harmonisch«.[7]

Die vorausgesetzte Automatik von Individualfreiheit und Gemeinwohl machte indessen den Staat nicht überflüssig. Der Grund lag darin, daß die gleiche Freiheit aller, von der das Gemeinwohl abhing, nicht selbstgenügsam, sondern ebensowohl organisations- wie schutzbedürftig war. Zum einen entstand dort, wo der subjektive Wille an die Stelle objektiver Verhaltensanforderungen trat, sofort das Problem, die in ihrer Freiheit gleichen Individualwillen gegeneinander abzugrenzen und miteinander zu koordinieren. Auch unter der Geltung des Freiheitsprinzips war also Recht vonnöten, wenngleich ein anderes, als es das inhaltlich bestimmte *bonum commune* verlangt hatte. Zum anderen wohnte der Individualfreiheit die Gefahr inne, daß einzelne Gesellschaftsglieder sie dazu mißbrauchten, andere um ihr gleiches Recht zu bringen. Derselbe Vorgang konnte sich mit weit größerer Wirkung auf der Ebene der Völker abspielen. Es war also im Freiheitsinteresse außer einer rechtsetzenden auch eine rechtsdurchsetzende Instanz erforderlich. Eine solche besaß aber die atomisierte und zur Verfolgung individueller Interessen freigesetzte bürgerliche Gesellschaft in sich nicht. Sie mußte diese vielmehr außerhalb ihrer selbst rekonstruieren, eben als Staat.

Der Staat der bürgerlichen Gesellschaft wandelte aber seine Funktion. War das Gemeinwohl keine feststehende Größe, seine Erreichung kein Ergebnis planvoller politischer Bewirkung mehr, sondern die automatische Folge individueller Freiheit, bedurfte es auch nicht länger des Staates, um das Gemeinwohl inhaltlich zu definieren und individuelles Verhalten wie soziale Abläufe nach dieser Maßgabe zu lenken. Folglich verlor er die Funktion einer zentralen Steuerungsinstanz für alle Teilsysteme der Gesellschaft. Diese wurden vielmehr von der Politik abgekoppelt und in die Autonomie entlassen, in der sie sich ihren je spezifischen Rationalitätskriterien gemäß entfalten durften. Unschärfer, aber geläufiger bezeichnet man den Vorgang auch als *Trennung von Staat und Gesellschaft.* Trennung bedeutete dabei freilich nicht Beziehungslosigkeit, sondern Neuordnung der Beziehungen unter der Prämisse gesellschaftlicher Selbststeuerung. Dadurch kehrte sich das bisherige Verteilungsprinzip um. Prinzipiell begrenzt war nun der Staat und prinzipiell frei die Gesellschaft. Dem Staat verblieb nur die Aufgabe, die Voraussetzungen der gesellschaftlichen Autonomie, eben individuelle Freiheit, gegen Störungen zu sichern.

Auch diese reduzierte Aufgabe konnte aber nur von einem machtvollen Staat erfüllt werden, denn die Abwehr von Aggressoren und die Bekämpfung von Freiheitsmißbräuchen, ja selbst die Schlichtung von Rechtsstreitigkeiten Privater, die dem Staat überlassen blieb, forderten unter Umständen den Einsatz, jedenfalls aber die Existenz organisierter physischer Gewalt, sei es in Gestalt des Heeres, sei es in Gestalt der Polizei. Für die Verwirklichung des bürgerlichen Sozialmodells kam es also darauf an, das Verhältnis von Staat und Gesellschaft so einzurichten, daß der Staat einerseits stark genug war, die gesellschaftliche Autonomie zu schützen, seine Stärke andererseits aber nicht im Interesse eigener Steuerungsambitionen mißbrauchen konnte. Dazu war es zunächst erforderlich, die Gesellschaft konsequent zu privatisieren und alle Herrschaftsbefugnisse und Machtmittel beim Staat zu konzentrieren, weil jede gesellschaftliche Herrschaftsbefugnis das freie Spiel der individuellen Kräfte verzerren und die staatliche Durchsetzungsfähigkeit schwächen mußte. Im selben Zug war die öffentliche Gewalt aber mit der Gesellschaft wieder so zu vermitteln, daß sie sich nicht von deren Interessen verselbständigen konnte, sondern auf ihre dienende Funktion fixiert blieb.

7. Die Verfassung als adäquates Problemlösungsmittel

Die erste der beiden Aufgaben, die Konzentration aller öffentlichen Gewalt beim Staat, hatte der Absolutismus in Angriff genommen, aber nicht zu Ende geführt. Noch immer verbanden sich mit dem adeligen Grundeigentum Herrschaftsrechte über Personen, die einmal Teil der dezentralisierten polyarchischen öffentlichen Gewalt der mittelalterlichen Gesellschaft gewesen waren, nach der Herausbildung des modernen souveränen Staates und dem Übergang der Friedensfunktion auf diesen aber wie private Herrschaft erscheinen mußten. Noch immer übte auch die Kirche öffentliche Funktionen aus, namentlich im familienrechtlichen Bereich und im Erziehungswesen. Die Vollendung des modernen Staates war erst das Werk der bürgerlichen Revolution. Der große Reformakt der französischen Nationalversammlung, die Beschlüsse der berühmten Nachtsitzung des 4. August 1789, die später in die Präambel der Verfassung übernommen wurden, zerstörten nicht allein die Standesunterschiede und Privilegien, sondern teilten auch das alte umfassende, der Trennung von öffentlichem und privatem Recht vorausliegende Feudalverhältnis sachwidrig, aber zeitgemäß in privatrechtliche Forderungsrechte, die gegen Entschädigung abgelöst werden sollten, und öffentliche Herrschaftsrechte, die entschädigungslos auf den Staat übertragen wurden.

Die zweite Aufgabe, die außerhalb der Gesellschaft angesammelte politische Macht mit der auf individuelle Freiheit gegründeten Sozialordnung kompatibel zu machen, löste die moderne Verfassung. Ihre besondere Eignung für diese Aufgabe ergab sich aus dem Umstand, daß alle Fragen, die nach der inhaltlichen Grundentscheidung zugunsten gesellschaftlicher Selbststeuerung über das Zusammenspiel individueller Willensentscheidungen noch der Regelung bedurften, formaler Natur waren. Zum einen ging es um die Begrenzung des Staates auf eine bloße Garantenfunktion für die individuelle Freiheit, zum anderen um seine Rückbindung an den gesellschaftlichen Auftraggeber. Die Aufgabe bestand also einerseits in Schrankenziehung, andererseits in Organisation. Aufgaben solcher Art finden aber gerade im Recht ihre adäquate Lösung. Werden dem Staat umgekehrt materielle Ziele gesetzt, etwa wirtschaftlicher Wohlstand oder gerechte Güterverteilung, so können diese zwar rechtlich angeordnet werden, doch liegt im Erlaß der Norm nicht zugleich auch die Problemlösung. Diese ist nicht allein von der Bereitschaft zur Anwendung der Norm, sondern überdies von knappen Ressourcen wie Geld, Wissen, Konsens usw. abhängig. Die eigentliche Aufgabenerfüllung übersteigt daher das Vermögen rechtlicher Normierung.

Geht es dagegen um die formalen Aufgaben von Schrankenziehung und Organisation, so ist das Problem mit der Errichtung von Tätigkeitsgrenzen und dem Erlaß vom Kompetenz- und Verfahrensordnungen prinzipiell gelöst. Zwar bedürfen auch solche Normen der Anwendung, doch spielen außerrechtliche Ressourcen dabei keine wesentliche Rolle. Unterlassen ist nicht knapp. Infolgedessen fällt hier die Anwendung der Normen mit der Zielerreichung zusammen. Benötigt werden dann nur noch Vorkehrungen für den Fall staatlicher Regelverstöße. Auch diese sekundäre Aufgabe läßt sich aber im Rechtssystem selber lösen, indem rechtswidrige Staatsakte als nichtig gelten oder korrigiert werden müssen. Man kann daher sagen, daß das Recht angesichts formaler Regelungsaufgaben nicht nur zur Problemlösung beiträgt, sondern selbst die Problemlösung *ist.* Insofern es dabei um die Regelung der Staatsgewalt ging, konnte die Aufgabe nur von einem ranghöheren Recht erfüllt werden. Dadurch teilte sich das positive Recht in zwei Bereiche: das vom Staat ausgehende und die Bürger bindende Gesetz und die von der Nation ausgehende und den Staat bindende Verfassung. Das alte Bedürfnis nach rechtlicher Zähmung von Herrschaft ließ sich auf diese Weise mit der unwiderruflichen Positivierung des Rechts versöhnen. Einerseits blieb es bei der politischen Rechtserzeugung, andererseits wurde die limitierende Funktion des Rechts für die Politik zurückgewonnen.

Die Aufgabe der gegenständlichen und funktionalen Beschränkung der Staatsgewalt auf den Freiheitsschutz erfüllten die *Grundrechte.* Sie grenzten aus der bisher umfassenden staatlichen Regelungsbefugnis diejenigen Bereiche aus, in denen künftig nicht mehr der Wille des Staates, sondern der Wille des Einzelnen maßgeblich sein sollte. In ihrer Gesamtheit markierten sie die Grenzlinie zwischen Staat und Gesellschaft. Vom Staat aus betrachtet waren sie Handlungsschranken, von der Gesellschaft aus gesehen Abwehrrechte. Die grundrechtlich garantierte Freiheit konnte freilich ihrerseits keine schrankenlose sein, weil das gleichbedeutend mit Anarchie gewesen wäre, die zu verhindern weiterhin Aufgabe des Staates blieb. Daher mußte die Freiheit des Einzelnen im Interesse der gleichen Freiheit der anderen staatlich beschränkbar, die Überschreitung der Schranken staatlich sanktionierbar sein. Folglich besaß der Staat auch im Grundrechtsbereich Handlungsmöglichkeiten, die sich aber angesichts der bürgerlichen Grundentscheidung zugunsten der Individualfreiheit als *Eingriff* in die grundrechtliche Freiheit darstellten. Vom Eingriff drohten dem Autonomieprinzip daher Gefahren, und um die Bändigung dieser Gefahren kreiste das gesamte bürgerliche Verfassungsdenken.

Die Lösung des Problems lag in der *Gewaltenteilung.* Wann der Staat zum Schutz der allgemeinen Freiheit in die individuelle Freiheit eingreifen durfte, war nicht seinem Ermessen überlassen. Vielmehr bestimmte die Gesellschaft durch ihre gewählten Repräsentanten selbst, welche Beschränkungen seiner Freiheit jeder Einzelne im Interesse der gleichen Freiheit aller hinnehmen mußte. Das geschah aufgrund öffentlicher Diskussion im Parlament, das auf diese Weise zum Bindeglied zwischen Staat und Gesellschaft wurde. Sein Instrument war das *Gesetz*. Im Gesetz legte die Gesellschaft die Schranken der individuellen Freiheit fest. Der Staat war an den im Gesetz übermittelten Willen der Gesellschaft gebunden. Eingriffe in den gesellschaftlichen Freiheitsbereich durfte er nur aufgrund einer gesetzlichen Ermächtigung vornehmen. Im Gesetz verfügte die Gesellschaft schließlich wiederum über den Kontrollmaßstab, anhand dessen sie beurteilen konnte, ob der Staat den gesellschaftlichen Willen respektiert oder sich von ihm verselbständigt hatte. Das klassische Gewaltenteilungsschema von Gesetzgebung, Gesetzesausführung und Gesetzmäßigkeitskontrolle, das Machtmißbräuchen durch die Aufteilung der Funktionen an unabhängige Träger vorbeugen sollte, fiel dabei sozusagen automatisch an.

Mit Hilfe dieser Überlegungen lassen sich nun die Bedingungen für die Entstehung der Verfassung (nicht notwendig auch für ihre spätere Verbreitung) schärfer fassen: Nachdem Ordnungsprobleme schon am Ende des Mittelalters entscheidbar geworden waren und die Konzentration der verstreuten Hoheitsrechte zur einheitlichen Staatsgewalt bald darauf auch ein konstitutionsfähiges Objekt geschaffen hatte, mußten folgende Faktoren zusammentreffen: *erstens* eine für Bestand und Entwicklung der Gesellschaft bedeutsame und ihrer Bedeutung auch bewußte Bevölkerungsgruppe als *Träger*, die ein Interesse an Veränderungen der Herrschaftsstruktur hatte und über die nötige Stärke zur Durchsetzung dieses Interesses verfügte; *zweitens* ein *revolutionärer Bruch* mit der überkommenen Staatsgewalt und die daraus folgende Notwendigkeit, legitime Staatsgewalt neu zu konstituieren; und schließlich *drittens* eine diese Neubegründung leitende *Ordnungsvorstellung*, derzufolge die Gesellschaft vermittels freier individueller Willensentscheidungen aus eigener Kraft Wohlstand und Gerechtigkeit zu erlangen vermochte, so daß der Staat seine zentrale Steuerungsrolle abgeben und auf eine von der Gesellschaft übertragene Garantenfunktion für die vorausgesetzte Ordnung beschränkt werden konnte. Insofern diese Bedingungen nur für das neuzeitliche Bürgertum, die bürgerliche Revolution und das bürgerliche Sozialmodell zutreffen, kann man die moderne Verfassung als bürgerliches Phänomen bezeichnen.

8. Das Fehlen einer Verfassung in England

Hing die Geburt der modernen Verfassung in der Tat von der gerade geschilderten Konstellation ab, dann wird auch klar, warum dasjenige Land, in dem sich zuerst ein sozial bedeutsames und selbstbewußtes Bürgertum entwickelte, nämlich England, keine moderne Verfassung hervorbrachte. England galt zwar auf dem vom Absolutismus geprägten Kontinent lange Zeit als Muster eines freiheitlich verfaßten Staates, und die englische Verfassung übte große Anziehungskraft auf das kontinentale politische Denken aus. Doch handelte es sich bei der englischen Verfassung gerade nicht um jene planmäßig entworfene und systematisch ausgearbeitete Grundlage legitimer Herrschaft, die die Verfassung im neuen Sinn darstellt, sondern um eine Mischung aus Traditionen und Konventionen sowie schriftlich fixierten Grundgesetzen, die meist vertragsartig entstanden waren und überwiegend Rechte des Parlaments gegenüber der Krone sicherten, deren Herrschaftsbefugnis aber immer schon voraussetzten und auch keineswegs die gesamte Bevölkerung berechtigen mußten. Deswegen konnte die englische Verfassung von der französischen Adelsopposition in ihrem Kampf mit dem absoluten Monarchen ins Feld geführt werden, während sich die bürgerliche Opposition seit ihrem Bruch mit dem Adel eher von ihr distanzierte.

Die Erklärung dafür, daß England zwar ein vergleichsweise modernes politisches System, aber keine moderne Verfassung besaß, liegt in dem Umstand, daß das englische Bürgertum seine Ziele ohne revolutionären Bruch mit dem überkommenen System zu erreichen vermochte. In England war wirtschaftliche Freiheit längst gängige Praxis, ehe Adam Smith sie theoretisch legitimierte und systematisch entwickelte. Begünstigt durch die Insellage, die externe Störungen fernhielt, dem Verkehr gut erschlossen und schon seit dem 17. Jahrhundert frei von Binnenzöllen und Marktschranken, hatte England einen beispiellosen wirtschaftlichen Aufschwung genommen. Damit war einer der Gründe, die auf dem Kontinent zur Revolution führten, entfallen. Der zweite entfiel, weil nach dem frühzeitigen Niedergang des Feudalsystems die Standesschranken für die englische Sozialstruktur an Bedeutung verloren. Einerseits standen dem Adel Handel und Gewerbe offen, und für die zweiten Söhne Adeliger wurde es nachgerade üblich, einen bürgerlichen Beruf zu ergreifen. Andererseits wurde

Grundbesitz frei verfügbar, und der Erwerb größerer Ländereien durch Bürgerliche pflegte über kurz oder lang die Nobilitierung nach sich zu ziehen.

Adel und Bürgertum einte auf diese Weise ein gemeinsames Interesse, das sie gegenüber dem Monarchen parlamentarisch zur Geltung bringen und in entsprechende Normen umsetzen konnten. Die Gemeinsamkeit bewährte sich, als im 17. Jahrhundert die Stuart-Könige ein absolutistisches Regiment nach kontinentalem Vorbild zu errichten suchten, ohne daß ihnen wie auf dem Kontinent ein Bürgerkrieg als Legitimationsgrund zur Seite gestanden hätte. Der Bürgerkrieg war hier vielmehr die Folge des Absolutismus, und Adel und Bürgertum leisteten in ihm gemeinsam Widerstand gegen die Herrschaftsansprüche der Krone. Der so ermöglichte Sturz Karls I. 1649 und die Abschaffung der Monarchie durch Cromwell bildeten die einzige revolutionäre Situation in England, und es bestätigt die These vom Zusammenhang zwischen revolutionärem Bruch und moderner Verfassung, daß es in der Tat in dieser Situation 1653 in England zur Oktroyierung einer geschriebenen Verfassung im modernen Sinn, der ersten überhaupt, kam.[8] Diese Verfassung wurde aber nicht zur unumstrittenen Grundlage politischer Herrschaft. Vielmehr versuchten die beiden unter dem Protektorat Cromwells gewählten Parlamente eine andere Verfassung an ihre Stelle zu setzen, ohne dafür indes die Zustimmung des Protektors zu finden.

Der zweite dieser parlamentarischen Verfassungsentwürfe näherte sich unter Beibehaltung der modernen Form inhaltlich wieder stark der historisch gewachsenen Verfassung Englands an. Er war sogar von der Aufforderung an Cromwell begleitet, sich zum König krönen zu lassen. Als die neue Ordnung nach Cromwells Tod 1658 schnell zusammenbrach und das Parlament zur Wiederherstellung von Ruhe und Sicherheit auf die Restauration der legitimen Dynastie setzte, entfiel auch der Zwang zur Schaffung einer Verfassung. Der revolutionäre Bruch von 1649 war durch die Restauration überbrückt, eine grundlegende Änderung der Herrschaftsform nicht mehr erstrebt. Auch die Berufung Wilhelms von Oranien auf den englischen Thron nach der unblutigen *Glorious Revolution* von 1688 wurde nicht als Wechsel der Legitimationsgrundlage von Herrschaft, sondern nur als Wechsel der Dynastie begriffen. Der Kampf gegen Jakob II. galt als Ausübung des Widerstandsrechts gegen einen die Grundgesetze des Landes mißachtenden Herrscher, die Einsetzung eines neuen bedeutete nur Wiederherstellung des gestörten alten Rechts, nicht revolutionäre Durchsetzung neuen Rechts.

Allerdings ging die Berufung von William und Mary mit dem Inkrafttreten eines normativen Dokuments, der *Bill of Rights* von 1689, einher, der oft Verfassungsbedeutung zugeschrieben wird. Der Entstehung nach handelte es sich bei der *Bill of Rights* um einen Vertrag zwischen dem Parlament und dem neuen Monarchen, was bereits auf die ältere Form der Staatsgrundgesetze oder Herrschaftsverträge hindeutet. Inhaltlich regelte die *Bill of Rights* in erster Linie Befugnisse des Parlaments, in zweiter Linie individuelle Freiheiten der Engländer. Dabei kamen aber keine neuartigen Bestimmungen zustande, vielmehr wurden bestehende Rechte bestätigt oder alte Zweifelsfragen definitiv geklärt, wie das an verschiedenen Krisenpunkten der englischen Geschichte schon öfter der Fall gewesen war. Vor allem wirkten die Freiheitsrechte aber nur gegenüber der Krone, nicht gegenüber dem Parlament, das als ihr Verteidiger aufgetreten war. Wesentliche Merkmale einer Verfassung im modernen Sinn fehlen ihr also. Dennoch besaß die Revolution erhebliche verfassungsrechtliche Bedeutung, denn sie machte, eher implizit als ausgesprochen, das Gottesgnadentum als Grundlage der Monarchie hinfällig und befestigte den Vorrang des Parlaments. Nur verschaffte sich dieser Kompromiß nicht mehr Ausdruck in einer modernen Verfassung und brauchte das angesichts des evolutionären Wegs, auf dem er zustande gekommen war, auch nicht.

Für das Bürgertum als den sozialen Träger der modernen Verfassungsbewegung bedeutete dies, daß es seine Vorstellungen und Interessen im Rahmen der bestehenden Ordnung zur Geltung bringen konnte, ohne dabei auf den Widerstand der Krone oder des Adels zu stoßen. Eine staatlich unreglementierte Wirtschaft bildete für sie keine Gefahr und spielte sich auf diese Weise schon im 18. Jahrhundert ein, ohne daß man einen gesetzgebenden Akt benennen könnte, der das alte dirigistische System abgeschafft und die Gewerbefreiheit eingeführt hätte wie später in Frankreich. Die Praxis des *laisser faire* entwickelte sich vielmehr zum Teil noch unter den fortbestehenden merkantilistischen Gesetzen aus der elisabethanischen Epoche, die aber von den freiheitsfreundlichen *common law*-Gerichten immer weniger angewandt und erst bei erkennbarem Bedarf von Fall zu Fall förmlich aufgehoben wurden. Eine revolutionäre Situation kehrte nach diesem relativ früh und relativ reibungslos erzielten Ausgleich nicht mehr ein. Die Kompatibilität zwischen sozialer und politischer Ordnung, die in Frankreich durch die Verfassung hergestellt wurde, konnte hier unter Fortentwicklung der nie abgerissenen parlamentarischen Tradition gesichert werden. Sozialordnung und Staatsordnung ließen sich auf diese Weise in Übereinstimmung halten und machten radikale Neuerungen überflüssig.

9. Der Ursprung der modernen Verfassung in Amerika

Wenn in England die evolutionäre Herstellung einer bürgerlichen Rechts- und Sozialordnung den Übergang zur modernen Verfassung entbehrlich machte, dann fragt es sich allerdings, wieso es noch vor Frankreich in Nordamerika zu Verfassungen im modernen Sinn kam. Die nordamerikanischen Kolonien hatten nie etwas anderes als eine bürgerliche Gesellschaft, wenngleich auf der Basis von Sklaverei, gekannt. Feudalismus und Merkantilismus waren auf dem Kontinent zurückgeblieben. Standesunterschiede existierten von Anfang an nicht. Es galt das freiheits- und verkehrsfreundliche englische *common law,* und die Amerikaner genossen die *Rights of Englishmen.* Freiheit und Gleichheit bildeten die Grundlage der Rechtsordnung, und mit der rechtlichen Freiheit pflegte die wirtschaftliche Unabhängigkeit einherzugehen, denn anders als in Europa waren nicht einmal die Mittel knapp, die rechtlich bestehende Freiheit auch tatsächlich zu nutzen. Weite und Reichtum des Landes erlaubten es jedem, die seinem Talent und Fleiß entsprechende Position zu erringen. Nirgendwo kamen die Prämissen des bürgerlichen Sozialmodells der Wirklichkeit so nahe wie in Amerika. Sie mußten dort nicht erst gewaltsam durchgesetzt werden. Die hier herausgestellten Entstehungsbedingungen für moderne Verfassungen scheinen daher in Amerika zu fehlen.

Indessen unterscheiden sich England und Amerika in einem gerade für die Entstehung der modernen Verfassung wesentlichen Punkt. Die amerikanischen Kolonisten hatten in der zweiten Hälfte des 18. Jahrhunderts die Erfahrung staatlicher Übergriffe in die bürgerliche Interessensphäre gemacht. Das war der Fall, als das englische Mutterland sich für die Kosten seiner Verwicklung in den Siebenjährigen Krieg an den prosperierenden Kolonien schadlos zu halten versuchte und diesen zwischen 1764 und 1773 Sondersteuern auferlegte, von denen die Engländer selber verschont blieben. Diesen Sondersteuern lagen zwar gemäß englischem Recht parlamentarisch beschlossene Gesetze zugrunde, doch entsandten die Kolonien keine Abgeordneten ins englische Parlament, sondern galten – der modernen, auf die Nation und nicht auf einzelne Stände, Korporationen oder Regionen bezogenen Repräsentationstheorie zufolge – durch die Abgeordneten des Mutterlandes als mitvertreten. Diese Fiktion konnte aufrechterhalten werden, solange der Gesetzgeber zwischen Mutterland und Kolonien keinen Unterschied machte. Sie zerfiel in dem Augenblick, als das Mutterland die Kolonien ungleich belastete und damit die *Rights of Englishmen* für sie verkürzte.

In der Steuerfrage verhielt sich die englische Volksvertretung einem Volksteil gegenüber also quasi absolutistisch. Gleichwohl lag den Amerikanern ein Bruch mit England fern. Sie beriefen sich vielmehr auf die Grundsätze des englischen Rechts, das sie keineswegs in Frage stellen, sondern nur gleichmäßig angewandt wissen wollten. Das ehedem vom Parlament gegen die Krone durchgesetzte Prinzip *No taxation without representation* wurde nun gegen das Parlament selber ins Feld geführt. Ziel war dabei aber nicht die Durchsetzung neuen, sondern nur die Verwirklichung bestehenden Rechts. Erst als endgültig feststand, daß das Mutterland den Forderungen der Kolonisten nicht nachzugeben bereit war, entschlossen sich diese zum Bruch mit der englischen Krone. Damit überschritten sie das traditionelle Widerstandsrecht, das nur zur Wiederherstellung einer vom Herrscher gestörten, nicht aber zur Begründung einer neuen Herrschaftsordnung berechtigte. Der Bruch mit dem Mutterland ließ sich daher auch nicht mehr unter Berufung auf das positive Recht begründen. Infolgedessen griffen die Amerikaner nunmehr zu naturrechtlichen Grundsätzen, die ihnen vor allem aus der protestantischen Predigt wohl vertraut waren, und rechtfertigten so die Loslösung von England, wie es in der von Jefferson entworfenen *Declaration of Independence* vom 4. Juli 1776 zum Ausdruck kommt.

Mit diesem Entschluß standen aber auch die amerikanischen Kolonisten vor derjenigen Situation, die in England Episode geblieben war, für Frankreich aber bestimmend werden sollte. Das durch den Bruch mit England entstandene Vakuum an legitimer staatlicher Gewalt machte es notwendig, eine rechtmäßige Staatsgewalt neu zu konstituieren und zugleich möglichst so zu organisieren, daß sich die soeben mit dem englischen Parlament gemachten Erfahrungen nicht wiederholen konnten. Daß dies ohne lange Vorklärung, aber auch ohne großes Neuerungsbewußtsein in Gestalt der modernen geschriebenen Verfassung geschah, hat eine naheliegende Erklärung. Die amerikanischen Kolonien besaßen eine alte Tradition schriftlich niedergelegter Grundordnungen, die ihre politische Organisation und ihre fundamentalen Rechte festhielten, teils in Form der vom Mutterland verliehenen *Colonial Charters,* teils in Form von Gründungsurkunden, Siedlerverträgen usw. Diese normativen Dokumente wichen inhaltlich nicht wesentlich vom englischen Rechtszustand ab. Doch hatte der Neubeginn fern vom Mutterland und der Gründungscharakter der Siedlung die Inventarisierung und Dokumentierung derjenigen Rechte begünstigt, die in England historisch gewachsen und fallweise bekräftigt worden waren.

Diese Grundordnungen dürfen aber nicht vorschnell mit der modernen Verfassung auf eine Stufe gestellt werden. Zur Verfassungsgeltung fehlte es ihnen noch an dem auf die Konstituierung und Organisierung der obersten Staatsgewalt bezogenen Regelungsgehalt. Sie stellten vielmehr unterhalb der englischen Verfassung und im Rahmen ihrer Institutionen und Prozeduren Ordnungen regionaler und lokaler Reichweite dar. In der Vakuum-Situation des revolutionären Bruchs lag aber der Rückgriff auf diese Grundordnungen zur Konstituierung einer eigenen, unabhängigen Staatsgewalt nahe. Einige Kolonien wie Connecticut und Rhode Island erhoben sie kurzerhand in Verfassungsrang, während die meisten unter Anlehnung an die alten Urkunden neue Verfassungen ausarbeiteten und im Gesetzgebungsweg in Kraft setzten. Der Lehre vom Sozialvertrag folgend, die in der Koloniegründung schon real eingelöst schien, wurde Herrschaft dabei durchgängig als Auftragsangelegenheit des Volkes verstanden und die Verfassung in naiv-wörtlichem Verständnis der Vertragstheorie als der Grundvertrag aller mit allen interpretiert, der den Auftrag begründete und die Konditionen seiner Wahrnehmung festlegte.

Wenngleich die Amerikaner dabei nicht in dem Bewußtsein handelten, eine neue Form der Herrschaftskonstituierung gefunden zu haben, und dem englischen Staatsrecht inhaltlich auch wenig

Neues hinzufügten, so überschritten sie die englische Rechtslage doch funktional in dem entscheidenden Punkt. Die *Rights of Englishmen* besaßen zwar fundamentale Bedeutung für die Rechtsordnung, waren aber der Staatsgewalt nicht vorgeordnet. Sie banden vielmehr nur die Exekutive, nicht das Parlament. Als Vertretungsorgan der Rechtsinhaber diente es dem Schutz der Rechte, konnte nach Bedarf aber auch über sie disponieren. Die Amerikaner hatten das Parlament dagegen nicht als Schutz, sondern als Gefahr für die Individualrechte kennengelernt. Gleichzeitig war es ihnen vertraut, daß ihre eigenen *Assemblies* nur im Rahmen der vom Mutterland verliehenen *Charters* handeln konnten. Daher lag es in der Konsequenz ihrer Staatsgründungen, daß sie diese Regelung verallgemeinerten und die Grundrechte der Staatsgewalt in sämtlichen Erscheinungsformen einschließlich der legislativen überordneten. *Supreme constituent power* des Volkes und *supreme delegate power* der Volksvertretung[9] waren damit auseinandergezogen. Diese konnte nur im Rahmen der von jener errichteten Ordnung agieren, die eben dadurch zur Verfassung im modernen Sinn wurde.

10. Die Funktion der bürgerlichen Verfassung

War es dieselbe Grundkonstellation, der die moderne Verfassung in Amerika und Frankreich ihre Entstehung verdankte, so konnte sie doch nicht in beiden Ländern in derselben Weise wirken. Das hängt mit den unterschiedlichen Ausgangspositionen zusammen. Amerika besaß bereits vor der Revolution eine auf Freiheit und Gleichheit beruhende Rechts- und Sozialordnung sowie unvergleichliche wirtschaftliche Entfaltungschancen für den Einzelnen. In der Revolution ging es unter diesen Umständen allein um ein mit der Sozialordnung kompatibles politisches System. Die Revolution war ihrer Eigenart nach politisch. Mit dem Sturz der englischen Herrschaft und der Einrichtung einer eigenen, den amerikanischen Interessen entsprechenden Staatsgewalt hatte sie ihr Ziel erreicht und war abgeschlossen. Der Verfassung, die den Schlußpunkt markiert, kam nur die Aufgabe zu, der schon bestehenden und als gerecht empfundenen Gesellschaftsordnung eine zusätzliche Bestandsgarantie zu verleihen, indem sie mißbräuchliche Verwendungen der Staatsgewalt einschließlich des legislativen Zweigs verhinderte. Sie hatte aber keine für die Sozialordnung konstitutive Bedeutung.

In Frankreich verhielten sich die Dinge ganz anders. Frankreich besaß vor der Revolution eine Gesellschaftsordnung, die durch Standesunterschiede und Privilegien, Fremdbestimmung und Pflichtenbindung geprägt war. Die Revolution hatte die Ersetzung dieser Ordnung durch eine auf die Prinzipien von Freiheit und Gleichheit gegründete zum Ziel. Daher war sie im Gegensatz zur amerikanischen Revolution nicht primär politisch, sondern sozial motiviert. Die Machtübernahme durch das Bürgertum besaß nur instrumentellen Charakter. Sie schuf die Voraussetzungen zur Erreichung der sozialen Ziele. Die Revolution konnte infolgedessen nicht mit der Errichtung einer neuen Staatsgewalt und dem Erlaß einer sie legitimierenden und limitierenden Verfassung enden. Sie begann auf dieser Grundlage vielmehr erst mit ihrer eigentlichen Aufgabe, der Umgestaltung der ständisch-dirigistischen Sozialordnung. Folglich ließ sich die Verfassung hier auch nicht auf bloße Garantiefunktionen für eine schon bestehende Sozialordnung beschränken. Sie mußte vielmehr dazu beitragen, diese erst herbeizuführen, gewann also offensive Funktionen, wo sie sich in Amerika angesichts der längst bürgerlichen Verhältnisse von vornherein auf eine defensive Rolle zurückziehen konnte.

Die Errichtung einer auf Freiheit und Gleichheit beruhenden Sozialordnung läßt sich freilich nicht allein mittels Verfassungen bewerkstelligen. Die Verfassung reorganisierte lediglich die Staatsgewalt und legte die Grundprinzipien der neuen Ordnung fest. Zu ihrer Herstellung bedurfte es aber einer umfangreichen Gesetzgebung. Diese mußte zunächst alle Institutionen und Regelungen, die mit Freiheit und Gleichheit unvereinbar waren, beseitigen, wozu ein Federstrich nicht reichte, wie die umfangreichen Ausführungsgesetze zu den Liquidationsbeschlüssen des 4. August 1789 zeigen. Mit der Aufhebung des alten Rechts war es aber nicht getan. Die von objektiven Verhaltensanforderungen auf subjektives Belieben umgestellte Sozialordnung bedurfte vielmehr eines Rechts, das einerseits die Individualwillen gegeneinander abgrenzte, damit die Freiheit des einen mit derselben Freiheit aller anderen vereinbar blieb, und andererseits die Individualwillen wieder aufeinander bezog, damit auch unter den Bedingungen von Freiheit und Gleichheit gesellschaftliches Zusammenwirken möglich wurde. Beides ist nicht Sache einer Verfassung, die sich auf den

Staat bezieht, sondern typische Aufgabe des Privatrechts, das die Beziehungen der Bürger unter sich regelt. Die von staatlicher Herrschaft befreiten Sozialbereiche waren daher auf die Ausfüllung mit Privatrecht geradezu angewiesen, während ein bürgerliches Privatrecht sehr wohl ohne Verfassungen auskommen konnte, wie England und das vorrevolutionäre Amerika lehren.

Es fragt sich dann allerdings, warum die französische Nationalversammlung ihr Reformwerk mit der Ausarbeitung einer Verfassung statt mit der Kodifikation des Privatrechts sowie einer der Sicherung und Durchsetzung subjektiver Privatrechte dienenden Umgestaltung des Strafrechts und des Prozeßrechts begann. Diese Frage ist keineswegs nachträglich an die Geschichte herangetragen. Sie wurde vielmehr in der Menschenrechtsdebatte der Nationalversammlung selber gestellt. Die Antwort, die in der Abstimmung eine große Mehrheit fand, lautete, die Umstellung einer ganzen Rechtsordnung stelle eine so komplexe und langwierige Aufgabe dar, daß sie eine entsprechende Organisation der rechtsetzenden und rechtsanwendenden Gewalten sowie klare inhaltliche Leitlinien voraussetze. Unter diesen Umständen waren Grundrechte in der Tat vordringlicher als Privatrecht. Auch konnten sie sich nicht auf die Funktion subjektiver Abwehrrechte gegen staatliche Freiheitseingriffe beschränken, sondern mußten zunächst als objektive Prinzipien für die Herstellung einer freiheitlichen Sozialordnung wirken. Die Verfassung ging dem Privatrecht auf diese Weise nicht nur zeitlich voran. Sie zeichnete auch dessen Inhalt in den Grundzügen vor. Privatrechtsgesetzgebung erscheint dann geradezu als Anwendung und Konkretisierung von Grundrechten.

Dieser Vorrang der Verfassung darf jedoch nicht über ihre dienende Funktion in der bürgerlichen Sozialordnung hinwegtäuschen. Unter der bürgerlichen Prämisse, daß soziale Gerechtigkeit die automatische Folge individueller Freiheit sei, konnten Existenz und Einsatz der öffentlichen Gewalt nur noch aus dem Freiheitsschutz gerechtfertigt werden. Individuelle Freiheit wurde dann das primäre Datum, öffentliche Gewalt eine von ihr abgeleitete Funktion. Damit kehrte sich aber das seit jeher bestehende Verhältnis von öffentlich und privat um. Hatte das private Interesse stets nur im Rahmen der öffentlichen Zwecke Platz gefunden, so wurden angesichts der Identifikation von Individualfreiheit und Gemeinwohl die öffentlichen Zwecke vom privaten Interesse her definiert. Nicht mehr legte die öffentliche Gewalt als Repräsentantin eines materialen Gemeinwohls die Reichweite der Privatautonomie fest, vielmehr bestimmten die Privatleute über die Reichweite der öffentlichen Gewalt. Folglich hatte, wie der Staat, auf den es sich bezog, auch das öffentliche Recht nur noch den Schutz der Privatautonomie zum Ziel, während sich die bürgerliche Gesellschaft eigentlich im Privatrecht konstituierte.

Diese Rangverkehrung schlug auch auf die Verfassung durch. Zwar stand sie im Rang über dem Privatrecht, aber was sie überhöhte, waren gerade die Grundlagen des Privatrechts, und die Höherrangigkeit richtete sich an die Staatsgewalt und diente dazu, die geschützten Individualrechte ihrer Disposition zu entziehen. Die bürgerliche Sozialordnung hatte nicht in der Verfassung ihre Grundlage, diese verlieh ihr lediglich, wie Max Weber sich ausdrückte, ein »Superadditum an Chance«[10] dafür, daß sie nicht nur das Verhältnis der Bürger untereinander beherrschte, sondern auch von der Staatsgewalt respektiert wurde. Die Höherrangigkeit der Verfassung hatte ihren Grund also in einem desto sichereren Schutz der Privatautonomie. Insofern kann man die Verfassung der bürgerlichen Gesellschaft als privatrechtsakzessorisch bezeichnen. Das wird am weiteren Verlauf der Dinge deutlich. Im selben Maß, in dem das Privatrecht auf die Prinzipien von Freiheit und Gleichheit umgestellt wurde, verzehrte sich die Anleitungsfunktion der Grundrechte. Gegenüber einem völlig liberalisierten Privatrecht fielen sie auf jene Garantiefunktion zurück, die sie in Amerika von Anfang an hatten einnehmen können.

II. Die Anfänge des Konstitutionalismus in Deutschland

1. Der politische Rahmen im späten 18. Jahrhundert

Für die Entstehung der modernen Verfassung, verstanden als planmäßige, umfassende und rechtsverbindliche Festlegung der Legitimationsgrundlagen und Ausübungsmodalitäten politischer Herrschaft, waren zwei Faktoren bestimmend gewesen: zum einen der Aufstieg des Bürgertums zum sozial bedeutsamsten und seiner Bedeutung bewußten Stand in der Gesellschaft; zum anderen das Beharren des Staates auf einer Gesellschaftsordnung, in der das Bürgertum keine seiner Bedeutung entsprechende Rechtsposition und Entfaltungschance besaß. Entlud sich diese Spannung in einem Sturz der traditionellen Staatsgewalt und entstand dadurch die Notwendigkeit, politische Herrschaft auf der Grundlage der bürgerlichen Überzeugungen und Interessen neu zu errichten, dann drängte sich angesichts der Prämisse von der Selbststeuerungsfähigkeit der Gesellschaft und der daraus abgeleiteten Beschränkung des Staates auf eine bloße Garantiefunktion für die individuelle Freiheit das Mittel der rechtlichen Verfassung geradezu auf, um den Staat von der Gesellschaft abzugrenzen und ihn bei seiner verbleibenden Tätigkeit an deren Willen zu binden.

Erkundigt man sich vor diesem Hintergrund nach den Aussichten für eine moderne Verfassung in Deutschland, so ist einerseits auf den Entwicklungsstand des deutschen Bürgertums, andererseits auf den rechtlich-politischen Ordnungsrahmen Bedacht zu nehmen. Dieser läßt sich allerdings für Deutschland viel schwerer beschreiben als etwa für Frankreich. Das hat seinen Grund darin, daß das *Deutsche Reich* im Gegensatz zu Frankreich kein Einheitsstaat war. Das Reich teilte die öffentliche Gewalt vielmehr mit fast 300 selbständigen Einzelherrschaften, meist unspezifisch Territorien genannt, die auf seinem Boden angesiedelt waren, im Osten und Südosten aber auch die Reichsgrenzen überschritten. Sie waren von sehr unterschiedlicher Art: geistliche und weltliche Fürstentümer, Groß- und Kleinstaaten, Freie Reichsstädte, Grafschaften, Prälaturen. Ständische, absolutistische und republikanische Regierungsformen wechselten ab. Auch in nationaler Hinsicht bildete das Reich keine Einheit. Es erfaßte einerseits nicht alle Deutschen, andererseits viele Nicht-Deutsche. Verschiedene Reichsterritorien unterstanden ausländischen Monarchen, die dadurch im Reichstag Mitsprache erlangten. Schließlich unterschied sich das Reich von den meisten es umgebenden Staaten durch die Pluralität der Konfessionen.

Die Frage, wie das »Heilige Römische Reich Deutscher Nation« positiv zu charakterisieren sei, stellte schon die zeitgenössische Staatsrechtslehre vor beträchtliche Schwierigkeiten. Das ist heute nicht anders. Mit Gewißheit läßt sich aber eine Negativaussage treffen: Das Reich hatte sich aus seinen mittelalterlichen Anfängen nicht zu einem Staat im modernen Sinn entwickelt. Die Differenz liegt in der *Souveränität,* verstanden als Inbegriff höchster und umfassender Gewalt. Eine solche Gewalt war der mittelalterlichen Gemeinschaft fremd gewesen. Sie entstand erst im Gefolge der konfessionellen Bürgerkriege des 16. und 17. Jahrhunderts. Diese ließen sich nur beilegen, wenn eine neue, von der umkämpften religiösen Wahrheit unabhängige Ordnung gefunden und mit Machtvollkommenheiten gegen die Bürgerkriegsparteien durchgesetzt werden konnte. Im Zuge dieser Notwendigkeit verstärkten einige Fürsten das in ersten Ansätzen schon im Mittelalter beobachtbare Bemühen, die weit gestreuten Herrschaftsrechte in ihrer Person zu vereinigen, zur umfassenden Staatsgewalt zu verdichten und diese organisatorisch mit eigenem Heer, eigener Verwaltung und eigenen Finanzen zu untermauern.

All das war im Reich nicht oder nur rudimentär vorhanden. Der Kaiser hatte keine Staatsgewalt, sondern nur einzelne Reservatrechte inne. Zwar besaß das Reich eine umfassende Gesetzgebungszuständigkeit, doch konnte sie nur mit Zustimmung der Reichsstände, also gerade der Inhaber eigener Herrschaftsgewalt in ihren jeweiligen Territorien, ausgeübt werden. Reichsgesetze blieben unter diesen Umständen selten. Für die Durchsetzung der Reichspolitik oder der Reichsgesetze fehlte ein Apparat. Es gab lediglich zwei Reichsgerichte, aber keine Reichsregierung, keine Reichsbehörden, kein stehendes Heer und so gut wie keine eigenen Reichsfinanzen. Das Reich war deswegen nicht etwa funktionslos geworden, sondern hatte als Forum friedlicher Konfliktlösung, Schutz der kleineren Reichsstände vor den großen und Schutz der Untertanen vor ihren Landesherren immer noch Bedeutung, konnte den zentrifugalen Tendenzen aber nicht mehr machtvoll begegnen. Der wichtigste Grund für diese Schwäche lag darin, daß es anders als seine Nachbarländer bis zum Schluß ein Wahlreich blieb. Die Kurfürsten als Wähler des Kaisers kamen dadurch in die Lage, die Wahl von erheblichen Zugeständnissen abhängig zu machen, die ihrer eigenen Machtstellung im Reich, aber vor allem in ihren eigenen Territorien zugute kamen. Unter diesen Umständen fand die Staatsbildung, die in Frankreich auf der zentralen Ebene vor sich gegangen war, in Deutschland auf der partikularen Ebene statt.

Für die Frage nach den Konstitutionalisierungschancen in Deutschland sind diese Feststellungen bedeutsam, weil die moderne Verfassung die Herausbildung einer einheitlichen Staatsgewalt voraussetzt, auf die sie dann regelnd Zugriff nehmen kann. Damit schied aber das Reich von vornherein aus, und als verfassungsfähig blieben nur diejenigen Territorien übrig, denen Staatsqualität zugeschrieben werden konnte. Das waren beileibe nicht alle. Zwar hatte sich fast überall der überkommene Dualismus von Landesfürst und Landständen zugunsten der Fürsten verschoben. Nur die beiden Großmächte Österreich und Preußen lassen sich aber in einem ähnlichen Sinn wie Frankreich als absolut regierte Staaten bezeichnen, in denen der Fürst in Gesetzgebung, Steuererhebung und Heereshaltung von ständischer Zustimmung unabhängig war. Einige mittlere Staaten wie Bayern befanden sich auf dem Wege zum absoluten Regiment. Viele behielten jedoch hinter der absolutistischen Fassade aus repräsentativen Bauten, prunkvoller Hofhaltung und paradierenden Truppen die alten staatsrechtlichen Verhältnisse bei.

Auch in denjenigen Territorien, die die Bezeichnung Staat verdienen, hatten die Fürsten aber nur die politischen Rechte der Stände an sich gezogen, die ständische Sozialstruktur dagegen unangetastet gelassen. Die strikte Scheidung von Stadt und Land blieb auf diese Weise bestehen. Dort gaben oligarchische Patriziate und gewerbliche Korporationen weiter den Ton an; hier behielt das Feudalsystem seine Geltung, so daß in großen Teilen Deutschlands die Bauern nicht Untertanen der Landesfürsten, sondern ihrer Guts- oder Grundherren waren. In diesen Territorien und verschiedenen städtischen Handelszentren brachte die merkantilistische Wirtschaftspolitik des Staates sowie sein steigender Verwaltungs- und Bildungsbedarf aber auch jenes neue Bürgertum hervor, das der alten Ständegliederung entwuchs und zunehmende soziale Bedeutung gewann. In Frankreich hatte sich diese Schicht als stärkste Reformkraft erwiesen und schließlich das reformunfähige absolute Regime durch den Verfassungsstaat ersetzt. Für die Verfassungsfrage kommt es also auf den Entwicklungsstand dieses Bürgertums in Deutschland an.

2. Das deutsche Bürgertum

Ebensowenig wie das französische Bürgertum kann das deutsche nach Situation und Interesse als Einheit betrachtet werden. Die Vielfalt ist, der stärkeren politischen Gliederung Deutschlands folgend, womöglich noch größer. Stadttypen wie die freie Reichsstadt oder die kleine Residenzstadt kamen ja in Frankreich nicht vor. Legt man aber die grobe und in sich nochmals differenzierungsbedürftige Dreiteilung nach traditionellem Stadtbürgertum und neu entstandenem Wirtschafts- und Bildungsbürgertum zugrunde, dann ergeben sich hinsichtlich der ersten Gruppe keine für die Verfassungsbildung bedeutsamen Unterschiede. Sowohl die ständische Oberschicht der Partrizier, die die Nobilitierung anstrebte und vielfach auch erreichte, wie die städtischen Handwerker und Kaufleute, die sich von den aufsteigenden neubürgerlichen Schichten zum Kleinbürgertum degradiert sahen, waren in die ständische Ordnung einbezogen und fanden in ihr Identität und Schutz. Änderungen wurden hier nicht ersehnt, sondern im Gegenteil als bedrohlich empfunden.

Von den neubürgerlichen Schichten, die sich in Deutschland nur in den größeren und vergleichsweise fortgeschrittenen Territorien sowie in den großen Handelszentren bilden konnten, gilt es als ausgemacht, daß sie in ihrer Entwicklung objektiv und subjektiv hinter dem französischen und erst recht dem holländischen und englischen Bürgertum zurückgeblieben waren. Diese Annahme erscheint aber durchaus modifikationsbedürftig. Vergleicht man nämlich die Anzeichen für das Aufkommen eines relativ autonomen Bildungsbürgertums: die Entstehung des freien Schriftstellers und seiner Kehrseite, des literarischen Markts, die Gründung von Zeitschriften »für die gebildeten Stände« oder von Intelligenzblättern, die Ausweitung des Lesepublikums und die Verbreitung von Lesegesellschaften und Diskussionszirkeln, die Entstehung der vom Hof unabhängigen Kulturinstitutionen, so stand Deutschland Frankreich nicht wesentlich nach. Die bildungsbürgerliche Beschäftigung mit der Kultur trug zwar in Deutschland stärker politikabgewandte Züge als in Frankreich und suchte ihr Ziel weniger in der Heranbildung des Staatsbürgers als in Vervollkommnung eines reinen Menschtums, blieb aber dessenungeachtet eine mit der staatlich hergestellten und gelenkten konkurrierende Öffentlichkeit.

Der Befund, daß von einer Verspätung des deutschen Bildungsbürgertums nicht gesprochen werden kann, bestätigt sich, wenn man den Blick von der eher unpolitischen Kunst auf die politische und ökonomische Theorie lenkt. Hier läßt sich seit 1780, also noch vor Ausbruch der Französischen Revolution, eine deutliche Abkehr vom älteren Naturrecht beobachten. Während dieses zwar von der natürlichen Freiheit und Gleichheit aller Menschen ausgegangen, gleichwohl aber zur Legitimierung des absoluten Fürstenstaates gelangt war, setzte nun, und zwar durchaus schon vor Kant, eine Aufwertung und Konkretisierung der ursprünglichen Freiheit und Gleichheit ein, die in immer reicheren Menschenrechtskatalogen Ausdruck fand und auf eine Begrenzung der Staatsmacht und einen Abbau der Standesschranken zielte. Gleichzeitig kam auch Kritik an der herrschenden Wirtschaftsauffassung des Merkantilismus oder, wie man für Deutschland besser sagt, der Kameralistik sowie an der feudalen Agrarstruktur auf, teils in der Übernahme physiokratischer Lehren, vor allem durch Schlettwein, teils in einer Rezeption von Adam Smith, dessen Hauptwerk bereits zwei Jahre nach seinem Erscheinen in deutschen Übersetzungen durch Garve und Kraus vorlag.

Was bei Adam Smith aber theoretische Durchdringung und systematische Erklärung der englischen Wirklichkeit war, traf in Deutschland auf eine gänzlich andere Situation. Nicht nur stand die Theorie quer zur herrschenden rechtlichen und politischen Ordnung – das galt für Frankreich ebenso. Die Theorie eilte aber auch, im Unterschied zu Frankreich, dem Stand der wirtschaftlichen Entwicklung weit voraus. Deutschland war Ende des 18. Jahrhunderts, von wenigen Fortschrittsinseln abgesehen, ein Agrarland. Subsistenzwirtschaft bildete nach wie vor die Regel. Die Entlohnung für Dienste erfolgte gewöhnlich in Naturalien, nicht in Geld. Ein Binnenmarkt existierte nicht einmal innerhalb eines Territoriums. Regionale Märkte waren schwach entwickelt, ebenso die Verkehrswege. Die erste befestigte Straße überhaupt entstand 1753 in Bayern. Bei einer überwiegend armen Bevölkerung – eine Berliner Maurerfamilie mußte um 1800 fast drei Viertel ihres Einkommens für Nahrungsmittel, 44% allein für Brot, aufwenden – fehlten die Voraussetzungen für Massenproduktion und damit für technische Neuerungen. Erst 7% der Gesamtproduktion entfielen auf Manufakturen, überwiegend im Textilgewerbe. Nur ein geringer Anteil der adeligen Güter (rund 10 bis 12%) war in bürgerliche Hände übergegangen.

In all diesen Punkten ist ein Rückstand gegenüber Frankreich in der Tat unverkennbar, von England ganz zu schweigen. Das war jedoch nicht immer so gewesen. Der Verfall der deutschen Wirtschaftskraft ging vielmehr auf den Dreißigjährigen Krieg zurück, dessen Folgen noch im späten 18. Jahrhundert nicht überwunden waren. Die Kriegseinwirkungen hatten zeitweilig die Stadtbevölkerung um ein Drittel, die Landbevölkerung um 40% dezimiert. In manchen vom Krieg besonders stark heimgesuchten Gegenden betrugen die Verluste bis zu 70%. Während aber der Bevölkerungsschwund bis 1800 durch hohe Geburtenraten ausgeglichen werden konnte, machten sich die Verwüstung einzelner Landstriche, die Vernichtung von Produktionsmitteln und der Verlust von Produktionskapital noch lange bemerkbar. Es wird geschätzt, daß die ökonomische Entwicklung Deutschlands dadurch um Jahrzehnte zurückgeworfen wurde. Ein Wirtschaftsbürgertum, das auf Expansion drängte und dabei mit der bestehenden rechtlich-politischen Ordnung in Konflikt geriet, findet sich im Deutschland des späten 18. Jahrhunderts aus diesen Gründen erst in Ansätzen.

Die Annahme vom Entwicklungsrückstand des deutschen Bürgertums im Vergleich zu den westlichen Nachbarn bewahrheitet sich also nur teilweise, wenn auch in einem entscheidenden Punkt. Die im Bildungsbürgertum aufkommenden Autonomiebestrebungen und Reformwünsche sowie ihre theoretische Fundierung im jüngeren Naturrecht und der physiokratischen oder liberalen Nationalökonomie konnten ohne ein starkes Wirtschaftsbürgertum nicht diejenige Machtbasis finden, die ihnen erst den erforderlichen Nachdruck verliehen hätte. Das deutsche Bürgertum, ja selbst dasjenige des wirtschaftlich fortgeschrittensten Staates, Preußens, bildete in seiner überwiegenden Mehrheit noch keine treibende Kraft für Reformen. Die überkommene Sozialordnung galt vielmehr großen Teilen des Bürgertums nach wie vor als legitim. Weder die Vorzugsstellung des Adels noch die aus überlegener Einsicht in das Gemeinwohl geschöpfte umfassende Lenkungsbefugnis des Fürsten wurden auf breiter Front in Frage gestellt. Gewaltsame Veränderungen lagen dem deutschen Bürgertum völlig fern. Für die Durchsetzung einer modernen Verfassung fehlte daher sowohl der soziale Träger als auch die revolutionäre Situation.

3. Der aufgeklärte Absolutismus

Wenn das Reformverlangen in Deutschland weniger ausgeprägt war als in Frankreich, so hängt das allerdings nicht nur mit dem geringeren Entwicklungsstand des deutschen Bürgertums, sondern auch mit der größeren Reformbereitschaft der deutschen Monarchen zusammen. Diese Reformbereitschaft wuchs unter dem Einfluß der Aufklärung, von der sie auch ihr Programm empfing. Die Aufklärung war freilich kein spezifisch deutsches, sondern ein gemeineuropäisches Phänomen. In der zwischen 1751 und 1780 erschienenen französischen *Encyclopédie* fand sie ihr hervorragendstes Zeugnis. Während sich aber die bereits in eine Verteidigungsstellung geratene französische Monarchie der Aufklärung weitgehend verschloß und diese in ein Bündnis mit dem staatskritischen Bürgertum drängte, ging die Aufklärung in Deutschland gerade eine Verbindung mit dem absoluten Fürstenstaat, namentlich in Preußen und Österreich, ein. Hier umgaben sich die Monarchen nicht nur mit Aufklärern, auch solchen, die in Frankreich verfolgt wurden wie Voltaire, setzten sie für politische Aufgaben ein und vertrauten ihnen die Erziehung der Thronfolger an, sondern traten, indem sie ihre Länder nach aufgeklärten Grundsätzen zu modernisieren suchten, selber an die Spitze der Aufklärungsbewegung.

Staatstheoretisch unterschied sich die Aufklärung von den älteren Lehren vor allem darin, daß sie politische Herrschaft nicht mehr allein an einem kollektiven Ziel, dem Staatswohl, ausrichtete, dem der Einzelne sich unterordnen mußte, sondern auch individuellen Zwecken dienstbar machte. Das entscheidende Stichwort hieß in der Terminologie der Zeit »Glückseligkeit«. Ziel des Staates war nicht mehr nur seine Selbstbehauptung und Machtausweitung, sondern auch das ideelle und materielle Wohlergehen der Untertanen. Die Einbeziehung der individuellen

Glückseligkeit in den Staatszweck bewirkte zunächst jedoch nur eine stärkere Betonung der Pflichtseite von Herrschaft, aber noch keine korrespondierenden Rechte der Untertanen und insofern auch keine Überwindung des Absolutismus. Daran wird deutlich, daß Glückseligkeit für die frühe und von den Monarchen aufgenommene Aufklärung nicht ein Leben nach selbstgewählten, sondern nach aufgeklärten Maximen bedeutete. Dazu mußte aber der aufgeklärte Monarch seine unaufgeklärten Untertanen erst befähigen.

Das Bündnis von Absolutismus und Aufklärung führte auf diese Weise in vielen Bereichen zu einer von oben angeordneten Umgestaltung der Verhältnisse nach rationalen Prinzipien, die im vorrevolutionären Frankreich keine Parallele hatte. Die Reformen sollten zwar die überkommene Gesellschaftsordnung nicht umstülpen, aber doch die nicht mehr vernünftig begründbaren Standesunterschiede und Betätigungsschranken abbauen. Sie gipfelten in den Maßnahmen, die der lange von seiner keineswegs reformfeindlichen Mutter Maria Theresia gebremste Joseph II. in der kurzen Spanne seiner Alleinherrschaft zwischen 1780 und 1790 in Österreich traf. Joseph II. stellte religiöse Toleranz her und schaffte die Folter ab. Er beschränkte die Kirche auf ihre seelsorgerischen Aufgaben, verstaatlichte das Erziehungswesen und richtete es auf die Bedürfnisse des Staates aus, hob die meditativen Orden auf und verbot alle vernunftwidrigen religiösen Riten und Gebräuche. Die Steuerfreiheit der bevorrechtigten Stände entfiel. Die bäuerliche Leibeigenschaft wurde aufgehoben, nachdem Maria Theresia bereits die Feudallasten amtlich festgestellt und der Höhe nach begrenzt und die Frondienste auf den Staatsgütern gänzlich abgeschafft hatte. Der Zunftzwang wurde erheblich gelockert, freier Warenverkehr im Landesinneren hergestellt.

Joseph II. übertraf mit diesen Maßnahmen Friedrich II. und dessen Nachfolger in Preußen weit. Bei ähnlicher Einstellung zur religiösen Toleranz, zum Erziehungswesen und zur Wirtschaftsförderung war die friderizianische Politik doch erheblich adelsfreundlicher und beschränkte sich auf die Bekräftigung des im Feudalsystem angelegten Bauernschutzes, ohne schon der Bauernbefreiung näherzutreten. Doch kündigte sich auch in Preußen eine weiterreichende Umgestaltung der Gesellschaftsordnung an, und zwar in der Kodifikation des Landrechts, die Friedrich II. 1746 in Auftrag gegeben hatte, um das uneinheitliche und unübersichtliche historische Recht, das die rationale Rechtspflege in einem zentral gelenkten Staat behinderte, auf Vernunftprinzipien zu gründen und unzweideutig darzustellen. Dieses Gesetzbuch, das erst ein Jahr nach Friedrichs Tod 1787 im Entwurf vorlag, schien mit seiner Anknüpfung von Rechten und Pflichten an die Standeszugehörigkeit die alte Sozialordnung noch einmal zu bestätigen. Doch zeichneten sich jenseits dieser Bestimmungen bereits die Umrisse einer allgemeinen Staatsbürgergesellschaft ab, der die Zukunft gehören sollte. Den ständischen Sonderrechten ging nämlich ein auf sämtliche Untertanen bezogenes allgemeines Staatsrecht voran, das durch die Stände hindurchgriff und diese nur noch als staatlich zugelassene und beauftragte, folglich auch überwindbare Körperschaften anerkannte.

In dem staatsrechtlichen Teil des Entwurfs kommt aber auch die Machtbegrenzungstendenz zum Ausdruck, die der Aufklärung von Anfang an innegewohnt hatte und sich gegen Ende des 18. Jahrhunderts zusehends verstärkte. Er enthielt eine Reihe von Bestimmungen, die Freiheit und Eigentum der Untertanen gegenüber dem Monarchen absicherten und auf das in § 79 ausdrücklich statuierte Prinzip zurückgingen, es dürften »die Gesetze und Verordnungen des Staates die natürliche Freiheit und Rechte der Bürger nicht weiter einschränken, als es der gemeinschaftliche Endzweck erfordert«. Ähnlich begann auch der Entwurf Martinis von 1791 für die bereits von Maria Theresia angeordnete österreichische Privatrechtskodifikation mit dem Satz, daß die »angeborenen Rechte« der Menschen mit dem Eintritt in die bürgerliche Gesellschaft nicht aufhörten; »nur eine gewisse Richtung und Beschränkung derselben findet alsdann insoferne statt, als diese zur Erreichung des oben angeführten Endzwecks nötig ist«.[11] Dem folgten systematischer und konzentrierter als im preußischen Entwurf von Suarez 30 Bestimmungen, die nach Art eines modernen Grundrechtskatalogs Person, Freiheit und Eigentum des Einzelnen schützten und ihm Rechtsschutz auch gegenüber dem Monarchen zusprachen.

Vergleicht man die grundrechtsartigen Bestimmungen der deutschen Kodifikationen mit der etwa zeitgleichen französischen Menschenrechtserklärung, so fällt bei manchen Ähnlichkeiten ein Unterschied ins Auge. Die deutschen Entwürfe enthielten keinerlei politische Rechte. Die Freiheit des Bürgers war außerstaatlich gedacht. Die politische Gewalt verblieb ungeteilt beim Monarchen. Insofern erwies sich auch der aufgeklärte Absolutismus immer noch als absolut. Die Funktion der einleitenden Vorschriften konnte davon nicht unberührt bleiben. Die dort verbürgten Freiheiten der Untertanen waren rechtlich gesehen nur Selbstbeschränkungen des Monarchen. Sie entfalteten ihm gegenüber keine gesteigerte Geltungskraft, wie sie den modernen Verfassungen eigen war, sondern konnten jederzeit einseitig zurückgenommen werden. Auch wenn Suarez und Martini bei diesen Einleitungen einen Verfassungsersatz im Sinn hatten, lagen Verfassungen als dem Herrscher übergeordnete Normen doch nicht in der Konsequenz des aufgeklärten Absolutismus. Leopold II., der jüngere Bruder Josephs II., der in der Toskana nach amerikanischem Vorbild eine Verfassung im modernen Sinn einführen und in der Folge als konstitutioneller Monarch regieren wollte, bildet eine einmalige Ausnahme. In seiner kurzen Regierungszeit auf dem habsburgischen Thron von 1790 bis 1792 kam er auf das Vorhaben nicht zurück.

4. Die Auswirkungen der Französischen Revolution

Es läßt sich schwer abschätzen, ob die Selbstbindungen des Herrschers, wie sie in die staatsrechtlichen Einleitungen der beiden Kodifikationsentwürfe eingegangen waren, bei kontinuierlicher Entwicklung allmählich Verfassungskraft hätten erwerben können, denn der kontinuierlichen Entwicklung wurde durch die Französische Revolution ein Ende gesetzt. Die Revolution griff zwar nicht auf Deutschland über. Sie entfaltete hier aber Fernwirkungen, die schließlich den Konstitutionalisierungsprozeß in Gang setzten. Vom »gebildeten Deutschland« wurde die Revolution weithin begrüßt. Die inhaltlichen Postulate der Naturrechtslehre verbanden sich von nun an mit der Forderung nach konstitutionellen Formen. Die sog. deutschen Jakobiner, die die Revolution selbst gern nach Deutschland getragen hätten, waren jedoch vergleichsweise gering an Zahl und erst recht an Einfluß. Dagegen trifft man bei den Befürwortern der Französischen Revolution oft die Überzeugung an, daß Deutschland von jenen Mißständen, die in Frankreich den Umsturz heraufbeschworen hätten, verschont geblieben sei, so daß man hier auf gewaltlose Veränderungen und frei gewährte Verfassungen vertrauen könne.

Die jakobinische Wende der Französischen Revolution 1792 und die Hinrichtung Ludwigs XVI. und Marie Antoinettes im Januar 1793 veränderten aber die öffentliche Meinung in Deutschland. Ordnungszerfall, Rechtsunsicherheit und Terror erschienen mehr und mehr als zwangsläufige Folge der Revolution, und die Überzeugung, daß auch berechtigte Änderungswünsche nur im Einvernehmen mit der Obrigkeit, nie gegen sie verfolgt werden dürften, verfestigte sich. Bei der Obrigkeit selber breitete sich die Befürchtung aus, daß die Nachgiebigkeit gegenüber bürgerlichen Forderungen der Revolution Vorschub leiste. Vor allem die Menschenrechte gerieten unter den Verdacht, zur Gewaltanwendung einzuladen. Vielerorts bedeutete dies das Ende der aufgeklärten Reformen. Die verkündungsreifen preußischen und österreichischen Kodifikationen mit ihren grundrechtsartigen Bestimmungen wurden zurückgehalten und einer erneuten Überprüfung unterzogen, der alle an die französischen Menschenrechte erinnernden Vorschriften zum Opfer fielen. In gereinigter Form traten sie 1794 bzw. 1797 probeweise in den entlegenen Landesteilen Westpreußens und Westgaliziens in Kraft.

In Österreich endeten mit dem frühen Tod Leopolds II. 1792 für mehr als 50 Jahre alle Reformbemühungen. Unter seinem Nachfolger Franz II. und dem späteren Staatskanzler Metternich lebte die österreichische Politik ganz aus der Negation der Französischen Revolution, und zwar einer Negation, die die Frage nach den Ursachen und Anlässen dieser Revolution ebenso von sich wies wie die Unterscheidung zwischen Umsturz und Reform. Der Status quo wurde absolut gesetzt, Veränderung als solche verpönt. Mit der Aufdeckung einer Jakobiner-Verschwörung im Jahre 1794 wandelte sich das System des Immobilismus zum Polizeistaat, der schon jede kritische Reflexion auf den Status quo verfolgte. Dagegen regten sich in Preußen unter Friedrich Wilhelm III., der 1797 den Thron bestiegen hatte, wieder Reformpläne. Von seinem Minister Struensee ist die Äußerung gegenüber dem französischen Geschäftsträger überliefert: »Die heilsame Revolution, die ihr von unten nach oben gemacht habt, wird sich in Preußen langsam von oben nach unten vollziehen. Der König ist Demokrat auf seine Weise: er arbeitet unablässig an der Beschränkung der Adelsprivilegien und wird darin den Plan Josephs II. verfolgen, nur mit langsameren Mitteln. In wenig Jahren wird es in Preußen keine privilegierte Klasse mehr geben.«[12]

Während dieses Vorhaben in Preußen aber von Revolutionsfurcht und Unentschlossenheit gehemmt blieb und sich im wesentlichen auf die Befreiung der Domänenbauern beschränkte, holten zu Beginn des 19. Jahrhunderts die süddeutschen Staaten das Modernisierungswerk nach, das Österreich und Preußen schon früher begonnen, aber nun ausgesetzt hatten. Die Möglichkeit dazu verschaffte ihnen eine radikale Änderung des politischen Ordnungsrahmens in Deutschland, die den Koalitionskriegen gegen das revolutionäre Frankreich folgte. Diesem waren zwischen 1795 und 1801 sämtliche linksrheinischen deutschen Gebiete zugefallen. Die betroffenen Fürsten sollten rechtsrheinisch entschädigt werden. Das geschah unter dem Druck Napoleons im Reichsdeputationshauptschluß von 1803. Zur Entschädigungsmasse gehörten dabei alle geistlichen Territorien außer dem Erzbistum Mainz, die säkularisiert wurden, sowie rund 80 Kleinstherrschaften, 350 Reichsritterschaften und 45 der 51 Freien Reichsstädte, die mediatisiert, d.h. ihrer Reichsunmittelbarkeit entkleidet und der Hoheit von Landesfürsten unterstellt wurden. Die wichtigsten Nutznießer waren Preußen, das den Verzicht 1795 mit einem Separatfrieden eingeleitet hatte, sowie die süddeutschen Staaten Bayern, Württemberg und Baden.

Gerade diese drei Staaten waren von Napoleon als Gegengewicht gegen Österreich ausersehen. Aus diesem Grunde mußten sie gestärkt und nach Möglichkeit aus dem Reichsverband gelöst werden. Den territorialen Vergrößerungen folgten daher bald Rangerhöhungen: Bayern und Württemberg wurden 1805 Königreiche, Baden und andere 1806 Großherzogtümer. Noch im selben Jahr erklärten 16 süd- und westdeutsche Fürsten, von Napoleon durch das Versprechen voller Souveränität gelockt, ihren Austritt aus dem Reich, das ihnen die erstrebte Souveränität vorenthalten hatte. Allerdings mußten sie sich zu einer neuen Allianz verstehen, dem sog. *Rheinbund*, der ihre innere Souveränität unangetastet ließ, sie jedoch dem Protektorat Napoleons unterstellte und zur Heerfolge verpflichtete. Daraufhin legte Kaiser Franz II. am 6. August 1806 die Kaiserkrone nieder. Mit diesem Akt fand das »Heilige Römische Reich« sein Ende, das für tausend Jahre die politische Lebensform der Deutschen gebildet hatte. Nicht durch den Untergang des Reiches, wohl aber durch das napoleonische Vordringen in Deutschland fühlte sich nun jedoch Preußen bedroht und trat in einen Krieg ein, der im Oktober 1806 mit einer verheerenden Niederlage endete. Im Frieden von Tilsit 1807 mußte es seine gesamten westlich der Elbe gelegenen Besitzungen abtreten. Aus diesen und einigen aufgelösten mitteldeutschen Territorien bildete Napoleon zwei neue, französisch regierte Staaten, das Königreich Westfalen und das Großherzogtum Berg.

Nach diesen Ereignissen bestand auf dem Gebiet des ehemaligen Reiches staatsrechtlich folgende Situation:

Erstens: Ein die deutsche Bevölkerung einendes oder ihre Lande unter einem Dach zusammenfassendes politisches Gebilde existierte nicht mehr. Deutschland zerfiel in zahlreiche Einzelherrschaften. Zweitens: Die linksrheinischen Gebiete waren Bestandteil Frankreichs geworden und nahmen automatisch an dessen jeweiliger Verfassungslage teil. Drittens: Die beiden Großmächte Österreich und Preußen bildeten souveräne Einzelstaaten, Österreich als Kaisertum, Preußen als Königreich, freilich nach der Niederlage nach Osten abgedrängt, auf mittlere Größe geschrumpft und in seinem Fortbestand bedroht. Viertens: Die ehemaligen, vielfach durch Säkularisation und Mediatisierung vergrößerten Territorien des Reiches bildeten ebenfalls souveräne Einzelstaaten, waren aber fast alle im Rheinbund zusammengefaßt und erfreuten sich nur rechtlich, nicht faktisch voller Souveränität, nutzten diese Situation aber zum Teil mit der Rückendeckung Napoleons zu umfassenden inneren Reformen. Fünftens: Die beiden Neugründungen Westfalen und Berg, nominell ebenfalls souverän und Mitglieder des Rheinbundes, waren als napoleonische Modellstaaten auf deutschem Boden gedacht, die der deutschen Bevölkerung die Überlegenheit des französischen Systems beweisen und so für Napoleon »moralische Eroberungen« machen sollten.

5. Die Verfassungspolitik Napoleons

Die Entstehung der ersten deutschen Verfassungen und Verfassungspläne hing eng mit der napoleonischen Hegemonialpolitik zusammen. Zum einen nahm Preußen die Niederlage von 1806 zum Anlaß für durchgreifende Reformen von Staat und Gesellschaft, die von einer modernen Verfassung gekrönt werden sollten. Das Schicksal dieser Pläne ist Gegenstand des nächsten Kapitels. Zum anderen drängte Napoleon die von ihm abhängigen

Mitgliedstaaten des Rheinbunds zur Einführung von Verfassungen. Napoleon nahm dabei wie schon seine Vorgänger das Verlangen der Völker nach Verfassungen auf und suchte es für die Akzeptanz seiner Oberherrschaft in Europa nutzbar zu machen. Die Verfassung verbreitete sich daher außerhalb Frankreichs mit den französischen Heeren, in einer ersten Welle seit 1796, noch unter dem Direktorium, in den sog. Tochterrepubliken Italiens, den Niederlanden und der Schweiz, danach in einer zweiten Welle seit 1801 unter Napoleon, die zur Umgestaltung der schon bestehenden Verfassungen im napoleonischen Sinn und zum Erlaß neuer Verfassungen führte. Von dieser zweiten Welle wurde 1806 auch Deutschland erfaßt.

Allerdings handelte es sich bei dem französischen Vorbild längst nicht mehr um jene Verfassung, die die Nationalversammlung 1789 in Angriff genommen und 1791 in Kraft gesetzt hatte. Anders als die amerikanischen Verfassungen konnte die französische Verfassung von 1791 die Funktion der dauerhaften Grundlage für Politik und Gesetzgebung, die ihr zugedacht war, nicht erfüllen. Mit ihrer Entscheidung für eine konstitutionelle Monarchie war sie vielmehr schon vor dem Inkrafttreten diskreditiert, nachdem der Monarch im Juni 1791 die Flucht angetreten hatte, um sich mit den Alliierten gegen die Revolution im eigenen Land zu verbünden. Die Nachfolgerin der konstituierenden Nationalversammlung, die *Assemblée législative,* beschloß die Absetzung des Monarchen und die Ausarbeitung einer republikanischen Verfassung durch eine eigens zu diesem Zweck gewählte Versammlung, den Konvent. Der Vorgang wurde für die weitere Verfassungsentwicklung Frankreichs kennzeichnend. Machtwechsel vollzogen sich in der Regel nicht auf der Grundlage und in den Formen der Verfassung, sondern rissen diese jeweils mit. Jede Etappe der Revolution schuf so ihre eigene Verfassung, ohne sich indessen in der Ausnahmesituation von Revolution und Krieg unbedingt daran zu halten.

Auf eine Verfassung glaubte auch Napoleon nicht verzichten zu können, als er 1799 durch einen Staatsstreich an die Macht gelangt war und sich dann plebiszitär bestätigen ließ, zunächst als Erster Konsul, später als Kaiser. Napoleon hatte sich den Franzosen nach den Wirren der Revolution, der Phase des Terrors mit seiner ständigen Bedrohung für Leben und Eigentum und den Jahren des korrumpierten Direktorialregimes dadurch empfehlen können, daß er die Revolution zu beenden, ihre Errungenschaften aber zu bewahren versprach. Es wurde jedoch schnell sichtbar, daß er zu den Errungenschaften nur die gesellschaftlichen, die ihren Ausdruck im Privatrecht fanden, nicht die politischen, die sich in der Verfassung niederschlugen, zählte. Vielmehr erschien gerade der Verzicht auf die politische Freiheit als Voraussetzung des ungestörten Genusses der privaten und ökonomischen Freiheit. Die bürgerliche Gesellschaft trennte sich dadurch von der politischen Form, mit der sie ins Leben getreten war. Napoleon verstand seine Herrschaft weder als inhaltlich und zeitlich begrenzten Auftrag des Volkes, noch war er bereit, die politische Macht mit einer kritischen Öffentlichkeit oder einer mitentscheidenden Volksvertretung zu teilen.

Eine Herrschaft in diesem Verständnis stand der Verfassung nicht weniger fern als der Absolutismus. Wenn sie gleichwohl mit einer Verfassung umgeben wurde, dann konnte Verfassung nicht mehr dasselbe meinen wie in den Anfängen der Revolution. Dabei geht es nicht primär um den *Inhalt* der Verfassung. Die Verfassung als neue Form der Herrschaftsbegründung und Herrschaftsbegrenzung war nicht auf einen einzig möglichen Inhalt festgelegt. Ihre Regelungen gingen ja auf eine politische Entscheidung des Souveräns zurück, und wenn dieser dabei auch vernunftrechtliche Maßstäbe vorfand, so determinierten sie doch die Ausgestaltung der Ordnung nicht bis ins einzelne. Entscheidend ist vielmehr die *Funktion* der Verfassung. Sie bestand in Frankreich wie in Amerika darin, daß der Politik ein normativ verbindliches Konzept gerechter Herrschaft vorgeordnet war und ihr die Zwecke und Grenzen, die Formen und Verfahren setzte, so daß Legitimität nur jene Herrschaft beanspruchen konnte, die verfassungsmäßig zustande gekommen war und verfassungsmäßig ausgeübt wurde. Die napoleonische Verfassung hatte mit der ursprünglichen Verfassung nur noch die Form gemein, während sie deren Funktion preisgab. Die Verfassung war weder herrschaftsbegründend noch ernstlich herrschaftsbegrenzend gemeint.

Das mußte sich auch auf den Inhalt der Verfassung auswirken. Sie variierte nicht das revolutionäre Verfassungsideal, wie das die vorausgegangenen Verfassungen ungeachtet ihrer Durchsetzungsschwäche stets getan hatten, sondern wich grundlegend von ihm ab, und zwar in dreifacher Hinsicht. Die Volkssouveränität war bis zur Unkenntlichkeit verdünnt. Die Verfassung begann mit

Bestimmungen über die Errichtung des Kaiserreichs und die Erblichkeit der Kaiserwürde in der Familie Napoleons. Sie schloß mit der Formel, in der das Volk dem Erbkaisertum, nicht etwa den Verfassungsbestimmungen insgesamt, seine Zustimmung geben sollte. Das Volk durfte nach dieser Verfassung nicht einmal mehr seine Repräsentanten selbst bestellen, sondern den Staatsorganen nur noch Kandidatenlisten unterbreiten, aus denen diese dann geeignete Mandatsträger auswählten. Die Verfassung besaß ferner mit Ausnahme einiger Habeas-corpus-Rechte keinen Grundrechtskatalog und vermied so jede inhaltliche Ausrichtung oder Begrenzung der Politik. Schließlich wurden die obersten Amtsträger nicht aufgrund der Verfassung bestellt, sondern unmittelbar von ihr benannt, so daß die Verfassung weniger der Machtkontrolle als der Machterhaltung diente.

Diese Aussagen stehen nicht in Widerspruch zu dem, was im vorigen Kapitel über die Entstehungsbedingungen und Zweckbestimmungen von Verfassungen entwickelt worden ist. Die Verfassung im modernen Sinn konnte nur in der dort geschilderten Konstellation aufkommen und mußte hier den Zweck von Herrschaftsbegründung und Herrschaftsbegrenzung erfüllen. Einmal erfunden, ließ sie sich indessen auch anderen als den ursprünglichen Zwecken dienstbar machen. Form und Sinn trennten sich dann jedoch. Beibehalten wurde die Form eines umfassenden normativen Dokuments über die Ausübung von politischer Herrschaft, aufgegeben oder geschmälert wurde der Sinn der Herrschaftsbegründung und Herrschaftsbegrenzung. Nachdem die Konstitution vorhanden war, bestand auch die Möglichkeit von Scheinkonstitutionalismus oder Teilkonstitutionalismus. Insofern sind die Entstehungsbedingungen nicht identisch mit den Verbreitungsbedingungen. Man muß aber berücksichtigen, daß sich gerade die Verwendbarkeit der Verfassung für andere als die ursprünglichen Zwecke als Voraussetzung ihrer Übertragbarkeit in Länder erwies, die die Konstellation von 1776 oder 1789 nicht ausgebildet hatten. Das galt, wie sich gezeigt hat, auch für Deutschland.

6. Die ersten Verfassungen in Deutschland

Welche Erwartungen Napoleon an die Einführung von Verfassungen in den Rheinbund-Staaten knüpfte, kommt in einem Schreiben zum Ausdruck, das er im November 1807 an seinen im Königreich Westfalen residierenden Bruder Jérôme richtete. Napoleon wies dort auf das Freiheits- und Gleichheitsverlangen des deutschen Volkes hin und äußerte die Überzeugung, daß man mit der Erfüllung dieses Verlangens mehr für die Ausbreitung und Festigung der eigenen Herrschaft tue als mit noch so großen militärischen Siegen. »Ihre Völker müssen sich eines Maßes an Freiheit, Gleichheit und Wohlstand erfreuen, das Deutschland noch nicht gekannt hat.«[13] Wer wolle, fragte er, wenn das erreicht sei, noch unter die preußische Willkürherrschaft zurückkehren? Dazu reichten jedoch nicht schon einige verfassungsrechtliche Grundsätze, die die Institutionen der ständischen Gesellschaft aufhoben und statt dessen die Maximen der bürgerlichen Gesellschaft einführten. Um die bürgerliche Gesellschaft Wirklichkeit werden zu lassen, mußten diese vielmehr erst in vollziehbare Detailregelungen umgesetzt werden, wie das in Frankreich abschließend im *Code Napoléon* von 1804 geschehen war. Ebensoviel wie an einer Verfassung lag Napoleon daher an der Verbreitung seines *Code*.

Napoleons Absichten ließen sich freilich nur in den beiden französisch regierten Modellstaaten Westfalen und Berg ohne weiteres realisieren. In den übrigen Rheinbund-Staaten hing ihre Verwirklichung von der Folgebereitschaft der souveränen Fürsten ab. Die erste moderne Verfassung in Deutschland, die westfälische, war unter diesen Umständen keine deutsche Verfassung. Napoleon hatte sie in Frankreich ausarbeiten lassen und am 15. November 1807 in Fontainebleau verkündet. Sie erklärte den Staat zur erblichen Monarchie mit einer Volksvertretung, die nicht mehr auf dem ständischen Prinzip beruhte, sondern 70 Abgeordnete der Grundbesitzer und je 15 der Kaufleute und Fabrikanten sowie der Gebildeten umfaßte. Im Gegensatz zur französischen Verfassung konnte sich die westfälische aber nicht auf organisatorische Regeln beschränken. Die ständisch-feudale Gesellschaftsordnung, von der Napoleon die Deutschen befreien wollte, hatte ja hier noch Geltung. Daher hob die Verfassung in ihrem Vierten Titel alle Standesunterschiede und Privilegien sowie die Leibeigenschaft auf und stellte Rechtsgleichheit her. Der Elfte Titel sah die Einführung des *Code Napoléon* zum 1. Januar 1808, die öffentliche Rechtspflege durch unabhängige Richter sowie für Strafsachen Schwurgerichte vor.

Eine Verfassung dieses Inhalts, so sehr sie in Frankreich einen Rückfall hinter die Revolutionsverfassungen bedeutete, ließ in Deutschland immer noch alle Reformansätze des aufgeklärten Absolutismus hinter sich und eröffnete in der Tat den Weg in die bürgerliche Gesellschaft. Da sie dabei aber das überlieferte Legitimationsprinzip der erblichen und vom gesellschaftlichen Konsens unabhängigen Monarchie nicht antastete, konnte sie gleichwohl ihre Funktion als Musterverfassung für den Rheinbund erfüllen. Napoleon verstärkte deswegen nach dem Erlaß der westfälischen Verfassung auch seinen Druck auf die übrigen Rheinbund-Staaten, die westfälische Verfassung und den *Code Napoléon* zu übernehmen, und gab überdies zu erkennen, daß er auch den Rheinbund selbst mit Hilfe einer Verfassung stärker zu zentralisieren gedachte. Dabei nahmen Baden als Nachbar Frankreichs und Bayern als größter Rheinbund-Staat in Napoleons Plänen eine Schlüsselstellung ein. Auf einer noch im November 1807 nach Mailand einberufenen Konferenz verlangte er von dem bayerischen Minister Montgelas ausdrücklich Fortschritte in der Verfassungsfrage und bei der Einführung des französischen Zivilrechts.

Die napoleonischen Forderungen standen keineswegs rundheraus im Widerspruch zu den deutschen Interessen. In beiden Staaten hatten vielmehr führende Beamte schon vor der Gründung des Rheinbundes Reformvorstellungen entwickelt. Namentlich Montgelas war bereits 1796 in einer Denkschrift für den späteren König Max Joseph[14] für eine durchgreifende Umgestaltung des Staatsapparates eingetreten, die diesen wiederum befähigen sollte, eine Gesellschaftsreform durchzuführen, die aus Bayern ein einheitliches Rechts- und Wirtschaftsgebiet auf der Grundlage von staatsbürgerlicher Gleichheit und individueller Freiheit machte. Noch früher hatte sich Montgelas für die Umwandlung der alten Landstände in eine moderne Nationalrepräsentation und für die Garantie der wichtigsten Menschenrechte ausgesprochen. Ähnliche Modernisierungsabsichten leiteten auch die badischen Beamten Reitzenstein und Brauer. Dabei hatte Brauer sogar von sich aus angeregt, den französischen *Code* zur Grundlage eines erneuerten badischen Landrechts zu machen. Erst der Untergang des Reiches gab aber den Weg zur Verwirklichung solcher Pläne frei, und die

Entmachtung der reformfeindlichen Landstände bildete allenthalben den ersten Schritt. Kaum daß auf diese Weise der monarchische Absolutismus auch in Süddeutschland hergestellt war, kam jedoch Montgelas auf seine Verfassungspläne zurück, und auch Brauer sprach von der Notwendigkeit fester Regierungsgrundsätze, an die sich der Monarch zu halten habe.

Das Ziel dieser von der hohen Beamtenschaft getragenen Verfassungspläne war allerdings weniger die Beteiligung der bürgerlichen Gesellschaft am Staat – in Brauers Verfassungsvorstellungen kam gar keine Volksvertretung vor – als die Beschränkung der Fürsten, deren persönliche Regierung, Adelsnähe und Reformscheu die Modernisierung der Staaten gefährdete. An dieser Haltung drohten auch die Verfassungspläne zu scheitern. Den Fürsten lag vor allem anderen daran, die neu errungene Souveränität möglichst ungeschmälert zu erhalten. Eben dieses Bestreben ebnete jedoch schließlich der Verfassung den Weg. Nach seiner Rückkehr aus Mailand riet Montgelas dem König, dem Souveränitätsverlust, der von einem verfassungsmäßigen Zusammenschluß der Rheinbund-Staaten drohte, durch eine eigene Verfassung zuvorzukommen, die alle innenpolitisch wichtigen Fragen selber regelte und so einer zentralen Regelung entzog. Der Souveränitätsverzicht im Inneren schien auf diese Weise als wirksamstes Mittel, die Souveränitätsbedrohung von außen abzuwehren. Am 1. Mai 1808 erhielt Bayern zur völligen Überraschung der Außenwelt als erster genuin deutscher Staat eine moderne Verfassung.

Die bayerische Verfassung von 1808 lehnte sich an das westfälische Vorbild an. In ihrem ersten, »Hauptbestimmungen« genannten Titel hob sie ähnlich wie diese alle Korporationen und Privilegien auf, schaffte die Leibeigenschaft ab, verkündete Rechtsgleichheit und garantierte die Sicherheit der Person und des Eigentums. Der Fünfte Titel gewährleistete die Unabhängigkeit der Rechtsprechung und die Unabsetzbarkeit der Richter. Ein einheitliches Privatrecht und Strafrecht wurden angekündigt. Vorgesehen war ferner eine Nationalrepräsentation, die ebenso wie die westfälische nicht mehr an die ständische Gliederung der Gesellschaft, sondern an Besitz und Bildung anknüpfte. Die Verfassung enthielt auf diese Weise in ihrem Grundrechtsteil das rechtsverbindliche Programm zur Umgestaltung der Sozialordnung, das alsbald in die Tat umgesetzt wurde, und zwar noch ehe die Nationalrepräsentation gebildet war. Außer Bayern folgten dem westfälischen Vorbild 1809 Sachsen-Weimar, 1810 das Großherzogtum Frankfurt und das Herzogtum Anhalt-Köthen. Zu dieser Zeit war Napoleon bereits durch kriegerische Verwicklungen in Spanien von Deutschland abgelenkt und konnte seinen Verfassungsforderungen bei den säumigen Staaten, darunter Baden, das sogleich nach Bayern eine Verfassung angekündigt hatte, keinen Nachdruck mehr verleihen, während es in Berg 1812 nur noch zu einem sog. Organischen Statut kam.

7. Die Verfassungsfrage auf dem Wiener Kongreß

Alle zwischen 1807 und 1810 in Deutschland erlassenen Verfassungen verdankten ihre Existenz auf die eine oder andere Weise dem napoleonischen Einfluß. Mit dessen Rückgang und schließlichem Wegfall verloren sie ihre politische Grundlage. Die rechtlichen Konsequenzen ließen nicht auf sich warten. In Bayern und Sachsen-Weimar wurden die Verfassungen zwar nicht förmlich außer Kraft gesetzt, doch kam ihr organisatorisches Kernstück, die Volksvertretung, nicht mehr zustande, so daß sich später die nicht völlig zutreffende Ansicht verbreitete, die Verfassungen seien gar nicht ins Staatsleben eingetreten. In Anhalt-Köthen, wo der napoleonbegeisterte Herzog August Christian Friedrich den Erlaß der Verfassung nicht lange überlebte, nahm sein Nachfolger sie schon 1812 wieder zurück. Die westfälische und Frankfurter Verfassung sowie das Organische Statut von Berg gingen zusammen mit den napoleonischen Staatsschöpfungen in den Befreiungskriegen der Jahre 1813/14 unter. Die Befreiung Deutschlands von der napoleonischen Vorherrschaft führte auf diese Weise zugleich zu einer Befreiung der deutschen Fürsten von ihren Verfassungen.

Indessen stellte sich die Verfassungsfrage nach den Befreiungskriegen dringlicher als zuvor. Diese Kriege waren von deutscher Seite ja erstmals unter Beteiligung von Volksheeren geführt worden. In zahlreichen Aufrufen hatten die Fürsten an die Freiheitsliebe und Hingabe ihrer Völker appelliert. Erstmals auch trat auf diese Weise das Volk handelnd in Erscheinung und wurde sich so seiner Bedeutung für die Staatsgewalt bewußt. In dem Aufruf Rußlands und Preußens an die Rheinbund-Staaten vom März 1813 fand es sich als eigenes politisches Subjekt anerkannt. Nicht nur wurde den Verbündeten Napoleons mit der vernichtenden »Kraft der öffentlichen Meinung« und dem »nur mühsam noch in beklommener Brust zurückgehaltenen, allgemeinen Volkswunsche« nach Auflösung des Rheinbunds gedroht. Es hieß auch, daß das wiedergeborene Deutschland und seine Verfassung »ganz allein den Fürsten und Völkern Deutschlands« anheimgestellt bleiben solle.[15] Das Nationalbewußtsein war dadurch enorm gewachsen. Viele glaubten, den Anspruch auf eine Gegenleistung der Fürsten erworben zu haben. Gemeint war die Einigung und Konstitutionalisierung Deutschlands. In der Presse, die während der Befreiungskriege eine vorher ungekannte Freiheit genossen hatte, weil die von ihr angefachte patriotische Begeisterung den Fürsten zugute kam, wurden Nationalstaat und Verfassungsstaat seit 1813 zu den beherrschenden Themen.

Seit Oktober 1814 richteten sich die Erwartungen vor allem auf den Wiener Kongreß. Dieser sollte nicht nur die territorialen Verhältnisse Europas nach den wechselhaften 20 Jahren der Annexion und Rückeroberung, Abtrennung und Erweiterung, Auflösung und Gründung von Staaten neu ordnen, sondern auch über die künftige politische Gestaltung Deutschlands entscheiden. Bei der ersten Aufgabe stand der Kongreß vor der grundsätzlichen Frage, ob die Neuordnung nur in Form einer Restauration der vorrevolutionären Verhältnisse erfolgen dürfe. Bei den Depossedierten, ob säkularisiert, mediatisiert oder ihrer Länder ganz entsetzt, herrschte diese Annahme vor und ließ sich gut begründen, denn der Kampf gegen die Französische Revolution und das napoleonische Vormachtstreben war im Namen des angestammten Rechts, der Legitimität, geführt worden. Andererseits hatten die Rheinbund-Staaten für ihren Abfall von Napoleon die Zusicherung von Besitzstand und Souveränität erhalten, und über geistliche Fürstentümer und Kleinstherrschaften war die Zeit hinweggegangen. So stand schnell fest, daß es bei der Säkularisierung und Mediatisierung von 1803 bleiben würde, während die von Napoleon abgesetzten Landesherren auf ihre Throne zurückkehren durften.

Das Legitimitätsprinzip war also nicht uneingeschränkt zum Maßstab der Reorganisation gemacht, sondern der Staatsräson der größeren Mächte untergeordnet und dadurch in seiner Glaubwürdigkeit erschüttert worden. Die Großmächte gingen gestärkt aus der Neuordnung hervor. Österreich gewann seine Herrschaft in Ost- und Südosteuropa wieder und konnte sie in Norditalien ausweiten. Dagegen zog es sich von der deutschen Westgrenze zurück und erhielt statt dessen die Länder der Alpenregion Salzburg, Tirol und Vorarlberg zugesprochen. Preußen mußte polnisches Territorium abgeben und durfte Sachsen, das am längsten zu Napoleon gestanden hatte, nur zum Teil behalten. Es erhielt aber Westfalen und das Rheinland und gewann auf diese Weise neben seinen östlichen Stammlanden einen zweiten Schwerpunkt im Westen. Mit den östlichen Landesteilen war er nicht unmittelbar verbunden, denn Hannover, Braunschweig, Hessen-Kassel, Oldenburg, die Hansestädte Hamburg, Bremen und Lübeck sowie die Reichsstadt Frankfurt wurden wiederhergestellt. Die süddeutschen Staaten behielten ihre Erwerbungen seit 1803 und konnten sich teilweise noch weiter vergrößern. Insgesamt war die Zahl der politischen Einheiten in Deutschland auf 38 geschmolzen.

Die Verfassungsfrage erwies sich als das schwierigere Problem. Eine Rückkehr zum »Heiligen Römischen Reich« kam, wiewohl von einigen erwogen, nicht in Betracht. Zwar waren seit seinem Untergang erst acht Jahre vergangen, und die Rechtswirksamkeit der Auflösung stand in Zweifel. Doch hatte es längst vor dem Jahre 1806 seine Lebenskraft in einem Zeitalter säkularer Territorialstaaten eingebüßt. Andererseits lag aber auch der in weiten Teilen des Volkes ersehnte Fortschritt zu einem nationalen Einheitsstaat nicht im Bereich des Möglichen. Die außerdeutschen Großmächte konnten ihn nicht wünschen. Sie waren zwar an stabilen Verhältnissen in Mitteleuropa, nicht aber an einem machtvollen geeinten Deutschland interessiert. Österreich hätte mit der Zustimmung zu einem deutschen Nationalstaat das Kontraprinzip zu seiner eigenen Staatsform anerkannt und die Auflösung seines Vielvölkerstaates hinnehmen müssen. Die Fürsten der mittleren Staaten waren nicht gewillt, ihre eben errungene Selbständigkeit der deutschen Einigung sogleich wieder zu opfern. In der nationalen Frage standen die Anhänger eines deutschen Einheitsstaates im Volk allein.

Unter diesen Umständen blieb nur die Alternative eines Bundesstaates oder eines Staatenbundes übrig. Die Differenz besteht in der Verteilung der Souveränitätsrechte. Im Bundesstaat liegen sie schwergewichtig bei dem zentralen Verband, im Staatenbund bei den einzelnen Mitgliedsländern. Für die bundesstaatliche Lösung traten anfangs sowohl Preußen als auch Österreich ein, wobei das verfassungspolitische Hauptproblem wegen der Rivalität zweier Großmächte in der Konstruktion der Führung lag. Für die staatenbündische Lösung kämpften vor allem die süddeutschen Staaten, die an ihrer Souveränität festhielten und nicht wie die Großmächte hoffen konnten, Souveränitätsverluste durch Führungsrechte in einem größeren Staatsverband zu kompensieren. Die österreichisch-preußische Einigkeit in der Verfassungsfrage zerbrach jedoch über dem Streit um das Schicksal Sachsens und Polens, der die Kongreßmächte an den Rand eines Krieges trieb. Metternich war nach diesem Konflikt nicht mehr bereit, sich auf eine bundesstaatliche Lösung einzulassen. Napoleons Rückkehr von Elba im März 1815 führte die Entscheidung herbei. Der Kongreß geriet unter Handlungszwang und einigte sich am 8. Juni 1815, noch immer gegen süddeutschen Protest, auf den kleinsten gemeinsamen Nenner, den lockeren Staatenbund.

8. Der Deutsche Bund

Der Deutsche Bund verlieh Deutschland keine staatliche Einheit und keine Nationalrepräsentation. Nach der Formulierung der Bundesakte war er ein Bündnis der »souveränen Fürsten und freien Städte Deutschlands« oder, wie die Wiener Schlußakte von 1820, die die eilig verabschiedete Bundesakte näher ausfüllte, in Art. 1 noch eindeutiger formulierte: ein »völkerrechtlicher Verein«. Dem Verein gehörten anfangs 38 Staaten mit zusammen rund 30 Millionen Einwohnern an, die beiden Großmächte aber nur mit denjenigen Territorien, die auf dem ehemaligen Reichsgebiet lagen. Umgekehrt waren drei ausländische Herrscher, der dänische König als Herzog von Holstein und Lauenburg, der niederländische König als Großherzog von Luxemburg und zeitweilig der englische König als König von Hannover, Bundesmitglieder. Der Bund wuchs durch weitere Beitritte zwischenzeitlich auf 42 Staaten an und besaß nach verschiedenen Staatenzusammenschlüssen am Ende 34 Mitglieder. Von der Gesamtbevölkerung entfielen auf die beiden Großmächte Österreich mit 9,5 Millionen und Preußen mit 7,5 Millionen Einwohnern allein 58%. Gut 20 Bundesstaaten, überwiegend im sächsisch-thüringischen Raum gelegen, hatten weniger als 100000 Einwohner, 13 nicht einmal 50000; Liechtenstein als kleinstes Mitglied zählte 5500 Einwohner.

Als völkerrechtlicher Verein war der Deutsche Bund auf begrenzte Zwecke festgelegt, während die Verfolgung des umfassenden Staatszwecks den Mitgliedsländern vorbehalten blieb. Art. 2 der Bundesakte nannte als Zweck des Bundes die »Erhaltung der äußeren und inneren Sicherheit Deutschlands und der Unabhängigkeit und Unverletzlichkeit der einzelnen deutschen Staaten«. Ausgeschlossen war also die Verfolgung von Wohlfahrtszwecken, aufgetragen allein die Gefahrenabwehr, jedoch wiederum begrenzt auf Bedrohungen durch dritte Staaten, Bestandsgefährdungen des Bundes von innen, besonders durch die nationale Bewegung, und Bedrohungen eines Mitglieds, entweder durch ein anderes oder durch Unruhen, Aufruhr oder Revolution im Innern. Diese Zweckbestimmung hätte eine gemeinsame Außen- und Militärpolitik durchaus zugelassen. Doch wahrten die Mitgliedstaaten in diesen Bereichen ihre Selbständigkeit und verurteilten den Bund zu einer weitgehend passiven Rolle. Seine eigenen politischen Aktivitäten sollten fast ausschließlich auf dem Gebiet der Innenpolitik liegen, wo er bis zur Jahrhundertmitte als Verteidiger der Restauration und Unterdrücker der Meinungsfreiheit in Erscheinung trat.

Welche Kompetenzen der Bund zur Verfolgung seines Sicherheitszwecks im einzelnen besaß, ließ die Bundesakte offen. Auch den Wiener Ministerialkonferenzen von 1819/20, die die Bundesakte konkretisieren sollten, gelang es nicht, einen Kompetenzkatalog zusammenzustellen. Die Wiener Schlußakte enthielt daher nur die Generalklausel, daß der in der Bundesakte niedergelegte Bundeszweck zugleich die Bundeskompetenzen bedinge und begrenze. In Ermangelung näherer Aussagen muß man also davon ausgehen, daß diese Kompetenzen sich auf alle drei staatlichen Funktionen erstreckten und sowohl gesetzgeberische als auch exekutivische und richterliche Tätigkeiten im Rahmen der Zweckbestimmung zuließen. Auch unter Kompetenzgesichtspunkten war der Bund daher nicht gehindert, eine gemeinsame deutsche Politik zu verfolgen. Das setzte freilich weiter eine Organ- und Verfahrensstruktur voraus, die eine Wahrnehmung der Kompetenzen erlaubte. Auf der Ebene der Organe und Verfahren zeigte sich indessen, daß sich die Vertragsparteien des Wiener Kongresses nur auf eine Minimallösung hatten einigen können. Der Bund war organisatorisch äußerst schwach ausgebildet.

Aufschlußreicher als die Organ-Beschreibung ist eine Negativliste. Der Bund hatte kein Oberhaupt, keine Regierung, keine Verwaltungsbehörden, keine Gerichte und keine Volksvertretung.

Er besaß nur ein einziges Organ, die Bundesversammlung in Frankfurt, bald Bundestag genannt, in der die Mitgliedstaaten durch weisungsgebundene Bevollmächtigte unter österreichischem Vorsitz vertreten waren. Als einziges Bundesorgan vereinigte die Bundesversammlung alle Kompetenzen des Bundes in sich, soweit sie von einer solchen Versammlung überhaupt ausgeübt werden konnten. Die gewöhnlichen Geschäfte führte eine »Engere Versammlung«, auch »Engerer Rat« genannt, in der die elf größten Staaten je eine Stimme besaßen, während sich die restlichen die sechs weiteren Stimmen teilen mußten. In grundsätzlichen Angelegenheiten, die Art. 6 der Bundesakte näher umschrieb, tagte die Bundesversammlung im Plenum, dann aber mit abgestuftem Gewicht nach der Landesgröße und nur zum Zweck der Abstimmung, nicht zur Beratung, die dem »Engeren Rat« vorbehalten war. Der »Engere Rat« beschloß mit absoluter Mehrheit, das Plenum mit Zwei-Drittel-Mehrheit. Entscheidungen, die sich auf das Bundesgrundgesetz selbst, organische Einrichtungen des Bundes oder Rechte einzelner Mitgliedstaaten bezogen, konnten nur einstimmig fallen. In den übrigen Fällen waren die Stimmen so gewichtet, daß die kleinen Mitglieder nicht von den großen majorisiert werden konnten.

Die Beschränkung auf ein einziges Organ bei völligem Fehlen eines administrativen Unterbaus hatte zur Konsequenz, daß sich der Bund zur Durchführung seiner Beschlüsse stets der Exekutive aller oder einzelner Mitgliedstaaten bedienen mußte und damit von deren Folgebereitschaft abhängig war. Für den Bereich der äußeren Sicherheit bedeutete das den Verzicht auf ein stehendes Bundesheer. Das erst 1821 zustande gekommene Gesetz über die Bundeskriegsverfassung sah statt dessen ein aus den Truppen der Mitgliedstaaten von Fall zu Fall gebildetes Kontingentheer vor. Bei einer Gesamtstärke von 300 000 Mann gliederte es sich in zehn Armeekorps, von denen aber nur drei die Truppen verschiedener Mitgliedstaaten integrierten, während die restlichen sieben unvermischt blieben: je drei Armeekorps stellten Österreich und Preußen, eines Bayern. Die Mitgliedstaaten mußten das auf sie entfallende Kontingent stets abrufbereit halten. Auch der Oberbefehlshaber war nicht ein für allemal bestimmt, sondern wurde im Mobilmachungsfall von dem »Engeren Rat« mit Mehrheit berufen, unterstand der Bundesversammlung und ging mit der Demobilmachtung seiner Funktion wieder verlustig.

Bei inneren Streitigkeiten, sei es zwischen einzelnen Mitgliedstaaten, sei es innerhalb eines Mitgliedstaates zwischen Ständen und Monarch, Staat und Bürgern, wurde, nachdem Bayern das ursprünglich vorgesehene Bundesgericht zu Fall gebracht hatte, die Bundesversammlung als Schiedsinstanz tätig. Fand ihr Schiedsspruch nicht die Zustimmung einer Streitpartei, so konnten die Parteien ein Gericht anrufen. Doch handelte es sich in Ermangelung eines eigenen Bundesgerichts stets um das Gericht eines unbeteiligten Mitgliedstaats. Der Beklagte durfte drei solcher Staaten benennen, der Kläger einen davon auswählen. Ebenso verhielt es sich bei der Durchsetzung von Rechtssprüchen oder sonstigen Bundesmaßnahmen. Die Wiener Schlußakte sah zwei Einrichtungen vor: die Bundesintervention als Hilfe für ein Land bei der Bekämpfung innerer Unruhen, und die Bundesexekution als Zwangsmaßnahme gegen einen seine Bundespflichten verletzenden Gliedstaat. In beiden Fällen konnte wiederum nur ein anderes unbeteiligtes Land mit der Ausführung der Intervention oder Exekution beauftragt werden. Die Schwäche des Bundes lag auf der Durchführungsebene und mußte immer dann akut werden, wenn die Führungsmächte selber rechtsbrüchig, interventionsunwillig oder uneinig waren.

9. Die Anordnung landständischer Verfassungen

Die Wiener Beschlüsse über die künftige politische Gestalt Deutschlands stürzten die national und liberal gesonnenen Kräfte in tiefe Enttäuschung. Der Deutsche Bund erfüllte weder die Hoffnungen auf staatliche Einheit Deutschlands noch auf eine gesamtdeutsche Volksvertretung. Die Bundesakte wurde zwar im Sprachgebrauch der Zeit häufig als Verfassung bezeichnet, doch fehlten ihr gerade jene Garantien und Institutionen, die die Verfassung im modernen Sinn auszeichneten: Grundrechte und parlamentarische Versammlungen. Blieben die nationalen Hoffnungen auf diese Weise ganz ungestillt, so richteten sich die Verfassungserwartungen nunmehr an die einzelnen Mitgliedstaaten des Bundes. Das geschah keineswegs ohne Grund. Einige Staaten, darunter Preußen, hatten den erklärten Willen, ihren Ländern eine moderne Verfassung zu geben. Der Erlaß der preußischen Verfassung galt 1815 als unmittelbar bevorstehend. Andere wie Württemberg entschlossen sich noch während des Wiener Kongresses zur Verfassungsgebung. Vor allem enthielt aber die Bundesakte eine Bestimmung, die sämtlichen Mitgliedstaaten die Einführung von Verfassungen auftrug. In Art. 13 hieß es: »In allen Bundesstaaten wird eine landständische Verfassung stattfinden.«

In einem völkerrechtlichen Vertrag souveräner Staaten, wie die Bundesakte ihn darstellte, ist eine derartige Bestimmung nicht die Regel, denn sie greift in die inneren staatsrechtlichen Verhältnisse der Mitgliedstaaten ein, ohne daß dieser Eingriff sich geradewegs aus dem Vertragszweck ableiten ließe. Dagegen sind verfassungsrechtliche Anforderungen an die Mitgliedstaaten in Bundesstaatsverfassungen keine Seltenheit, weil ein Mindestmaß an struktureller Homogenität zu den Funktionsvoraussetzungen bundesstaatlicher Zusammenschlüsse gehört. In der Tat liegen die Wurzeln von Art. 13 der Bundesakte auch in den anfänglichen Verfassungsentwürfen für das künftige Deutschland, die noch der bundesstaatlichen Lösung zuneigten. Diese Entwürfe, die von Preußen ausgingen und mit Österreich abgestimmt waren, sicherten den beiden Großmächten die Hegemonie in dem angestrebten Bundesstaat und teilten das sog. Dritte Deutschland in eine österreichische und eine preußische Interessensphäre mit Sonderrechten für die drei nächstgroßen Staaten, Bayern, Württemberg und Hannover, auf. Für diesen Plan hatte sich Hannover gewinnen lassen, während die übrigen Mittelstaaten ihn als Angriff auf ihre erst kürzlich errungene Souveränität erbittert bekämpften.

Die frühen Verfassungsentwürfe gingen von der Notwendigkeit landständischer Verfassungen und bundesstaatlicher Grundrechtsgarantien aus, der ursprüngliche Hardenbergsche sehr detailliert, die später den anderen Staaten als Diskussionsgrundlage unterbreitete gekürzte Fassung weniger präzise. In der deutschen Öffentlichkeit wurde Preußen das Drängen auf Verfassungen als Ausdruck einer aufrichtigen konstitutionellen Gesinnung gutgeschrieben. Indessen lag hier nicht das alleinige Motiv. Das Verfassungsgebot diente vielmehr auch dazu, den Widerstand der ehemaligen Rheinbund-Fürsten gegen den Bundesstaat zu überwinden und ihren Souveränitätsdrang einzudämmen. In diesem Interesse trafen sich die beiden Großmächte. Ihr Kalkül war dabei, mit dem Verfassungsplan Bundesgenossen im Innern dieser Staaten zu gewinnen, die die Monarchen und ihre Regierungen unter Zustimmungsdruck setzen konnten. Als Bundesgenossen boten sich die patriotisch empfindende öffentliche Meinung, noch mehr aber die durch Säkularisation, Mediatisierung und Souveränitätspolitik degradierten ehemaligen Reichsfürsten und Reichsritter an. Diesen war deswegen bei den Inhaltsvorgaben für die einzelstaatlichen Verfassungen auch eine privilegierte Stellung zugedacht, die die monarchische Souveränität erheblich eingeschränkt hätte. Von der ehemaligen Reichsritterschaft und den mediatisierten Reichsfürsten erfuhr daher auch der österreichisch-preußische Hegemonialplan die nachdrücklichste Unterstützung.

Als über dem österreichisch-preußischen Zerwürfnis wegen der sächsisch-polnischen Frage Ende 1814 auch das Einverständnis der beiden Führungsmächte in der Verfassungsfrage zerbrach und Metternich mit den süddeutschen Staaten für einen Staatenbund eintrat, verlor das Verfassungsgebot an Dringlichkeit, ohne freilich ganz obsolet zu werden. Der Vertragsentwurf, den der österreichische Bevollmächtigte Wessenberg nach dem Bruch mit Preußen im Dezember 1814 vorlegte, enthielt in Punkt 13 immer noch die Pflicht, in allen deutschen Staaten »binnen Jahr und Tag« Landstände mit bestimmten Minimalrechten einzuführen, deren Ausgestaltung im einzelnen jedoch den Staaten überlassen bleiben sollte. Die preußischen Bevollmächtigten Hardenberg und Humboldt, die von der bundesstaatlichen Lösung soviel wie möglich zu retten versuchten, antworteten darauf mit zwei Alternativentwürfen, denen sie hinzusetzten, es gebe »bei der deutschen Verfassung nur *drei* Punkte, von denen man, nach der innersten Überzeugung der Unterzeichneten, *nicht* abgehen kann, ohne der Erreichung des gemeinschaftlichen Endzwecks den wesentlichsten Nachteil zuzufügen: eine kraftvolle *Kriegsgewalt*, ein *Bundesgericht* und *landständische*, durch den Bundesvertrag gesicherte Verfassungen«.[16]

Auch nachdem die Rückkehr Napoleons zu schnellem Handeln auf kleinem Nenner zwang, hielt der preußische Vertragsentwurf daran fest, daß die bestehenden landständischen Verfassungen erhalten oder neue eingeführt würden. Den Landständen stand nach diesem Entwurf die Steuerbewilligung, die Mitwirkung an der Gesetzgebung, soweit Eigentum und persönliche Freiheit der Bürger betroffen waren, die Beschwerde über Verfassungsmißbräuche und die Vertretung der Verfassung und der verfassungsmäßigen Rechte zu. Diese Befugnisse sollten unter den Schutz des Bundes gestellt werden. Im österreichischen Gegenentwurf hieß es in Art. 14, in allen deutschen Staaten werde die »bestehende landständische Verfassung und persönliche Freiheit aufrechterhalten, oder, wo sie dermalen nicht vorhanden ist, jetzt eingeführt und unter Schutz und Garantie des Bundes gestellt«.[17] Die österreichisch-preußische Kompromißvorlage machte daraus die Formulierung: »In allen deutschen Staaten soll eine landständische Verfassung bestehen.«[18] Die auch jetzt noch anhaltende süddeutsche Opposition führte zu einer erneuten Revision, nach der es bezüglich der Verfassung nur noch hieß: »In allen Bundesstaaten wird eine landständische Verfassung stattfinden.« Diese Fassung wurde schließlich, nachdem es Bayern noch gelungen war, das Recht der Staaten zum selbständigen Vertragsschluß durchzusetzen und das geplante Bundesgericht zu verhindern, Gesetz.

Ein Vergleich dieser Texte ergibt einen fortschreitenden Inhalts- und Präzisionsverlust des Verfassungsartikels. In seiner endgültigen Form enthielt er nur noch die abgeschwächte Verpflichtung der Mitgliedstaaten, landständische Verfassungen einzuführen. Eine nähere Bestimmung, was unter landständischer Verfassung zu verstehen sei, war trotz des Konkretisierungswunsches mehrerer Kleinstaaten unterblieben, und zwar, wenn man an die taktische Funktion der Vorschrift denkt, nicht ohne Absicht. Der Begriff konnte sowohl altständische als auch modern repräsentative Verfassungen decken. Unvereinbar mit Art. 13 der Bundesakte war allein ein absolutistisches Regiment. Ebenso schwieg die endgültige Formulierung des Artikels über Zusammensetzung und Kompetenzen der Landstände. Entfallen war ferner die Fristbestimmung für die Einführung der Verfassungen. Schließlich fehlte auch die Bundesgarantie für die Erfüllung der Vertragspflicht. Die Entscheidungsfreiheit der Landesfürsten in der Verfassungsfrage erfuhr auf diese Weise in der Bundesakte kaum eine Einschränkung. Auf entsprechend schwacher rechtlicher Grundlage ruhte daher auch die Hoffnung, daß die Konstitutionalisierung nunmehr wenigstens in den Einzelstaaten erfolgen werde.

10. Die erste deutsche Verfassungswelle

Trotz der höchst unbestimmt formulierten und sanktionsfrei gestellten Verpflichtungen des Art. 13 der Bundesakte ging im Gefolge des Wiener Kongresses eine große Zahl deutscher Staaten daran, sich Verfassungen zu geben. Als diese erste deutsche Verfassungswelle nach etwa fünf Jahren zum Stillstand kam, hatten nicht weniger als 29 der 41 Bundesstaaten eine geschriebene Verfassung, wenn man den Nachzügler Sachsen-Meiningen (1824) mitzählt. So vieldeutig der Begriff der landständischen Verfassung war, so unterschiedlich sahen auch die Verfassungen aus. Zahlreiche Staaten verstanden landständisch als altständisch und gaben entweder die alten staatsrechtlichen Bestimmungen, Erbvergleiche und Landtagsabschiede aus dem 17. und 18. Jahrhundert als Verfassungen aus oder führten neue Verfassungen altständischen Inhalts ein. In diese Reihe gehören auch die vier übriggebliebenen Freien Städte, die ihre altständisch-patrizischen Stadtverfassungen wiederherstellten. Die von Art. 13 der Bundesakte genährten Hoffnungen des liberalen Bürgertums auf eine Verfassung mit gewählter Volksvertretung und grundrechtlichen Garantien erfüllten sich dagegen nur in wenigen Staaten, unter denen jedoch die vergleichsweise bedeutenden süddeutschen Länder Bayern, Württemberg und Baden sowie Hessen-Darmstadt waren.

Keine dieser Verfassungen ging auf bürgerlichen Druck, geschweige denn auf eine bürgerliche Revolution zurück. Alle verdankten ihre Entstehung der Initiative des monarchischen Staates selbst. Das veranlaßt zu der Frage, welche Beweggründe es in dem eher restaurativen Klima nach 1815 für die süddeutschen Monarchen gab, moderne Repräsentativverfassungen einzuführen. Sucht man im Hinblick auf mögliche Antworten nach Unterschieden zwischen den süddeutschen und vergleichbaren mittel- oder norddeutschen Ländern, so fällt zunächst auf, daß die süddeutschen Staaten die kurze Spanne innerer Souveränität unter der Rückendeckung Napoleons zu einer durchgreifenden Modernisierung von Staat und Gesellschaft nach französischem Vorbild genutzt hatten. Ihr Ziel war die Rationalisierung von Regierung und Verwaltung sowie die Umwandlung der ständischen Feudalgesellschaft in die bürgerliche Erwerbsgesellschaft. Bei voller personeller Kontinuität wollte die hohe Beamtenschaft ihr Reformwerk auch nach dem Wegfall der napoleonischen Rückendeckung gegen restaurative Bestrebungen absichern. Im Unterschied dazu ging es den von Napoleon entmachteten und 1814 wieder inthronisierten mitteldeutschen Fürsten nicht darum, Reformen, die sie selber eingeleitet hatten, zu bewahren, sondern die während der Fremdherrschaft vorgenommene Modernisierung möglichst wieder rückgängig zu machen.

Für die Verfassungsfrage war diese Differenz insofern von Bedeutung, als die Reformbeamten Bayerns und Badens schon in der Rheinbund-Ära versucht hatten, die Staats- und Gesellschaftsreform durch eine Verfassung zu befestigen, wobei ihnen mehr noch an der Bindung des Monarchen als an der Beteiligung des Volkes lag. Dieses Interesse hielt auch nach den Befreiungskriegen unvermindert an. Es kamen aber jetzt ergänzende Motive hinzu. Die süddeutschen Staaten waren seit 1803 erheblich gewachsen und hatten ihren Gewinn auf dem Wiener Kongreß endgültig konsolidiert. Sie konnten sich nunmehr der Aufgabe zuwenden, die neuen Landesteile in den zentralisierten Staatsverband zu integrieren. Dazu schien in einer Zeit, die nach Konstitutionen verlangte, eine moderne Verfassung ein besonders vielversprechendes Mittel zu sein. Gleichzeitig bot sie aber auch die Möglichkeit, die mediatisierten aristokratischen Führungsschichten, die nach den Befreiungskriegen wieder erstarkt waren und in Art. 14 der Bundesakte eine Privilegiengarantie erhalten hatten, in Schranken zu weisen, indem sie ihre politischen Rechte mit den Vertretern des »Dritten Standes« teilen mußten. Auch insoweit unterschieden sich die süddeutschen von den mitteldeutschen Staaten. Diese standen mangels territorialer Gewinne weder vor Integrationsaufgaben, noch galt es hier, Mediatisierte in nennenswerter Zahl der Staatsgewalt unterzuordnen.

Einen weiteren Beweggrund lieferte die Finanzkrise der süddeutschen Staaten zu Beginn des 19. Jahrhunderts. Der ständische Kredit, auf den sie bis 1806 in Notzeiten hatten zurückgreifen können, stand nach der Auflösung der ständischen Einrichtungen nicht mehr zur Verfügung. Gleichzeitig waren aber, vor allem durch die mit oder gegen Napoleon geführten Kriege bedingt, die Staatsausgaben und die Staatsschulden außerordentlich gestiegen. Die Staatskassen gerieten zeitweilig sogar mit der Erfüllung ihrer laufenden Verpflichtungen in beträchtlichen Rückstand, von der pünktlichen Tilgung aufgenommener Kredite ganz zu schweigen. Die Regierungen antworteten auf diese Situation zunächst mit einer Reorganisation der Staatsschuldenverwaltung. Der davon erwartete Vertrauenszuwachs in der kreditfähigen Bevölkerung blieb aber aus, so daß sich in der Reformbeamtenschaft die Überzeugung verbreitete, allein die Einrichtung von Volksvertretungen, unter deren Kontrolle Steuererhebung und Staatsschuld treten sollten, könnte das Vertrauen des Volkes in die Staatsverwaltung wiederherstellen und die Kredite erneut zum Fließen bringen. Im Zusammenhang mit dem staatlichen Finanzbedarf wuchs daher auch die Bereitschaft, den Ständeversammlungen nicht nur beratende, sondern mitentscheidende Funktionen einzuräumen.

Gleichwohl bedurfte es angesichts zögernder Monarchen, die den Preis der Konstitutionalisierung zu zahlen hatten, noch eines letzten Anstoßes zur Verfassungsgebung. Wie im Jahre 1808 kam er aus der Gefährdung ihrer Souveränität, nur daß sie diesmal nicht von den napoleonischen Verfassungswünschen, sondern von den Wiener Verfassungsberatungen drohte. Um den befürchteten Bundesauflagen zuvorzukommen, schritt Bayern unmittelbar vor Kongreßbeginn zu einer Revision seiner Verfassung von 1808, und Württemberg nahm die Ausarbeitung einer neuen Verfassung in Angriff. Während aber der württembergische König seine Verfassung gegen die Warnungen der Großmächte am 15. März 1815 einer eigens zu diesem Zweck einberufenen erweiterten Ständeversammlung verkündete, unterließ der bayerische König die Inkraftsetzung der am 15. Februar 1815 fertiggestellten Verfassung, nachdem er sicher sein konnte, daß die bayerische Souveränitätspolitik in Wien erfolgreich gewesen war und Art. 13 der Bundesakte entschärft hatte. In Württemberg war es dagegen die Ständeversammlung, welche die Verfassungsgebung durchkreuzte. Eigentlich nur als Forum für die Verfassungsverkündung berufen, forderte sie statt der neuen Verfassung die Wiederherstellung des »guten alten Rechts« und erzwang so Verfassungsberatungen, die erst fünf Jahre später nach dem Tode König Friedrichs 1819 zum Abschluß kamen.

Württemberg wurde auf diese Weise das einzige Land mit einer paktierten Verfassung. Hessen-Darmstadt, das ebenfalls den Vereinbarungsweg beschreiten wollte, wich 1821 dem Druck des Bundes und führte die in der Sache ausgehandelte Verfassung in der Form des Oktrois ein. Beiden Staaten, die durch die zeitraubenden Verhandlungen in Rückstand geraten waren, kam aber Bayern zuvor, abermals angespornt durch eine befürchtete Souveränitätseinbuße. Als sich in den Jahren 1816 und 1817 der Druck auf die Bundesversammlung verstärkte, in der Verfassungsfrage aktiv zu werden, entschloß diese sich im Juni 1817, die Erfüllung des Verfassungsauftrags zu überwachen, und schickte sich Anfang 1818 an, eine präzisierende Stellungnahme und womöglich sogar eine bindende Erläuterung zu Art. 13 der Bundesakte zu beschließen. Das Ergebnis war ungewiß. Während Preußen noch an einer modernen Repräsentativverfassung festhielt, hatte Österreich schon die Weichen zugunsten einer altständischen Verfassung gestellt. Mit den bayerischen Reformen wäre ein solcher Verfassungstyp unvereinbar gewesen. In dieser vom bayerischen Bundestags-Gesandten v. Aretin dramatisiert geschilderten Situation wurde in aller Eile der liegengebliebene Entwurf von 1815 überarbeitet und am 26. Mai 1818 in Kraft gesetzt. Baden folgte aus ähnlichen Motiven ein Vierteljahr später nach.

III. Die Verfassungskämpfe in Preußen

1. Die Verfassungspläne als Folge des Zusammenbruchs

Als die süddeutschen Staaten sich aus Gründen der Souveränitätswahrung endgültig zur Verfassungsgebung entschlossen, war die Verfassungsfrage in demjenigen deutschen Staat, der sie am frühesten und ernstesten aufgegriffen hatte, in Preußen, noch immer unentschieden. Die preußischen Verfassungspläne hingen aufs engste mit der verheerenden Niederlage zusammen, die das Land im Oktober 1806 bei Jena und Auerstedt gegen Napoleon erlitten hatte. Preußen war bis zu diesem Zeitpunkt den Kriegen der europäischen Mächte gegen das revolutionäre Frankreich ferngeblieben, seit es 1795 unter Bruch der Koalition einen Separatfrieden mit Frankreich geschlossen hatte, in dem es der Abtretung des linken Rheinufers zustimmte, um sich rechtsrheinisch entschädigen und Pläne einer norddeutschen Konföderation unter preußischer Führung verfolgen zu können. Während aber Frankreichs Hegemonialpolitik in Mitteleuropa von dem preußischen Stillhalten profitierte, erfüllten sich Preußens Erwartungen nicht: preußisches Staatsgebiet in Westdeutschland wurde von Napoleon verletzt; Hannover, das Ende 1805 an Preußen gelangt war, England versprochen; der Konföderationsplan durchkreuzt. Preußen sah sich daher zu einer Änderung seiner Frankreich-Politik genötigt. Nachdem es die Unterstützung Rußlands gewonnen hatte, forderte es Napoleon ultimativ zum Einlenken auf und riskierte schließlich im Oktober 1806 den Krieg.

Der militärische Zusammenbruch, den Preußen in diesem Krieg erlitt, weitete sich schnell zur politischen Katastrophe aus. Nur auf russische Fürsprache überhaupt noch als Staat existent, mußte es im Tilsiter Frieden vom 9. Juli 1807 alle polnischen und westelbischen Gebiete abtreten, die den neugebildeten Staaten Großherzogtum Warschau und Königreich Westfalen einverleibt wurden. Preußen verlor dadurch insgesamt mehr als die Hälfte seiner Fläche und Bevölkerung, das erst kurz zuvor erworbene Hannover nicht mitgerechnet, und bestand nur noch aus den vier Provinzen Brandenburg, Pommern, Ostpreußen und Schlesien. Die beiden ersten samt der Hauptstadt Berlin blieben zudem unter französischer Besatzung in einer Stärke von 150000 Mann, während das preußische Heer auf 42 000 Mann beschränkt wurde. Der preußische Hof zog sich nach Königsberg und später nach Memel zurück. Der Abzug der Besatzungstruppen hing von der Zahlung einer Kriegskontribution ab, die im Pariser Vertrag von 1808 auf 140 Millionen Franken festgesetzt und später auf 120 Millionen ermäßigt wurde, aber auch in dieser Höhe das Leistungsvermögen des geschrumpften Staates weit überstieg. Dessenungeachtet drohten bei Zahlungsverzug neue Lasten oder Gebietsverluste.

Diese Existenzkrise setzte ein Reformpotential frei, das sich schon vor dem Zusammenbruch angesammelt hatte, aber an der vollen Entfaltung gehindert worden war. Getragen wurde es von einem kleinen Kreis liberaler Beamter, der vorwiegend dem niederen Adel und dem Bürgertum entstammte und zu einem nicht geringen Teil aus der Königsberger Universität hervorgegangen war, wo Kant einen philosophisch begründeten Kampf gegen persönliche Unfreiheit, ständische Ungleichheit und staatlichen Paternalismus führte und der Smithianer Kraus mit ökonomischen Argumenten die merkantilistische Wirtschaftspolitik, das Privilegienwesen und die feudale Agrarstruktur kritisierte. Die liberale Fraktion der preußischen Beamtenschaft machte schon vor der Niederlage von 1806 Anstalten, diese Theorien in die Praxis umzusetzen. Dabei ging es ihr durchaus um die Stärkung des bestehenden Staates, dem die gesteigerten Energien eines freien Volkes zugute kommen sollten, nicht um dessen politische Umgestaltung. Das hinderte jedoch die aristokratischen Gegner der Liberalisierung, denen der Monarch innerlich näher stand als den Reformern, nicht an dem Vorwurf des Jakobinismus, so daß einstweilen nur die rund 50 000 staatlichen Domänenbauern in den Genuß der persönlichen Freiheit kamen, während die feudalen Verhältnisse im übrigen unberührt blieben.

Die Katastrophe von 1806/07 erweiterte nun aber den Radius der Reformbestrebungen. Die Reformer – an ihrer Spitze kurze Zeit Stein, dann zwölf Jahre lang Hardenberg – wollten den Grund der Niederlage gegen Napoleon nicht vordergründig in militärischer Schwäche oder wirtschaftlicher Rückständigkeit, sondern tieferliegend in einer Lähmung der Volkskräfte und einer Entfremdung von Staat und Volk erblicken, die sie dem absolutistischen System anlasteten. Die Entwicklungskluft zu Frankreich, welche die verlorene Schlacht aufgedeckt hatte, schien ihnen nur dann überbrückbar, wenn die bislang verschütteten Kräfte des Volkes freigesetzt und dem Staat zugeführt wurden. Damit gingen sie über die älteren Reformpläne in zweifacher Hinsicht hinaus. Zum einen wurden Freiheit und Gleichheit zu Maximen, die alle Bereiche des gesellschaftlichen Lebens, nicht nur den agrarischen Sektor, zu durchdringen hatten. Zum anderen mußte das zu Freiheit und Selbstbewußtsein erhobene Volk dem Staat verbunden und für sein Wohlergehen mitverantwortlich gemacht werden. Als »Revolution von oben« blieb dieses Vorhaben auf den monarchischen Staat bezogen, ging aber auf eine Erneuerung aus, die sich von der französischen Revolution von unten weniger im Ziel als im Mittel unterschied, eine »Revolution im guten Sinn«, wie Hardenberg sich auszudrücken nicht scheute.[19]

Ein solches Programm, das zwar die Legitimationsbasis der Herrschaft unangetastet ließ, im übrigen aber die überkommene Sozialstruktur und Herrschaftsform bedrohte, konnte bei Adel und König nicht auf größeren Beifall rechnen als die vergleichsweise bescheidenen Pläne aus der Zeit vor 1806. Wenn es gleichwohl eine Realisierungschance erhielt, ist das nur aus dem Umstand erklärbar, daß die Gegner keine Alternative nennen konnten, die eine Rettung Preußens aus seiner Existenzkrise versprochen hätte. Das Nahziel der preußischen Politik nach 1806 mußte in der Befreiung von der Fremdherrschaft bestehen, und der Weg führte mangels militärischer Stärke nur über die Zahlung der Kontributionssumme. Das Fernziel bildete die Wiederherstellung der preußischen Großmachtstellung. Diese Ziele verlangten kurzfristig eine Anhebung der Abgaben sowie die Erschließung zusätzlicher Einnahmequellen, langfristig eine Erhöhung der wirtschaftlichen Leistungskraft des Volkes. Beides schien nur bei einer durchgreifenden Liberalisierung möglich. Es verlangte aber auch nach einer Konstitutionalisierung, kurzfristig, weil die erhöhte steuerliche Belastung, vor allem aber die Kreditbereitschaft der besitzenden Adels- und Bürgerkreise genau wie in Süddeutschland von der Gewährung politischer Mitsprache abhängig war, langfristig, weil die aus der Kontrolle des Staates entlassene Erwerbsgesellschaft diesem wieder institutionell verbunden werden mußte.

Wenngleich die Verfassungspläne der Reformer in dem finanziellen Motiv nicht aufgingen, so war es doch dasjenige, welches überhaupt das Tor zu ihrer Verwirklichung öffnete. Der Zusammenhang wurde vollends deutlich, als nach Steins erzwungener

Entlassung im November 1808 sein Nachfolger Dohna zur Erfüllung der französischen Forderungen nur die Abtretung Schlesiens an Zahlungs Statt vorzuschlagen wußte. Dohnas Ersetzung durch Hardenberg im Jahre 1810 fand ihren Grund gerade darin, daß dieser einen Finanzierungsplan für die Kontributionen vorzulegen vermochte, der freilich noch entschiedener als Steins Programm auf der wirtschaftlichen Liberalisierung und damit auf einer Umgestaltung der Gesellschaftsstruktur basierte. Damit zeichnet sich aber bereits das Dilemma der preußischen Verfassungspolitik ab: Getragen nur von einer kleinen Gruppe liberaler Beamter, ohne ausreichende Basis im Bürgertum und erst recht des königlichen Rückhalts ermangelnd, wohl aber von einer machtvollen Adelsopposition bekämpft, deren Kredite benötigt wurden, war die Verwirklichung der Verfassungspläne an den Ausnahmezustand gebunden, und ihr Gelingen hing davon ab, in welchem Maß sie vorangetrieben werden konnten, solange die napoleonische Bedrohung anhielt.

2. Der Vorrang der Verwaltung

Der enge Zusammenhang zwischen Notlage und Erneuerungswerk durchzieht bereits das erste große Gesetz der Reformära, das Edikt über die Bauernbefreiung vom 9. Oktober 1807.[20] Wie die Präambel hervorhebt, erwuchs es aus der Sorge über den »gesunkenen Wohlstand Unserer getreuen Untertanen«. Seine »baldigste Wiederherstellung und möglichste Erhöhung« wird als Ziel des Edikts genannt. Die Entfernung all dessen, »was den Einzelnen bisher hinderte, den Wohlstand zu erlangen, den er nach dem Maß seiner Kräfte zu erreichen fähig war«, fungierte als Mittel, freilich ein Mittel, von dem die Präambel behaupten konnte, »daß es eben sowohl den unerläßlichen Forderungen der Gerechtigkeit als den Grundsätzen einer wohlgeordneten Staatswirtschaft gemäß sei«. Auf dieser Grundlage leitete das Edikt das Reformwerk ein, indem es den freien Grundstücksverkehr zwischen den Ständen herstellte, dem Adel die bürgerlichen Gewerbe öffnete, die Standesschranken zwischen Bürgern und Bauern aufhob und die Gutsuntertänigkeit abschaffte. »Nach dem Martini-Tage 1810 gibt es nur freie Leute.«

Mit dem Oktober-Edikt war freilich nur ein erster Schritt zu dem

Reformziel getan, und das Bestreben, Standesschranken, Privilegien und Entfaltungshindernisse abzubauen und eine auf gleichem Recht gründende, von korporativen Bindungen und staatlicher Steuerung freie Erwerbsgesellschaft herzustellen, durchzog die gesamte Reformzeit. Die Steinsche Instruktion von 1808 machte es der Regierung zur Aufgabe, »einem jeden innerhalb der gesetzlichen Schranken die möglichst freie Entwicklung und Anwendung seiner Anlagen, Fähigkeiten und Kräfte in moralischer sowohl als physischer Hinsicht zu gestatten und alle dagegen noch obwaltenden Hindernisse baldmöglichst auf eine legale Weise hinwegzuräumen«.[21] Hardenberg wiederholte diese Anweisung neun Jahre später unverändert. Angesichts der ständischen Gesellschaftsordnung, die das *Allgemeine Landrecht* zwar dem Staatsinteresse untergeordnet, aber keineswegs aufgehoben hatte, war die Aufgabe, welche die monarchische Regierung sich hier stellte, keine geringere als jene, die 1789 die französische Nationalversammlung in Angriff genommen hatte.

Die Instruktion ließ aber auch bereits die beiden wesentlichen Unterschiede zwischen dem revolutionären französischen und dem evolutionären preußischen Weg erkennen. Der erste Unterschied lag darin, daß Preußen die bürgerliche Erwerbsgesellschaft auf *legale* Weise herbeiführen wollte. Das war nur aufgrund von Konsens oder Entschädigung der Betroffenen möglich und mußte deswegen zeitraubender und kompromißhafter ausfallen als in Frankreich. Der zweite Unterschied ergab sich daraus, daß es in Preußen die monarchische Regierung war, die sich die Reformaufgabe stellte, während sie in Frankreich von der Nationalversammlung als Organ der bürgerlichen Gesellschaft selber in Angriff genommen wurde. Wo sich diese in Frankreich im Akt der Verfassungsgebung einen ihren Interessen gemäßen Staat einrichtete, war es in Preußen der bestehende Staat, der sich eine seinen Vorstellungen entsprechende bürgerliche Gesellschaft heranziehen mußte. Die damit verbundene Problematik war in Preußen nicht unbekannt. Im bewußten Widerspruch zu der verbreiteten Annahme, daß der Charakter der Gesellschaft die Eigenart ihrer rechtlichen und politischen Einrichtungen bestimme, sollte hier ausprobiert werden, ob »nicht auch umgekehrt der Charakter durch die Verwaltung gebildet werden könnte«.[22]

Der staatlich geplante und bewirkte soziale Wandel verlangte indessen eine andere Verwaltung, als sie der zwar vielregierende, aber an der überkommenen Sozialordnung haftende absolute Staat ausgebildet hatte. Konnte die Erneuerung unter den gegebenen Umständen nur von der staatlichen Verwaltung ausgehen, so wurde deren eigene Erneuerung zur Vorbedingung der Zielerreichung. Die Verwaltungsreform gewann auf diese Weise eine besondere Dringlichkeit und rückte an die Spitze der Reformvorhaben. Daraus erklärt sich auch die überragende Bedeutung, die Organisationsfragen in den Reformdenkschriften Steins, Hardenbergs und Altensteins besitzen. Diese Priorität behauptete die Verwaltungsreform auch gegenüber der Verfassung. Insofern der Weg zu einer Verfassung nur über die Verwaltung führte, wurde die Verwaltungsreform selber Teil der Verfassungsfrage. Entsprechend häufig verband sich der Begriff der Verfassung in der ersten Reformphase mit Regierung oder Verwaltung, und die moderne Verfassung nach französischem oder amerikanischem Muster mußte durch den Zusatz »konstitutionell« kenntlich gemacht werden. Erst wenn die Regierungsverfassung erneuert war, konnte die Konstitution in Angriff genommen werden.

Die Priorität der Verwaltungsreform vor der Verfassungsstiftung blieb aber nicht nur auf die zeitliche Dimension beschränkt, sondern schlug auch auf Verfassungsfunktion und Verfassungsinhalt durch. Konstitutionelle Verfassung hieß zu Beginn der Reformära für die Träger des Reformwerks soviel wie Volksvertretung, während grundrechtliche Freiheitssicherungen noch keine Aufmerksamkeit fanden. Der Volksvertretung war aber in den Reformplänen, anders als in den bürgerlichen Verfassungsstaaten, keine eigentlich bestimmende Rolle zugedacht. Von der Verwaltung erst hervorgebracht, lenkte sie diese nicht, sondern erhielt im Gegenteil von ihr Aufgabe und Funktion. Das ist ganz offenkundig in den Verfassungsprojekten Steins, der die Repräsentanten des Volkes geradewegs als »Räte« in die Behörden integrieren wollte, um diese zu entbürokratisieren und für die Bedürfnisse der Praxis zu sensibilisieren, während sie auf die Staatsleitung im engeren Sinn keinen Einfluß nehmen sollten. Aber auch Hardenberg erhoffte sich von seiner durchaus parlamentarisch konzipierten Nationalrepräsentation nicht etwa eine eigenständige Lenkung der politischen Geschäfte, sondern vor allem eine Verbesserung der monarchischen Verwaltung.

Zielten die preußischen Reformer auch auf die Herstellung der bürgerlichen Erwerbsgesellschaft, so übernahmen sie doch nicht die Vorstellung des bürgerlichen Staates, der lediglich dazu bestimmt war, eine vorausgesetzte, quasi-natürliche Ordnung zu garantieren und die sich selbst steuernde Gesellschaft vor Störungen zu bewahren. Der Staat blieb in den Augen der Reformer vielmehr die unabhängige, sich selbst bestimmende Größe, zu der er sich im Absolutismus entwickelt hatte. Im Gegensatz zum Absolutismus sollte er sich aber zum Volk öffnen, das ihm in freier Hinwendung neue Kraft zuführte. Die Verfassung bezweckte unter diesen Umständen nicht so sehr die Begrenzung des Staates und erst recht nicht seine Festlegung auf die Interessen der bürgerlichen Gesellschaft, wie das in Frankreich und Amerika der Fall war, sondern eine auf Freiheit gegründete lebendige Verbindung von Volk und Staat, die letztlich der Güte der staatlichen Verwaltung diente. Ihre Bestimmung bestand, wie Steins Mitarbeiter v. Vincke bemerkte, in der »Sicherung dieser beglückenden Verwaltung«[23], die mittels der Verfassung gegen Rückfälle ins alte System abgeschirmt werden sollte.

3. Die Staatsreform

Für jene »beglückende Verwaltung«, die die Gesellschaft auf eine neue Grundlage stellen und in der Verfassung mit dem Staat verbinden konnte, fehlte es in Preußen zwar nicht an den personellen, wohl aber an den organisatorischen Voraussetzungen. Die preußische Verwaltung spiegelte vielmehr in dreierlei Hinsicht noch die älteren, von den Reformern gerade für überwindungsbedürftig gehaltenen staatlichen Verhältnisse wider. Zum einen war sie nach wie vor auf das persönliche Regiment des Herrschers zugeschnitten, ohne daß dieses der Fülle und Komplexität der Staatsaufgaben noch entsprach. Vielmehr hatte sich das ursprünglich als Stab des Monarchen gebildete Kabinett im Lauf der Zeit zu einer Nebenregierung verselbständigt, die den Ministern den Zugang zum Herrscher abschnitt und eine einheitliche und planvolle Verwaltung erschwerte. Zum zweiten kam in der Ministerialorganisation noch die historisch gewachsene Vielfalt des nur in der Person des Monarchen geeinten Landes zum Vorschein, die ihren organisatorischen Ausdruck im Territorialprinzip fand, das eine die ganze Monarchie erfassende Politik behinderte. Schließlich war die Verwaltung primär in juristisches und also am bestehenden Zustand orientiertes Denken eingeübt und auf sozialgestaltende Aufgaben schlecht vorbereitet.

Die Verwaltungsreform hatte daher nach dem Organisationsedikt von 1808 den »Hauptzweck«, »der Geschäftsverwaltung die größtmöglichste Einheit, Kraft und Regsamkeit zu geben, sie in einem obersten Punkt zusammenzufassen und alle Kräfte der Nation und des Einzelnen auf die zweckmäßigste und die einfachste Art für solche in Anspruch zu nehmen«.[24] Das Organisationsedikt verfolgte dieses Ziel, indem es das Kabinettssystem abschaffte und die Verantwortung bei einem aus wenigen fachlich gegliederten Zentralbehörden gebildeten Ministerium konzentrierte. Die Minister leiteten ihren Geschäftsbereich eigenverantwortlich und berieten gemeinsame Angelegenheiten kollegial. Das Kanzlerprinzip fand erst mit Hardenberg Eingang in die preußische Regierungsorganisation. Der König war gegenüber den Ministern weisungsberechtigt, umgekehrt erhielten diese bei ihm das unmittelbare Vortragsrecht und hatten das Gegenzeichnungsrecht für die königlichen Entschlüsse. Das Territorialprinzip verschwand auf der zentralen Regierungsebene und kehrte erst auf der Verwaltungsebene in Gestalt der Provinzialregierungen wieder. Justiz und Verwaltung wurden getrennt, die Gesetzesvorbereitung von der Justiz auf die Exekutive verlagert. Als oberste Leitung sämtlicher Regierungsgeschäfte, insbesondere der Gesetzgebung, war ein Staatsrat unter Vorsitz des Königs vorgesehen, dessen Bildung von Steins Nachfolgern jedoch verzögert wurde.

Die Reorganisation der Staatsgewalt erfolgte durch Gesetz und wurde in der Gesetzessammlung bekanntgemacht. Für ein System, in dem der Staat Herrschaftsrecht und Handlungsauftrag von der Gesellschaft erhielt, verstand sich das von selbst. Dort bildete die Staatsorganisation einen Bestandteil des Verfassungsrechts. In Preußen, wo der Staat aus sich heraus legitimiert war und seinen Handlungsauftrag autonom bestimmte, galt die Staatsorganisation als interne Angelegenheit, die das Außenverhältnis von Staat und Bürger nicht berührte und daher auch nicht veröffentlicht zu werden pflegte. Wenn die Reformer von dieser Praxis abwichen, so stand dahinter das Bestreben, die Regierungsverwaltung in eine dauerhafte Regierungsverfassung zu überführen, wie es damals häufig hieß. Gesetzesform und Publikation waren Ausdruck dafür, daß die Staatsorganisation dem subjektiven und jederzeit änderbaren Belieben des Monarchen entzogen und ihm gegenüber objektiviert wurde. Unter den gegebenen staatsrechtlichen Verhältnissen konnte diese Objektivierung zwar nur die Bedeutung einer Selbstbindung haben. Sie muß aber als Vorgriff auf eine spätere förmliche Verfassung verstanden werden, die die Organisation der Staatsgewalt der einseitigen monarchischen Verfügung endgültig entzog und letztlich den Monarchen selber zum Organ des unpersönlichen und anstaltlichen Staats machte.

Zur Staatsreform gehören neben der Reorganisation der Verwaltung zwei weitere Bereiche, in denen der Staat indes nicht nur sich selbst, sondern seine Beziehungen zu den Bürgern organisierte, nämlich Heer und Schule. Beide konnten von den Reformen nicht ausgespart werden, wenn es gerade darum ging, die Gesellschaft aus der obrigkeitlichen Bevormundung zu entlassen und als eigenverantwortliche und selbstbewußte dem Staat wieder zu verbinden. Das Heer der absoluten Monarchie setzte sich zum Teil aus angeworbenen Söldnern, zum Teil aus wehrpflichtigen Untertanen zusammen. Doch gab es für die Untertanen so zahlreiche Exemtionen, daß von einer allgemeinen Wehrpflicht nicht die Rede sein konnte. Soldatenstand und Bürgerstand fielen auseinander. Die Offiziersstellen waren, vor allem aus Gründen der wirtschaftlichen Sicherung des niederen Adels, für Angehörige der unteren Stände unzugänglich. Der König führte den Oberbefehl. Unterhalb seiner Person existierte jedoch keine militärische Zentralbehörde, sondern ein kompliziertes und unklar abgegrenztes Ämtersystem, das aber gerade in seiner Zersplitterung und Undurchschaubarkeit die monarchische Führungsrolle zu stärken versprach.

Die Schwäche dieses Heeres hatte sich schon in dem ersten Zusammenstoß mit dem französischen Volksheer gezeigt und war 1806 unübersehbar geworden. Für die Reformer ergab sich daraus die Forderung, die militärische Verteidigung zur Sache des Volkes selber zu machen und die »Absonderung der bürgerlichen, gebildeten Klasse vom Militär«[25] zu überwinden. Sodann mußte seine Führungsstruktur so verändert werden, daß ein wirksamer Einsatz gesichert war. Das erste erforderte die allgemeine Wehrpflicht, die – nicht ohne Widerstreben der zivilen Reformer, die um den wirtschaftlichen Aufschwung fürchteten – nach dem Wegfall der Beschränkungen des Tilsiter Friedens 1814 eingeführt wurde, nachdem Scharnhorst schon seinen vorläufigen Entwurf von 1807 unter das Motto gestellt hatte: »Alle Bewohner des Staates sind geborene Verteidiger desselben.«[26] Für die aus dem aktiven Dienst ausgeschiedenen Soldaten wurde als Reservearmee die Landwehr geschaffen, die eine dauernde Verbindung von Bürger- und Soldatenstand garantieren sollte. Sodann mußten die Führungspositionen jedem Fähigen offenstehen. Das gelang bereits 1808 durch die Aufhebung des Adelsmonopols. Schließlich wurden alle militärischen Zuständigkeiten, trotz starkem Widerstreben des Königs, in einem Kriegsministerium zusammengefaßt, neben dem vorerst keine Immediatstellen mehr Platz hatten.

Hinter der Bildungsreform stand die Erkenntnis, daß die Freisetzung des Einzelnen von obrigkeitlicher Bevormundung zu eigener Initiative und die ihm zugedachte aktive Anteilnahme am Staat eine Hebung des Bildungsniveaus auf allen Stufen voraussetzte. Daher wurde die schon 1717 eingeführte allgemeine Schulpflicht nun konsequenter durchgesetzt und gleichzeitig die Lehrerschaft sorgfältiger ausgebildet. Vor allem kam es aber zu einer durchgreifenden Verstaatlichung des höheren Bildungswesens, das bis dahin eine Vielzahl von Trägern und Formen gekannt hatte. Darin lag nur scheinbar ein Gegensatz zu dem Autonomieprogramm der Reformer. Die Verstaatlichung trat vielmehr in den Dienst der inhaltlichen Bildungsziele, die nicht mehr im Einüben religiöser Dogmen und Erwerb nützlicher Fertigkeiten, sondern in der Selbstentfaltung der eigenen Anlagen und der Bildung sittlicher Autonomie liegen sollten. Der Staat nahm auf diese Weise die kulturelle Freiheit, die die überkommenen Bildungseinrichtungen nicht förderten, in seinen Auftrag auf und stellte die Bildungsanstalten, indem er sie verstaatlichte, gerade von externen Anforderungen frei, freilich in der Hoffnung, »daß, wenn sie ihren Endzweck erreichen, sie auch seine Zwecke, und zwar von einem viel höheren Gesichtspunkt aus, erfüllen« würden.[27]

4. Sozialreform im agrarischen Bereich

Gemessen an dem Reformziel: der Umwandlung der ständischen in die bürgerliche Gesellschaft, besaßen die Maßnahmen im staatlichen Bereich nur vorbereitenden Charakter. Freiheit und Gleichheit, um die es ging, hingen von einer Veränderung der Sozialstruktur in Stadt und Land ab. Diese war mit dem erwähnten Oktober-Edikt von 1807 aber noch keineswegs vollendet. Das

Edikt legte vielmehr erst die Grundlage, indem es die persönliche Unfreiheit in Gestalt der Gutsuntertänigkeit aufhob sowie Grundeigentum und Erwerbstätigkeit von der Standeszugehörigkeit unabhängig machte. Die Beförderung der erbuntertänigen Bauern zu Staatsbürgern blieb aber so lange unvollkommen, wie gutsherrliche Polizei und Patrimonialgerichtsbarkeit fortbestanden. Überdies waren mit der Ablösung des Grundbesitzes und der Berufstätigkeit von der Standeszugehörigkeit weder die Standesunterschiede selber noch die sonstigen an die ständische Ordnung gebundenen Privilegien und Sonderrechte aufgehoben, und schließlich ließen persönliche Freiheit und standesunabhängige Erwerbstätigkeit auch das zünftische Gewerbesystem, die feudale Agrarstruktur, die zahlreichen Wirtschaftsmonopole und staatlichen Reglementierungen unberührt.

Diese Strukturen konnten nicht ohne Eingriffe in wohlerworbene Rechte, also Eigentumspositionen, verändert werden, und hier erst brachen die eigentlichen Probleme einer »Revolution im guten Sinne« auf, die sich beim Erlaß des Oktober-Edikts nur angedeutet hatten. Auch das Oktober-Edikt beeinträchtigte ja durch die Aufhebung der Schollenpflichtigkeit und des Gesindedienstzwangs vermögenswerte Rechtspositionen des Adels und verwies ihn wegen des Ersatzes für den Ausfall auf den Arbeitsmarkt. Die Reformer setzten sich über den Protest des Adels aber mit dem Hinweis hinweg, daß die Gutsuntertänigkeit kein privates Recht der Gutsherren, sondern ein öffentliches Rechtsverhältnis sei, das der Staat ohne Zustimmung und Entschädigung ändern dürfe. Im übrigen versuchten sie dem Adel die Reformen durch die Aussicht auf Ertragssteigerungen, die von der Umstellung der Agrarproduktion auf freie Wirtschaft erhofft wurden, schmackhaft zu machen. Eine Besänftigung des Adels lag schließlich auch in der Abschaffung des Bauernschutzes, den Stein, der das Edikt bei seinem Regierungsantritt ausgearbeitet vorfand, trotz der Bauernbefreiung gern beibehalten hätte und später durch Einzelverordnungen wenigstens teilweise zu retten versuchte.

Bei der Auflösung der feudalen Bindungen und Lasten und der Schaffung freien bäuerlichen Eigentums, die dem Oktober-Edikt folgen sollten, ließ sich jedoch das Konsens- und Entschädigungsproblem nicht mehr umgehen. Die Schwierigkeit bestand dabei weniger in der Übereignung des ohnehin von den Bauern bewirtschafteten Landes als in der Ablösung der Abgabe- und Dienstpflichten der Bauern, die feudalrechtlich in dem gutsherrlichen Obereigentum über das Bauernland wurzelten und für den Adel vermögenswerte Privatrechtspositionen darstellten. Um die Art und Weise der Ablösung der Grundlasten entbrannte der eigentliche Streit. Umkämpft war dabei nicht nur die Entschädigungshöhe, sondern auch die Reihenfolge von Eigentumsübertragung und Entschädigungsleistung. Während der Regierung aus Gründen der Wirtschaftsbelebung daran gelegen war, den Eigentumsübergang sofort eintreten zu lassen und die Entschädigungsleistung über einen längeren Zeitraum zu erstrecken, wie sie es bereits für die staatlichen Domänenbauern angeordnet hatte, trat der Adel für Aufrechterhaltung der bestehenden Eigentumsverhältnisse bis zur vollständigen Entschädigung ein.

Die Auflösung des feudalen Wirtschaftsverbandes, die Stein vor seiner erzwungenen Entlassung nicht mehr vollenden konnte und die 1810 von Hardenberg fortgeführt werden mußte, war nicht der einzige Angriff auf althergebrachte Adelsprivilegien. Die Hardenbergsche Reformpolitik sah überdies die Abschaffung der Steuerfreiheit, die Verstaatlichung adeliger Eigenverwaltungen, etwa im Hypotheken- oder Landarmenwesen, sowie die Aufhebung aller wirtschaftlichen Monopole zugunsten der Gewerbefreiheit vor. Diese Maßnahmen trafen den Adel nicht nur wirtschaftlich. Die wirtschaftliche Vorzugsstellung bildete ja nur die materielle Basis seiner politischen und sozialen Vorzugsstellung. Entfiel sie, drohte die hierarchische Gesellschaftsstruktur insgesamt zusammenzubrechen. Die Reformen, unnachgiebig durchgeführt, hätten vom Adel nur den leeren Titel übriggelassen. Daraus erklärt sich der außerordentlich erbitterte Widerstand gegen die Reformpolitik. Hardenberg suchte ihm mit einer Mischung aus Härte und Konzessionsbereitschaft zu begegnen, indem er die Anführer der ständischen Opposition, die sich in Eingaben an den König auf das Widerstandsrecht gegen unrechtmäßig ausgeübte Staatsgewalt beriefen, verhaften ließ, im übrigen aber dem Adel die Reformen wirtschaftlich profitabler zu machen suchte.

Im Verfolg dieser Politik änderte sich die Ablösungsgesetzgebung. Nachdem die Absicht, den Eigentumsübergang wie bei den Domänenbauern schon vor der Entschädigungszahlung wirksam werden zu lassen, an dem Rechtsbedenken des Justizministeriums gescheitert war, kam die Regierung der Adelsopposition auch in der Frage der Entschädigungshöhe entgegen. Da der finanziell höchst bedrängte Staat die Entschädigung nicht übernehmen oder auch nur vorstrecken konnte und den Bauern ebenfalls das erforderliche Kapital fehlte, blieb, falls die Regulierung schnell vonstatten gehen sollte, nur eine Entschädigung in Land. Diese Lösung sah das Regulierungsedikt von 1811 vor. Die gutsuntertänigen Bauern mußten, um freie Eigentümer zu werden, je nach Güte ihres Besitzrechts ein Drittel bis zur Hälfte des von ihnen bewirtschafteten Landes den Gutsherrn überlassen. Das Gesetz setzte für die freiwillige Auseinandersetzung eine Frist von zwei Jahren; kam eine gütliche Einigung in diesem Zeitraum nicht zustande, war der Staat binnen weiterer zwei Jahre zur Zwangsregulierung befugt. Dieser Zeitplan wurde indessen durch die Befreiungskriege durchkreuzt. Bei ihrem Ende war man dem Reformziel einer freien und steuerkräftigen Eigentümergesellschaft auf dem Lande kaum nähergekommen.

Dasselbe galt für die administrativen Rahmenbedingungen der Agrarreform. Der preußische Staat hörte seinerzeit, wie Weis es ausgedrückt hat, beim Landrat auf.[28] Die Kreisverwaltung war Angelegenheit der Stände, die lokale Verwaltung Sache der Gutsherren. Angesichts des adeligen Widerstandes hatten die Reformen nur eine Realisierungschance, wenn ihre Durchführung in den Händen der staatlichen Verwaltung lag. Erst nachdem die ständische Herrschaft auf den Staat übergegangen und die Gesellschaft vollständig privatisiert war, konnte sie als bürgerliche neu erstehen. Steins Plan freier Landgemeinden mit gewählten Dorfschulzen und Dorfgerichten, gewählten Kreistagen und einem beamteten Landrat als organisatorische Konsequenz der Bauernbefreiung kam vor seiner Entlassung nicht mehr zum Abschluß. Hardenbergs Gendarmerieedikt von 1810, das die Kreisverwaltung dem Adel entziehen und den Vollzug der Reformgesetze erleichtern sollte, belebte gegen den Willen seines Urhebers die vielfach bedeutungslos gewordenen Kreisstände neu und kam gegen deren Widerstand in den Wirren der Befreiungskriege ebenfalls nicht mehr zur allgemeinen Durchführung. Die Staatsmacht versickerte auf dem Lande und verwässerte damit zugleich die Agrarreformen.

5. Sozialreform im gewerblichen Bereich

Auch im gewerblichen Bereich hatte das Oktober-Edikt zunächst nur die Koppelung bestimmter Berufe an bestimmte Stände beseitigt und die standesunabhängige Berufswahl zugelassen. Die Umstellung der gewerblichen Ordnung von merkantilistischer Wirtschaftslenkung, korporativen Bindungen und monarchischen Privilegien auf Privatautonomie und Markt war aber späteren Schritten vorbehalten. Diese gingen erst von Hardenberg aus, der der liberalen Wirtschaftsdoktrin ungleich näher stand als Stein und die Gewerbepolitik im Interesse seiner Finanzplanung forcierte. Dagegen gedachte Stein noch an den Zünften festzuhalten, wenngleich es ihm dabei weniger um ihre seit langem umstrittene ökonomische Funktion als um die berufsethische Bedeutung und die Eignung für Selbstverwaltung ging. In Steins Regierungszeit kam es daher im gewerblichen Bereich nur zu Einzelmaßnahmen wie der Aufhebung des Mühlenzwangs, der Freigabe des Handels mit Mühlsteinen und der regional begrenzten Aufhebung der Bäcker-, Schlächter- und Höker-Zünfte. Die Maßnahmen betrafen durchweg Gewerbe, die der Landwirtschaft verbunden waren, und sind daher genau besehen eher als Ergänzung der Agrarreformen denn als Auftakt der Gewerbereform zu betrachten.

Dagegen hatte sich Hardenberg schon frühzeitig für eine allgemeine Gewerbefreiheit ausgesprochen, von der er nicht anders als von der Bauernbefreiung eine Hebung des Wohlstands im Volk und eine Stärkung der Finanzkraft des Staates erwartete. Er konnte sich dabei jedoch nicht auf ein starkes soziales Bedürfnis stützen, wie es in England und Frankreich den Übergang zum ökonomischen Liberalismus vorbereitet hatte. Zwar gab es seit langem Klagen gegen erstarrte Zunftrituale, praxisferne Ausbildung und Mißbräuche der Monopolstellung, doch verdichtete sich das Unbehagen noch nicht zu einem breiten Verlangen nach einer neuen Wirtschaftsordnung. Erst recht fehlte den Gewerbetreibenden selber das Bewußtsein, daß die Wirtschaft in den gegebenen rechtlichen Grenzen nicht mehr entwicklungsfähig war und bald unter den Konkurrenzdruck der schon liberalisierten ausländischen Volkswirtschaften geraten mußte. Das Wirtschaftsverhalten hatte sich noch nicht auf große Märkte, Eigeninitiative und Konkurrenzkampf eingestellt, und die von Hardenberg geforderte Anpassung an diese Bedingungen sowie das Risiko des

Scheiterns, vor dem die monopolistische Struktur des alten Systems geschützt hatte, verursachten bei den Betroffenen mehr Ängste als Hoffnungen.

Gleichwohl führte Hardenberg bald nach seinem Amtsantritt mit dem Gewerbesteueredikt von 1810 die Gewerbefreiheit übergangslos und flächendeckend ein und hob wenig später auch alle Lohn- und Preistaxen auf. Nicht die Maßnahme selbst, die Hardenbergs wirtschaftspolitischen Überzeugungen entsprach, wohl aber die Umstände ihrer Einführung machen sichtbar, daß es kurzfristig gesehen um ein außerhalb der Gewerbefreiheit gelegenes Ziel ging. Das Gewerbesteueredikt bildete einen Bestandteil der umfassenden Finanzreform, die in der Existenzkrise des Staates Priorität beanspruchte und am Tage zuvor durch das Finanzedikt eingeleitet worden war. Das Gewerbesteueredikt ergänzte das Finanzedikt, indem es vorschrieb, daß jeder, der ein Gewerbe aufnehmen oder fortführen wollte, gegen Gebühr einen Gewerbeschein lösen und periodisch erneuern mußte und damit zugleich gewerbesteuerpflichtig wurde. Fast beiläufig hieß es in § 16 des Edikts, der Gewerbeschein gebe »demjenigen, auf welchen er lautet, das Recht, in dem ganzen Umfang Unserer Staaten, sowohl in den Städten als auf dem platten Lande, das in demselben benannte Gewerbe und auf bestimmte Zeit zu treiben, um von den Behörden dabei geschützt zu werden«. Der behördliche Schutz richtete sich gegen die Zünfte, die jedes Widerspruchsrecht gegen die Erteilung von Gewerbescheinen verloren, in dem Gewerbepolizeiedikt von 1811 auch sämtliche Privilegien einbüßten und nur noch als freiwillige Zusammenschlüsse überlebten.

Die bisherigen Gewerbeberechtigungen und Zunftprivilegien stellten freilich nicht weniger als die gutsherrlichen Vorrechte wohlerworbene Rechte dar und waren als solche privatrechtliche Eigentumspositionen, die, wenn die Reform in legalen Bahnen vonstatten gehen sollte, nicht ohne weiteres entzogen werden durften. Daher sicherte das Gewerbesteueredikt den Inhabern alter Gewerbegerechtigkeiten ebenso wie den Gutsherren eine Entschädigung zu. Gleichwohl unterschied sich die Gewerbegesetzgebung von der Agrargesetzgebung in einem wesentlichen Punkt. Während das freie bäuerliche Eigentum erst nach Ablösung aller Lasten entstehen sollte und Hardenbergs Versuch, diese Reihenfolge umzukehren, an dem Veto des Justizministers scheiterte, wurde die Gewerbefreiheit geltendes Recht, ehe die Ablösung erfolgt war. Der Justizminister hatte zwar auch hier Bedenken geäußert, aber nicht zu einem förmlichen Veto erhoben. Die Ablösungsregelung sah vor, daß alle in einem Gewerbezweig Tätigen jährlich 6% des Wertes der Berechtigung anteilig in einen Ablösungsfonds einzahlten, aus dem nach Maßgabe der Liquidität die Entschädigungen geleistet wurden. Die Belastung entsprach für die Inhaber alter Berechtigungen etwa ihrem Zunftbeitrag, für die Neulinge erschien sie als gerechter Ausgleich für die Startvorteile, die ihnen gegenüber den älteren Konkurrenten durch die Reform zuteil wurden.

Der stadtbürgerliche Protest gegen die Gewerbefreiheit und die Art ihrer Einführung war nicht weniger vehement als der landadelige Protest gegen die Auflösung der feudalen Agrarstruktur. Der Adel stimmte in den bürgerlichen Protest jedoch nur ein, soweit seine eigenen Privilegien betroffen waren. Das galt vor allem für die Brau-, Brenn- und Schankgerechtigkeiten der Gutsherren. Anders als gegenüber dem Adel sah Hardenberg aber gegenüber dem Bürgerstand keine Konzessionsnotwendigkeit. Zugeständnisse erfolgten nur hinsichtlich einer Verbesserung der Ablösungsformel. Güterproduktion und Arbeitsverhältnis waren auf diese Weise binnen kurzer Frist auf Selbststeuerung durch Angebot und Nachfrage umgestellt. Ausnahmen von der Aufhebung der als volkswirtschaftlich schädlich geltenden Monopole wurden indes zugunsten des Adels gemacht. Die gutsherrlichen Brau-, Brenn- und Schankgerechtigkeiten lebten im Zuge der Konzessionspolitik im agrarischen Bereich wieder auf, selbst neue durften verliehen werden. Die Gutsherren blieben so von Konkurrenzdruck verschont. Nicht einmal die ländlichen Wirte erhielten das Recht, ihre Getränke dort zu beziehen, wo sie die günstigsten Bedingungen vorfanden.

Wie im agrarischen Bereich sollten sich Freiheit und Selbstverantwortung, die das Ziel der Reform waren, auch in der Verwaltung der örtlichen Angelegenheiten fortsetzen. Diese lag in den Städten jedoch nicht mehr in ständischer, sondern weitgehend in staatlicher Hand. Zum Reformprogramm gehörte daher auch die Zurückdrängung des Staates aus der Kommunalverwaltung. Noch unter Stein, und zwar als eines seiner vorzüglichsten Anliegen, trat im November 1808 die Städteordnung in Kraft, die die kommunale Selbstverwaltung wiederherstellte. Während Polizei und Gerichtsbarkeit verstaatlicht wurden, gingen die Angelegenheiten der örtlichen Gemeinschaft auf eine gewählte Stadtverordnetenversammlung über, die ihrerseits als Ausführungsorgan einen Magistrat bestellte. In allen Selbstverwaltungsangelegenheiten zog sich der Staat auf eine bloße Rechtsaufsicht zurück. Die Städteordnung überschritt freilich nicht die Grenzen der Ständegesellschaft. Die kommunalpolitischen Rechte hingen am Stadtbürgerrecht, das keineswegs auf alle Einwohner oder gar Zuziehenden erstreckt, sondern nur leichter erwerbbar gemacht wurde. Die Stadt war auch nach der Kommunalreform politisch gesehen noch keine Einwohnergemeinde und hielt so mit der wirtschaftlich vorbereiteten und verfassungsrechtlich angestrebten Identität von Privatrechtssubjekt und Staatsbürger nicht Schritt.

6. Die Verfassungsfrage

Das Schicksal der preußischen Verfassungspläne hing aufs engste mit der Sozialreform zusammen und muß daher ohne Berücksichtigung dieses Zusammenhangs unverständlich bleiben. Eine Verfassung gehörte von Anfang an zum Programm der Reformer und war in deren Verständnis gleichbedeutend mit der Errichtung einer Volksvertretung. Ungeachtet wechselnder Auffassungen über Bildung, Zusammensetzung und Befugnisse dieser Vertretung herrschte über ihre Funktion doch von vornherein Klarheit. Sie hatte, wie Huber herausstellt[29], eine dreifache Integrationsaufgabe zu erfüllen. Erstens ging es darum, die in eine Vielzahl einzelner Territorien zerfallende preußische Monarchie nicht nur auf der administrativen, sondern auch auf der gesellschaftlichen Ebene zu einer Einheit zusammenzuschließen. Zweitens sollte die ständisch gegliederte und in ihren jeweiligen Standesinteressen befangene Gesellschaft mit Hilfe der Volksvertretung als Nation konstituiert und zur Ausbildung eines Gesamtinteresses befähigt werden. Drittens waren der autonome Staat und die aus den Reformen autonom hervorgehende Gesellschaft in der Verfassung wieder aufeinander zu beziehen und miteinander zu verbinden. Insofern kann man die Verfassung geradezu als politische Konsequenz der Sozialreform bezeichnen, die staatliche und gesellschaftliche Ordnung wieder miteinander kompatibel machte.

Die Nationalrepräsentation konnte unter diesen Umständen aber nicht am Beginn der Reformen stehen, sondern setzte die Überwindung der Ständegesellschaft voraus. Andererseits durfte sie angesichts der Abhängigkeit der Reformpolitik von der andauernden Krise auch nicht auf eine ferne Zukunft vertagt werden, wenn die Reformer die Chance ihrer Einführung nicht verpassen wollten. Stein schlug daher eine Doppelstrategie ein, indem er zunächst Repräsentanten der noch ständisch gegliederten Gesellschaft in die Verwaltung einzubeziehen versuchte, um sie mit und neben den Beamten an der Erledigung der Geschäfte zu beteiligen. Dabei handelte es sich noch nicht um die Konstituierung eines eigenständigen, aus der Gesellschaft gebildeten Organs, mit dem der Monarch die Staatsgewalt gegenständlich und funktional zu teilen hatte, sondern um eine Heranführung der Gesellschaft an die ungeteilte monarchische Staatsgewalt. Die staatliche Verwaltung sollte sich auf diese Weise den Sachverstand erfahrener Untertanen zunutze machen, mehr noch aber der Gesellschaft die staatlichen Probleme und das administrative Handeln nahebringen. Eine eigene Nationalrepräsentation mochte dann nach Vollendung der Sozialreform folgen, ohne daß zu diesem Zeitpunkt schon feststand, ob sie über konsultative oder dezisive Kompetenzen verfügen würde.

Diese Stufenfolge der Verfassungsplanung ließ sich aber aus zwei Gründen nicht durchführen. Zum einen wuchs im Jahre 1808 in dem Kreis um Stein die Entschlossenheit, den französischen Forderungen nicht weiter nachzukommen, sondern sich gegen Napoleon zu erheben. Ein solches Vorhaben war jedoch ohne die Einsatzbereitschaft des Volkes von vornherein zum Mißerfolg verurteilt. In dieser Lage erschien die Einführung einer Volksvertretung als notwendige Vorleistung. Sie gab einen Beweis staatlichen Vertrauens zum Volk und vermochte so dessen Hingabe zu stimulieren. Dadurch rückte sie in Steins Planung nach vorn. Gleichzeitig schürte der Prioritätenwechsel aber den Widerstand des Adels, für den die Einführung einer Volksvertretung das Ende der ständischen Hierarchie bedeutete, und trug so zu Steins Sturz bei. Unter Steins Nachfolgern Dohna und Altenstein, die sich stärker als dieser auf den Adel angewiesen glaubten, wurde der Plan daher nicht wieder aufgegriffen. Zum anderen hatte sich inzwischen abgezeichnet, daß die Einbeziehung ständischer Repräsentanten in die staatliche Administration fehlschlug. Weder waren die Repräsentanten auf die Erfüllung administrativer Aufgaben hinreichend vorbereitet, noch gelang es ihnen, sich aus den Bahnen ständischen

Interessendenkens zu lösen und das Gemeinwohl zum Richtpunkt ihres Handelns zu machen.

Dadurch belehrt, kam Hardenberg nach seinem Amtsantritt 1810 auf diesen Versuch, den er 1807 noch einer Nationalrepräsentation vorgezogen hatte, nicht mehr zurück, sondern entschied sich für die Bildung einer von der Verwaltung getrennten und mit eigenen Kompetenzen ausgestatteten Volksvertretung. Dabei fühlte er sich ebenfalls unter Zeitdruck, wenn auch aus anderen Motiven als zwei Jahre zuvor Stein. Für Hardenberg, der nicht den Weg des Widerstandes gegen Napoleon einschlug, sondern dessen Forderungen zu erfüllen suchte, stand die Hebung der Steuerkraft und Kreditbereitschaft des Volkes im Vordergrund, und wie die süddeutschen Regierungen glaubte er, dabei auf eine mit finanziellen Kontrollrechten ausgestattete Volksvertretung angewiesen zu sein. Unverändert galt freilich, daß der Plan ohne Gefährdung des gesamten Reformwerks nicht zeitgleich mit diesem zu verwirklichen war. Die Reformvorhaben eilten der sozialen Wirklichkeit Preußens vielmehr so weit voraus und schnitten in die Interessen der verschiedenen Stände so tief ein, daß der Versuch, die Reformen im Einverständnis mit den Betroffenen durchzuführen, einem Verzicht gleichgekommen wäre. Den Beweis dafür hatte gerade der westfälische Landtag erbracht, indem er zweimal seine Zustimmung zu dem von der Verfassung geforderten Abbau der Steuerprivilegien verweigerte.

Diesen Widerspruch zwischen Verfassung und Gesellschaftsreform durchschaute auch die preußische Adelsopposition unter v. d. Marwitz' Führung und bestand deswegen in geschickter Ausnutzung der modernen Terminologie darauf, daß die Reformen nur auf »dem konstitutionellen Weg«[30] durchgeführt würden, was nach Lage der Dinge nichts anderes als ihre Verhinderung bedeuten konnte. Auf der anderen Seite schien es aber auch nicht gefahrlos möglich, den Erlaß einer modernen Verfassung bis zum Abschluß des Reformwerks aufzuschieben. Nur von einer schmalen Beamtengruppe gewollt, die weder eine ausreichende Basis im Volk noch den nötigen Rückhalt beim Monarchen hatte, konnte die Verfassung nur zustande kommen, solange die Existenzkrise des Staates anhielt, auf deren Überwindung die Reformen aber gerade hinzielten. Es war dieses den Reformern durchaus bewußte und von Koselleck[31] wieder in Erinnerung gerufene Dilemma, das die preußische Verfassungspolitik so sehr erschwerte und auch

Hardenberg zwang, nach einer Zwischenlösung zu suchen, die den kreditfördernden Effekt der Verfassung hatte und doch deren reformfeindliche Folgen vermied.

Hardenbergs Mittelweg bestand darin, daß er die alsbaldige Einberufung einer Volksvertretung verbindlich zusagte, diese einstweilen aber nur in einer Vorform ohne Entscheidungskompetenz einrichtete. Für sein Finanzedikt von 1810, das allen Bevölkerungskreisen beträchtliche Opfer abverlangte, suchte er von vornherein nicht um ständische Bewilligung nach, ließ den König aber im Rahmen des Gesetzes versprechen, »der Nation eine zweckmäßig eingerichtete Repräsentation sowohl in den Provinzen als für das Ganze zu geben, deren Rat Wir gern benutzen« werden.[32] Zugleich berief Hardenberg für das Jahr 1811 eine Notabelnversammlung ein, deren Aufgabe es sein sollte, über die Durchführung, nicht die Einführung, der Steuergleichheit, der Bauernbefreiung und der Gewerbefreiheit zu beraten, und zwar nicht unter ständischen, sondern unter nationalen Aspekten, wie Hardenberg den Notabeln einschärfte. Dieser Versuch schlug jedoch ebenso fehl wie der in dem zweiten Finanzedikt von 1811 unternommene einer zwar gewählten, aber nicht mit Entscheidungsbefugnissen ausgestatteten sog. Interimistischen Nationalrepräsentation. Die Volksvertreter vermochten die Forderung, sich über die jeweiligen ständischen Interessen zu erheben, noch nicht zu erfüllen, und wurden schließlich von Hardenberg immer häufiger übergangen, bis die Befreiungskriege die Reformsituation grundlegend veränderten.

7. Der Fortgang der Reformen nach den Befreiungskriegen

Die Reformsituation war durch die existentielle Bedrohung definiert, in die der militärische Zusammenbruch von 1806 den preußischen Staat gestürzt hatte. Mit der Niederwerfung Napoleons und der Wiederherstellung Preußens acht Jahre später fiel auch die Sondersituation weg, die das umfassende Reformprogramm erst ermöglicht hatte. Für die Reformer, die in der Katastrophe von 1806 nicht den Grund, sondern nur den Anstoß zur Modernisierung sahen, erübrigte die außenpolitische Wendung nicht die Fortsetzung der innenpolitischen Erneuerung. Die Reformpartei verlor durch diese Wendung aber ihr überzeugendstes Argument. Sie konnte die Gegner der Modernisierung nicht länger mit dem Hinweis auf die napoleonische Bedrohung in die Defensive drängen. Statt dessen geriet sie in dem Klima der Restauration, das sich nach 1814 in Europa ausbreitete, nun selber in die Defensive. Die vernunftrechtliche Vorstellung von der rationalen Planbarkeit und Veränderbarkeit gesellschaftlicher Zustände auf ein universal gültiges Ziel hin hatte durch die Revolutionserfahrung an Anziehungskraft eingebüßt und wich allmählich einem Leitbild, in dem historische Kontinuität, nationale Eigenart und organische Entwicklung dominierten. Das bekamen die Reformer zu spüren, als sie nach vollendeter Neuordnung Deutschlands und Europas begannen, die unterbrochenen Reformen im Innern wieder aufzunehmen und zu Ende zu führen.

Auf dem Lande war über den Befreiungskriegen die Ablösung der Feudallasten ins Stocken geraten, und auch die in dem Regulierungsedikt von 1811 vorgesehenen amtswegigen Verfahren bei fehlgeschlagener privater Einigung waren noch nicht eingeleitet. Da jedoch der Ablauf der ursprünglich gesetzten Regulierungsfrist unmittelbar bevorstand, versicherte der König in einer Verordnung vom Dezember 1815, daß die Durchführung des Edikts sein »Landesväterlicher unabänderlicher Wille« sei.[33] Gleichzeitig wurde zu einigen schwierigen oder mißverständlichen Bestimmungen eine erläuternde Deklaration angekündigt. Diese im Mai 1816 erlassene Deklaration war, wie schon die Zeitgenossen bemerkten, der Sache nach ein neues Gesetz. Auf die Klagen einerseits des Adels, faktisch enteignet worden zu sein, andererseits der Bauern, bei dem Ausmaß der Bodenabtretung keine rentable Landwirtschaft aufrechterhalten zu können, reagierte die Deklaration, indem sie die Regulierungsmöglichkeit auf die größeren Bauernstellen, rund 100000, beschränkte. Überdies entfiel eine Regulierung von Amts wegen, falls die Parteien sich nicht gütlich einigten. Die Ablösung der Feudallasten war damit dem privaten Belieben anheimgestellt. Der Staat hatte die Fortsetzung der Agrarreform im Grunde aus der Hand gegeben.

Die Verhältnisse stellten sich aber nicht in ganz Preußen einheitlich dar, wie überhaupt die Verwirklichung eines geschlossenen Reformkonzepts durch die großen Unterschiede zwischen Altpreußen und den zurückeroberten oder neuerworbenen Gebieten nicht leichter wurde. So blieb es im Rheinland, das 20 Jahre lang zu Frankreich gehört hatte und nach dem Wiener Kongreß großenteils Preußen zufiel, bei der Abschaffung des Feudalsystems und der Geltung des gänzlich bürgerlichen *Code civil.* Das entsprach nicht den Erwartungen des rheinischen Adels, der von der Eingliederung in Preußen die Wiederherstellung seines Besitzstandes und seiner Privilegien erhoffte. Umgekehrt traten Bürger und Bauern als Nutznießer der französischen Gesetzgebung entschlossen für deren Weitergeltung ein, wobei sie sich insbesondere auf die verheißene preußische Verfassung beriefen, der nur ein bürgerliches Privatrecht nach französischem Muster entspreche. In der preußischen Verwaltung waren die Ansichten geteilt, je nachdem, ob man die Reformen mit dem Wegfall der napoleonischen Bedrohung für erledigt oder fortsetzungsbedürftig hielt. Die Aufforderung des Justizministers, das *Allgemeine Landrecht* von 1794 im Rheinland einzuführen, lehnte der Generalgouverneur Sack mit Rückendeckung des Reformflügels ab und gewann dadurch Zeit, die schließlich zugunsten des modernen französischen Rechts und gegen das in Berlin selber als reformbedürftig erkannte ALR wirkte.

Im Gegensatz zur Agrarpolitik gab es in der Gewerbepolitik nach 1815 keine konservative Wende. Zwar wurde das liberale Gewerberecht nicht automatisch auf die neuen Provinzen erstreckt. Doch blieb es dort, wo es eingeführt war, unverändert in Kraft. Daran änderten auch die wachsenden Proteste der betroffenen Handwerker nichts, von denen sich viele in der Hoffnung gewiegt hatten, die Einführung der Gewerbefreiheit sei eine Notmaßnahme gewesen und werde nach Wiedergewinnung der vollen Handlungsfreiheit rückgängig gemacht. Die Regierung befand sich bei ihrer Weigerung keineswegs in einer einfachen Position, denn der vorausgesagte wirtschaftliche Aufschwung ließ auf sich warten, und der König, dem die Proteste ständig zu Ohren gebracht wurden, teilte Hardenberg mit, daß er angemessene Modifikationen der allgemeinen Gewerbefreiheit für unerläßlich halte. Hardenberg setzte aber auch hier auf Zeitgewinn und hob 1820 lediglich die Gewerbesteuer für eine Reihe besonders notleidender Gewerbezweige, nicht aber die Gewerbefreiheit selbst auf und bestätigte damit den Vorrang des wirtschafts- und gesellschaftspolitischen Fernziels der Reform nochmals vor ihrem finanziellen Nahzweck.

Zieht man eine Bilanz des gesamten Reformwerks, auf dem

schließlich die Verfassung aufbauen sollte, so fällt das Bild uneinheitlich aus. Die Voraussetzung aller übrigen Reformen, die Verwaltungsreform, kam zum Abschluß, nachdem 1817 auch der Schlußstein des Neubaus in Gestalt des Staatsrats gesetzt worden war. Als erfolgreich abgeschlossen, immer gemessen an den von den Reformern selbst gesetzten Zielen, können ebenfalls die Heeresreform und die Bildungsreform gelten. Ebenso verhält es sich mit der Kommunalreform und der Gewerbereform. Anders liegen die Dinge dagegen bei der Agrarreform. Zwar gelang die Herstellung der persönlichen Freiheit und des freien Güterverkehrs. Die feudale Agrarstruktur verschwand jedoch nur auf den staatlichen Domänen völlig, während sie im gutsherrlich-bäuerlichen Bereich weithin überlebte. Die gutsherrlichen Hoheitsrechte blieben unangetastet. Auch die Kreisreform mißlang. Die staatliche Verwaltung drang nicht aufs Land vor. Schließlich kam die Abschaffung der adeligen Steuerprivilegien und die Herstellung von Lastengleichheit nicht über Ansätze hinaus.

Fragt man, ob hinter dieser Bilanz ein Prinzip erkennbar ist, so fällt schnell auf, daß der Staat jedenfalls diejenigen Pläne zu verwirklichen vermochte, die seine eigenen Angelegenheiten betrafen und also nicht unmittelbar mit gesellschaftlichen Interessen kollidierten. Das gilt uneingeschränkt für die Verwaltungsreform, bei der die Beamtenschaft unter sich blieb und nicht auf gesellschaftliche Akzeptanz angewiesen war. Das trifft mit Einschränkungen aber auch für die Heeres- und die Bildungsreform zu, wo der Staat zwar mit der Gesellschaft in Verbindung trat, aber doch im Rahmen staatlicher Anstalten, die ständische Interessen nur am Rande berührten. Das gilt schließlich auch für die Ablösung der Feudallasten auf den staatlichen Domänen, die den Interessen der Betroffenen entgegenkam. Sobald die Reformpläne sich jedoch auf gesellschaftliche Einrichtungen bezogen, waren sie starken Widerständen ausgesetzt, die bestätigten, wie sehr die Reformen den gesellschaftlichen Verhältnissen vorauseilten. Es ist aber aufschlußreich, daß dieser Widerstand im städtisch-gewerblichen Bereich, also gegenüber dem Bürgerstand, gebrochen wurde, während der Staat ihm im agrarischen Bereich, also gegenüber dem Adel, nachgab. Das läßt Rückschlüsse auf die Kräfteverteilung zu, die sich bei der Krönung des Reformwerks, der Verfassung, auswirken mußte.

8. Die Wiederaufnahme der Verfassungspläne

Die Verfassungsdiskussion, die anfangs weitgehend auf die Verwaltung beschränkt geblieben war und noch keine breite öffentliche Resonanz gefunden hatte, erfaßte nach den Befreiungskriegen weitere Kreise der Bevölkerung. Der Sieg über Napoleon, an dem 250000 Preußen, darunter fast ein Fünftel Freiwillige, beteiligt waren, hatte das Selbstbewußtsein erheblich gestärkt. »Beinah alle Klassen der Einwohner glauben, durch ihre Aufopferung eine Konstitution erkämpft zu haben«, hieß es in einem Memorandum Hatzfelds an Hardenberg.[34] Auf der anderen Seite meldeten sich aber, nachdem die Französische Revolution endgültig der Vergangenheit anzugehören schien, auch die Warner vermehrt zu Wort, die Konstitutionen überhaupt als Irrweg eines überlebten Rationalismus verurteilten und ihnen die historisch gewachsene Verfassung im älteren Wortsinn entgegenstellten. Dabei kam ihnen der Umstand zustatten, daß der preußische Staat durch seine Vergrößerung an Homogenität stark eingebüßt hatte und mit einer einheitlichen Verfassung zahlreiche gewachsene Strukturen zerstören mußte. Dennoch forderte die weiterhin bestehende Interimistische Nationalrepräsentation im April 1815 mit 22 gegen 13 Stimmen, daß eine Verfassung die ehemaligen Formen des Herkommens ersetze, ohne sich allerdings darauf einigen zu können, welchen Inhalt eine solche Verfassung haben sollte.

In dieser Situation bewog Hardenberg den König, sein Verfassungsversprechen von 1810 zu bekräftigen und zu präzisieren. Am 22. Mai 1815, unmittelbar bevor die Wiener Verhandlungen über die deutsche Bundesverfassung in ihre entscheidende Phase eintraten, erging die Verordnung über die zu bildende Repräsentation des Volkes.[35] Die darin abermals verheißene, in einer schriftlichen Urkunde niederzulegende »Verfassung des Preußischen Reichs« sollte die schon bestehende bürgerliche Freiheit und gerechte Verwaltung fester begründen, der Nation »ein Pfand Unseres Vertrauens« geben und die bewährten Regierungsgrundsätze auch den künftigen Generationen erhalten. Die Verordnung sah vor, daß die »Versammlung der Landes-Repräsentanten« aus den Provinzialständen zu wählen sei, die ihrerseits zu schaffen oder, wo sie noch bestanden, zeitgemäß einzurichten seien. Ihre Aufgabe bestand in der »Beratung über alle Gegenstände der Gesetzgebung, welche die persönlichen und Eigentumsrechte der

Staatsbürger, mit Einschluß der Besteuerung, betreffen«. Die Bestimmung der Organisation der Provinzialstände und der Landesrepräsentation und die »Ausarbeitung einer Verfassungs-Urkunde nach den aufgestellten Grundsätzen« sollte eine von Hardenberg berufene und präsidierte Kommission übernehmen, deren erste Sitzung für den 1. September 1815 festgesetzt war. In Erwartung der baldigen Schaffung einer Volksvertretung löste die Regierung die Interimistische Nationalrepräsentation im Sommer 1815 auf.

Die in der Verordnung vorgesehene Verfassungskommission trat jedoch nie zusammen. Weiterhin war es die Verwaltung, die das Verfassungsprojekt betrieb, und diese stand 1815 erneut vor der Notwendigkeit einer Reorganisation, die sich aus der beträchtlichen Vergrößerung des preußischen Staates ergab. In dieser Situation behauptete sich abermals der Vorrang der Verwaltung vor der Verfassung. Der Ausbau der Verwaltung in den wiedergewonnenen oder neuhinzugetretenen Gebieten mußte nach Auffassung der Reformer bewerkstelligt sein, ehe eine Volksvertretung gebildet werden konnte. Die Verwaltungsorganisation nahm die Jahre 1815 und 1816 in Anspruch und kam mit der Errichtung des Staatsrats im März 1817 zum Abschluß. Der Staatsrat des Jahres 1817 war jedoch nicht mehr die von Stein vorgesehene oberste Leitung der Politik, Gesetzgebungs-, Regierungs- und Verwaltungsorgan in einem, sondern ein hauptsächlich aus Verwaltungsangehörigen zusammengesetztes, aber von den Verwaltungsgeschäften getrenntes Gremium zur Beratung des Monarchen mit Betonung auf der obligatorischen Begutachtung aller Gesetze, Verfassungs- und Verwaltungsnormen, die dem König erst nach der Behandlung im Staatsrat zur Erteilung der Sanktion vorgelegt werden durften.

Der Staatsrat wurde sogleich in die Verfassungsplanung eingeschaltet. Hardenberg bildete aus seiner Mitte eine neue Kommission, in der die Befürworter der Verfassung eine Mehrheit hatten. Diese Kommission sandte drei Minister auf eine Rundreise durch die Provinzen, um die noch bestehenden Einrichtungen der altständischen Verfassung zu registrieren und die Wünsche des Landes bezüglich der neuen Verfassung zu erkunden. Die Auswertung der Fragebogen zog sich bis 1818 hin. Ihr Ergebnis war uneinheitlich. Es gab wenig Stimmen, die eine Verfassung ablehnten, aber viele, die sie nur wegen des einmal gegebenen königlichen Versprechens akzeptierten. In den östlichen Provinzen überwogen die Anhänger einer ständisch gegliederten Vertretung, während in den westlichen Provinzen die meisten der Befragten für eine moderne Konstitution eintraten. Unterdessen hatte sich allerdings das Verfassungsklima wesentlich verschlechtert. Je mehr die Enttäuschung über die fehlgeschlagene Einigung Deutschlands anschwoll und 1817 auf dem Wartburg-Fest einen Höhepunkt erreichte, je häufiger in der Öffentlichkeit wenigstens die Einlösung des preußischen Verfassungsversprechens angemahnt wurde, desto größer wurde unter dem Einfluß österreichischer und russischer Warnungen die Abneigung des Königs, und die Sorge, daß die Verfassung zum Sprungbrett für radikale Kräfte werden könne, erfaßte sogar Teile der Reformbeamtenschaft.

In dieser Situation verstärkte Hardenberg die Verfassungsseite, indem er Humboldt als Minister für Ständische Angelegenheiten in die Regierung berief. Humboldt legte bereits im Februar 1819 eine Verfassungsdenkschrift[36] vor, in der der Verfassung eine dreifache Aufgabe zugewiesen wurde: die Verbesserung der Staatsverwaltung, die Vermehrung des Bürgersinns und die Verbindung von Staat und Gesellschaft. Die Landstände wurden dabei als eine in das System einbezogene Opposition, weniger gegen den Monarchen als gegen die Verwaltung, verstanden, die auf diese Weise zu erhöhter Verantwortung sowohl gegenüber dem König als auch gegenüber dem Volk angehalten werden sollte. Seinem Ziel entsprechend wollte Humboldt Vertretungskörperschaften auf allen Ebenen staatlicher Tätigkeit wirksam werden lassen: auf der Gemeinde- und Kreisebene mit rein administrativen Aufgaben, auf der Provinzebene mit administrativen und legislativen Aufgaben, auf der gesamtstaatlichen Ebene mit rein legislativen Befugnissen nicht nur konsultativer, sondern dezisiver Art. Auf allen Ebenen empfahl Humboldt direkte Wahlen, zwar nach Ständen getrennt, aber ohne ständisch gebundenes Mandat. Schließlich forderte er aus Einsicht in den Zusammenhang von politischer Mitwirkung der Bürger an staatlichen Entscheidungen und einer Sphäre öffentlicher und privater Freiheit erstmals in der preußischen Verfassungsdiskussion ausdrücklich auch Grundrechte.

Humboldts Initiative verfing sich aber zunächst in den Folgen des Sandschen Attentats vom Frühjahr 1819[37], das die Umsturzfurcht der deutschen Regierungen erheblich vergrößerte. Hardenberg mußte Metternich in der Teplitzer Punktation vom 1. August 1819 zusichern, die preußische Verfassung erst nach »völlig geregelten inneren Finanz-Verhältnissen« zu erlassen und dabei »zur Repräsentation der Nation keine allgemeine ... Volksvertretung einzuführen, sondern seinen Provinzen landständische Verfassungen zu erteilen und aus diesen einen Zentralausschuß von Landes-Repräsentanten zu bilden«.[38] Überdies stimmte er scharfen Kontrollmaßnahmen gegen Universitäten und Presse zu, die kurz darauf in Karlsbad förmlich beschlossen wurden und im September 1819 als Bundesgesetz in Kraft traten. Erst danach wandte sich Hardenberg wieder der Verfassungsfrage zu, verkleinerte die Verfassungskommission des Staatsrats, die bislang nur einmal getagt und die Ministerreise angeordnet hatte, und legte ihr im Oktober 1819 einen eigenen Verfassungsplan vor.[39] Im Stil knapper als die Humboldtsche Denkschrift und auf Begründungen weitgehend verzichtend, stand er dieser inhaltlich doch sehr nahe, sah gemäß der Teplitzer Vereinbarung aber nur indirekte Wahlen vor und ließ auch die Frage des konsultativen oder dezisiven Votums offen.

9. Das Scheitern der Verfassung

Im Herbst 1819 schien die Einführung der Verfassung unmittelbar bevorzustehen. Hardenberg hatte durch die Teplitzer Vereinbarung mit Metternich und seinen Einsatz für die Karlsbader Beschlüsse wieder an Vertrauen beim Monarchen gewonnen, der geneigt gewesen war, die liberalen und demokratischen Aktionen im Bürgertum mit Hardenbergs Politik in Verbindung zu bringen. Die Karlsbader Beschlüsse, die allen Umsturzversuchen zuvorkommen sollten und zu diesem Zweck die Presse der staatlichen Zensur unterwarfen und die Universitäten einer politischen Überwachung aussetzten, waren mit der beabsichtigten Verfassung und den von Hardenberg selbst geforderten Grundrechten, darunter auch Pressefreiheit, allerdings schwer vereinbar. Dennoch paßten sie in Hardenbergs Strategie, weil sie ihm halfen, den anschwellenden Ruf nach Einlösung des Verfassungsversprechens zum Verstummen zu bringen, der laut genug war, um den König zu reizen, aber nicht stark genug, um ihn zum Nachgeben zu bewegen. Gleichzeitig hoffte Hardenberg, sich auf diese Weise von dem Verdacht des Jakobinertums zu reinigen, den die reaktionäre Partei nicht ohne Erfolg schürte.

Indessen nahm mit der näherrückenden Einlösung des Verfassungsversprechens der Widerstand des Adels gegen den Staatskanzler zu. Er wandte sich nicht gegen eine Verfassung schlechthin, sondern, gestützt auf Gentz' Verfassungsdenkschrift für die Karlsbader Konferenz[40], gegen eine gesamtstaatliche Repräsentativverfassung und forderte statt dessen die Wiederherstellung der altständischen Provinzialverfassung. Hardenberg, dessen Ziel die bürgerliche Erwerbsgesellschaft in einem einheitlichen Staatsverband war, wies solche Ansinnen regelmäßig mit großer Schärfe zurück. Gleichzeitig trug er aber zur Schwächung der Verfassungsposition bei, indem er sich in dem inneradministrativen Streit um die Karlsbader Beschlüsse mit den Verfassungsgegnern verbündete. Die Karlsbader Beschlüsse, die das Vertrauen der Bevölkerung in die Ernsthaftigkeit der Reformbemühungen schwer erschütterten, hatten vor allem Humboldts Protest hervorgerufen. Humboldt fand aber nur bei Beyme und Boyen Unterstützung und zog sich daraufhin aus der vielversprechend begonnenen Arbeit der Verfassungskommission schon nach der zweiten Sitzung am 18. Oktober 1819 zurück. Zum Jahresende wurden er und seine beiden Mitstreiter auf Hardenbergs Antrag aus ihren Ministerämtern entlassen.

Die Schwächung der Verfassungsposition in der Regierung schlug freilich nicht unmittelbar zu Buche, solange sich Hardenberg das Einverständnis des Königs mit seinen Verfassungsplänen zu erhalten vermochte. Das war zu Beginn des Jahres 1820, wie widerstrebend auch immer, noch der Fall. In dem Staatsschuldengesetz vom 17. Januar 1820 bekräftigte der Monarch abermals sein Verfassungsversprechen. Art. 2 des Gesetzes erklärte den Staatsschuldenetat für geschlossen. Für die bestehenden Schulden haftete das gesamte Staatsvermögen mit Ausnahme des Bedarfs für den Unterhalt der königlichen Familie. Sollten neue Kredite aufgenommen werden müssen, »so kann solches nur mit Zuziehung und unter Mitgarantie der künftigen reichsständischen Versammlung geschehen«.[41] Daß Hardenberg den wiedergewonnenen Handlungsspielraum nicht unverzüglich zur Verfassungsverkündung nutzte, lag an seiner Absicht, zuvor die Steuer- und Finanzreform abzuschließen. An diese Reihenfolge war er nicht nur durch die Teplitzer Zusage gebunden. Sie entsprach vielmehr auch seinem eigenen Interesse, denn das Steuergesetz als letztes einschneidendes Reformgesetz hätte vermutlich keine Aussicht gehabt, eine Nationalrepräsentation widerstandslos zu passieren.

Am 30. Mai 1820 traten die letzten Finanzgesetze in Kraft, darunter das Edikt über das Abgabenwesen, allerdings mit gewichtigen Ausnahmen von der Steuergleichheit zugunsten des Adels und unter Zurückstellung der vom Adel besonders bekämpften Grundsteuerreform, die mit den künftigen Reichsständen vereinbart werden sollte. War der Verfassungsweg nunmehr frei, so begannen sich doch die Rahmenbedingungen wieder zu verschlechtern. Da in Teplitz eine Vorentscheidung zugunsten indirekter Bildung der Volksvertretung von der untersten über die provinziale bis zur gesamtstaatlichen Ebene gefallen war, lag in der steckengebliebenen Gemeinde- und Kreisreform eine Voraussetzung für das Funktionieren der künftigen Verfassung. Seit Februar 1820 arbeitete daher eine Kommission an der Reform und legte im August 1820 einen Gesetzentwurf vor. Dieser sah ganz im Hardenbergschen Sinn eine weitgehende Entmachtung des Adels auf der lokalen Ebene vor, wo sich seine Herrschaftsbefugnisse noch am stärksten über den Absolutismus hinweggerettet hatten. Der Adelsprotest spitzte sich infolgedessen aufs äußerste zu und ließ auch den König nicht unbeeindruckt, dessen Argwohn gegen seinen Staatskanzler ohnehin aus anderen Gründen neu belebt worden war.

Hardenbergs Aktionsmöglichkeiten engten sich gerade zu dieser Zeit ein, denn die südeuropäischen Revolutionen von 1820/21 führten zu einer internationalen Konferenzserie, die ihn zwischen Oktober 1820 und April 1821 von Berlin fernhielt. Unterdessen hatte es Metternich verstanden, den König gegen eine gesamtstaatliche Repräsentation und für die Bescheidung mit Provinzialständen einzunehmen. Das war derselbe Vorschlag, den Klewitz, einer der drei auf Konsultationsreise geschickten Minister, schon damals gemacht und inzwischen den Verfassungsgegnern nahegebracht hatte. Entgegen dem Anschein führte er nicht schrittweise zum Verfassungsstaat hin, sondern von ihm weg, weil die Einrichtung von Provinzialständen den ständischen und regionalen Partikularismus auf Kosten der allgemeinen Staatsbürgergesellschaft beleben mußte. Hardenbergs Proteste beeinflußten den König aber nicht mehr. Ohne Auflösung der alten Verfassungskommission setzte er eine neue, ganz aus der altständischen Partei gebildete, unter Vorsitz des antikonstitutionell gesonnenen Kronprinzen, ein. Diese erklärte, Gentz' Argumentation folgend, Monarchie und Volksrepräsentation für unvereinbar. Daraufhin ordnete Friedrich Wilhelm III. am 11. Juni 1821 an, daß vorerst nur Provinzialstände eingerichtet werden sollten. »Das Weitere wegen Einberufung der allgemeinen Landstände bleibt der Zeit, der Erfahrung, der Entwicklung der Sache und Meiner Landesväterlichen Fürsorge anheimgestellt.«[42]

An der Ausarbeitung des Provinzialständegesetzes war Hardenberg nicht mehr beteiligt. Vor dessen Vollendung starb er im Jahre 1822. Das Gesetz wurde am 5. Juni 1823 erlassen. Seinem Inhalt nach bildete es einen Kompromiß zwischen der altständischen Mehrheit des Staatsrats und der liberalen Fraktion der Ministerialbürokratie. Diese setzte sich darin durch, daß nicht die alten Ständeversammlungen wiederbelebt, sondern neue errichtet wurden. Jene konnte erreichen, daß die neuen Stände nicht als Repräsentanten ihrer Provinzen, sondern als Interessenvertreter ihrer Wahlkörperschaften galten. Das Wahlrecht knüpfte aber nicht an den Stand, sondern an den Grundbesitz an. Die Hälfte der Sitze entfiel auf den adeligen, ein Drittel auf den städtischen und ein Sechstel auf den bäuerlichen Grundbesitz. Es mußten nicht Kandidaten des eigenen Standes gewählt werden, und die Abgeordneten tagten auch nicht nach Ständen getrennt und unterlagen keinerlei Weisung. Insofern überwog das moderne repräsentative Prinzip. Indem es aber an den Grundbesitz anknüpfte, wich es von der Leitlinie der Sozialreformen ab, die auf eine berufsständisch gegliederte Gesellschaft von Staatsbürgern gezielt hatten. Statt dessen wurde die Gesellschaft politisch in Grundbesitzer und andere unterteilt und dadurch in ihrer Vertretung gerade um das vorwärtsdrängende Element beschnitten.

10. Die Folgen des Verfassungsvakuums

Am Ende mündete die Reformära in Preußen politisch in dieselbe Reaktion, die in Österreich schon seit 1792 herrschte. Richtet man den Blick dagegen von der politischen auf die gesellschaftliche Ordnung, so wurde Preußen trotz seiner Mißerfolge auf wichtigen Teilgebieten der Reform von keinem deutschen Staat an Modernität übertroffen. Das gilt ohne Frage im Vergleich zu jenen Ländern, die Reformen entweder gar nicht in die Wege geleitet oder nach dem Sturz Napoleons sogleich wieder rückgängig gemacht hatten. Es gilt aber auch im Vergleich mit den süddeutschen Staaten, wo während der Rheinbund-Phase umfassende Reformen unternommen worden waren. In der Herstellung der Gewerbefreiheit eilte Preußen ihnen weit voraus, und selbst in der Entfeudalisierung der ländlichen Sozial- und Wirtschaftsstrukturen blieben sie noch hinter den auf halbem Weg zum Stillstand gekommenen preußischen Reformen zurück. Im Gegensatz zu Preußen war es in Süddeutschland aber gelungen, vergleichsweise moderne Repräsentativverfassungen einzuführen. Daraus ergab sich die eigentümlich verkehrte Konstellation, daß das verfassungslose Preußen die liberalere Gesellschaftsordnung besaß, während die noch stark ständisch-feudal geprägten süddeutschen Staaten in den Genuß liberaler Verfassungen kamen.

Übereinstimmend hinterließ die Reformzeit jedoch in beiden Fällen eine Diskrepanz zwischen politischer und sozialer, verfassungsrechtlicher und privatrechtlicher Ordnung. Hier wie dort hing sie mit dem Modernisierungszwang zusammen, unter den sich die deutschen Staaten durch die Französische Revolution gesetzt sahen, ohne daß sie bereits auf eine entsprechende gesellschaftliche Dynamik bauen konnten. Modernisierung war unter diesen Umständen stets ein Vorgriff der staatlichen Verwaltung auf künftige gesellschaftliche Verhältnisse, die den Reformen nachwachsen mußten. Keinem der Staaten gelang es aber, bei diesem Vorgriff politisch und sozial gleichen Schritt zu halten. In Süddeutschland erfolgte der Vorgriff stärker auf der Verfassungsebene, in Preußen trotz anderslautender Vorsätze im Endeffekt einseitig auf der Ebene der Gesellschaftsordnung. Dieser Befund legt zwei Fragen nahe, zum einen die Frage nach den Gründen der unterschiedlichen Verfassungsentwicklung, zum anderen die Frage nach den Auswirkungen der verschiedenen Wege. Die Antwort kann zugleich genaueren Aufschluß über die Funktion der Verfassung beim evolutionären Übergang von der ständischen zur bürgerlichen Gesellschaft geben.

Hinsichtlich der ersten Frage kann man beobachten, daß es Finanzkrisen und Landgewinne, liberale Tendenzen in der Verwaltung und altständische Proteste dagegen, passive Bevölkerungsmehrheiten und widerstrebende Monarchen auf beiden Seiten gab. Die preußischen Reformpläne fielen angesichts der existentiellen Bedrohung des Landes, die den Rheinbund-Staaten erspart blieb, aber umfassender und radikaler aus. Den Preis der Erneuerung hatte, genau wie in Süddeutschland, in erster Linie der Adel zu zahlen. Den süddeutschen Staaten gelang es jedoch, die Adelsopposition in der Zeit des rheinbündischen Absolutismus zu überwinden. Dabei half ihnen die napoleonische Rückendeckung, die in Preußen fehlte. Der tendenzielle Widerspruch zwischen Sozialreform und Verfassungsreform, der in Preußen immer wieder zum Aufschub der Verfassung zwang, bis der Zeitpunkt schließlich ganz verpaßt war, kam daher in Süddeutschland weniger zur Wirkung. Die süddeutschen Verfassungen folgten der Entmachtung des Adels nach und besiegelten diese unter gewissen Konzessionen an die Bundesakte, während Sozialreform und Verfassungsgebung in Preußen parallel liefen und sich wechselseitig behinderten. Endlich mußte Preußen als Führungsmacht des Deutschen Bundes von diesem keine Souveränitätseinbußen befürchten und entbehrte damit gerade jenes Anstoßes, der den süddeutschen Monarchen letztlich die Einwilligung in die Verfassung abgenötigt hatte.

Was zweitens die Auswirkungen der Diskrepanz zwischen politischer und sozialer Ordnung betrifft, so scheint der preußische Weg größere Spannungen erzeugt und höhere Kosten verursacht zu haben als der süddeutsche. Dafür lassen sich verschiedene Gründe benennen. Einmal war die Kluft zwischen sozialer und politischer Ordnung in Preußen erheblich breiter als in Süddeutschland. Zum anderen fällt der Umstand ins Gewicht, daß die preußische Monarchie, die politische Zugeständnisse trotz wiederholter Zusagen schließlich verweigerte, moralisch geschwächt aus der Reformära hervorging, während die süddeutschen Monarchen, die in der Phase des rheinbündischen Absolutismus viel Kredit verspielt hatten, sich am Ende gestärkt fühlen konnten. In Preußen dagegen erwies sich das unerfüllte Verfassungsversprechen als Dauerbelastung der Monarchie. Der König, der in den Notzeiten nicht müde geworden war, an den Opfermut seiner Untertanen zu appellieren, hatte ihnen seinerseits das Vertrauen versagt und stand nun wortbrüchig da, wie beredt man auch immer diesen Wortbruch staatsrechtlich zu ummänteln versuchte. Diese Belastung wirkte auf das monarchische Prinzip weiter, das durch die Verweigerung einer Verfassung verteidigt werden sollte, aber gerade damit an innerer Überzeugungskraft verlor.

Noch wichtiger erscheint aber, daß die süddeutschen Staaten mit dem verfassungsrechtlichen Vorgriff die elastischere Lösung wählten. Dagegen blieb in Preußen ohne die angekündigte Volksvertretung der auf Emanzipation und Selbstverantwortlichkeit der Gesellschaft angelegten Sozialreform die politische Konsequenz vorenthalten. In politischen Angelegenheiten durfte die Gesellschaft nicht für sich sprechen, ja, sie wurde von der Zensur sogar, und zwar wesentlich schärfer als in den süddeutschen Verfassungsstaaten, an der politischen Selbstverständigung gehindert. Die Verwaltung war so der alleinige Sachwalter des Gesamtinteresses, ohne aber eine Möglichkeit zu besitzen, sich darüber authentische Auskunft zu verschaffen. Diese Abschottung wog um so schwerer, als die gesellschaftliche Dynamik, die die Sozialreformen freigesetzt hatten, nach dem Ende der Reformära keineswegs aufhörte. Die ökonomische Freiheit und der mit ihr verbundene Abbau der vielfältigen Sicherungen der alten Ordnung schufen vielmehr die Grundlage für eine moderne kapitalistische Wirtschaft wie auch für deren Kehrseite, die »Soziale Frage«. Daraus erwuchsen neue Probleme, die sich nicht im Wege gesellschaftlicher Selbststeuerung lösten, sondern staatlicher Steuerung bedurften. Unterdessen gab aber die durch keine Volksvertretung kontrollierte oder informierte Verwaltung ihre planende und gestaltende Funktion mit wachsendem Abstand von der Reformära immer mehr preis und beschränkte sich auf die Erhaltung des Status quo. Die über ihn hinausweisenden Kräfte mußten daher über kurz oder lang zu politischer Artikulation drängen.

Insofern bleiben soziale und politische Ordnung, wenn sie schon nicht homogen ausgestaltet sein müssen, doch aufeinander bezogen. Eine liberale Sozialordnung, in der der Einzelne selbstverantwortlich seinen Platz bestimmt, entfaltet eine Tendenz zu politischer Mitsprache, die sich verstärkt, je mehr das System soziale Probleme produziert, ohne sie zu lösen. Andererseits schaffen verfassungsrechtlich zuerkannte Mitsprachemöglichkeiten eine Neigung, die Sozialordnung den Bedürfnissen der Mitspracheberechtigten anzupassen, wenn veränderte Umstände das nahelegen. Es ist diese Dynamik, die auf eine Vervollständigung der Reformansätze, entweder um den politischen oder den sozialen Teil, drängt. Auch in dieser Situation befanden sich die süddeutschen Staaten aber im Vorteil, weil hier die sich wandelnden gesellschaftlichen Verhältnisse in einen vorhandenen politischen Rahmen hineinwachsen konnten, während der politische Rahmen in Preußen für die fortgeschrittene gesellschaftliche Entwicklung von vornherein zu eng war. Am drängendsten wurde das Problem freilich in denjenigen Staaten, wo die Reformära weder soziale noch politische Spuren hinterlassen hatte. Wenn die Reaktion nach 1820 dies auch zeitweilig zu verdecken vermochte, so steuerte die soziale Bewegung doch hier zuerst auf eine revolutionäre Entladung zu.

IV. Die Struktur der deutschen Verfassungen

1. Entstehungsweise und Geltungsgrund der Verfassung

Mit dem Scheitern der preußischen Verfassungspläne im Jahr 1821 verebbte die erste deutsche Verfassungswelle. Moderne Repräsentativverfassungen hatte sie, von einigen Kleinstaaten abgesehen, nur in den süddeutschen Ländern, Hessen-Darmstadt inbegriffen, hinterlassen. Das dort ausgebildete Grundmuster blieb aber für den gesamten deutschen Konstitutionalismus des 19. Jahrhunderts bestimmend. Es wurde in den zahlreichen Verfassungen, die die deutschen Einzelstaaten hervorbrachten und schließlich 1871 mit einer Reichsverfassung krönten, vielfach variiert und modifiziert, aber vor dem Umsturz von 1918 nie grundlegend geändert. Alle Versuche, das System auf eine demokratische Basis zu stellen oder wenigstens im parlamentarischen Sinn fortzuentwickeln, wie sie besonders nachdrücklich in der Revolution von 1848 und im preußischen Verfassungskonflikt zwischen 1862 und 1866 unternommen wurden, endeten erfolglos. Diese verfassungsrechtliche Kontinuität, in der sich Deutschland von Frankreich, aber auch von Südeuropa unterscheidet, erlaubt es, schon hier eine Strukturanalyse des deutschen Konstitutionalismus vorzunehmen. Dadurch wird zugleich ein Maßstab gewonnen, anhand dessen sich die weiteren Entwicklungen und die nachfolgenden Verfassungen besser beurteilen lassen.

Die Kontinuität hinsichtlich des Verfassungstyps hat ihren Grund darin, daß es in Deutschland im gesamten 19. Jahrhundert nicht zu einer erfolgreich abgeschlossenen Revolution gegen den monarchischen Obrigkeitsstaat kam: zu Beginn des Jahrhunderts nicht, weil das hinter den westlichen Nachbarn wirtschaftlich und sozial zurückgebliebene deutsche Bürgertum weder das Bedürfnis noch die Kraft zur Revolution besaß; um die Jahrhundertmitte, als der Entwicklungsrückstand aufgeholt war, nicht, weil es sich bereits mit den Forderungen des nachdrängenden »Vierten Standes« konfrontiert sah und für deren Abwehr die Machtmittel des monarchischen Staates zu benötigen glaubte; im letzten Jahrhundertdrittel nicht, weil es sich mit der Sicherung des Rechtsstaats zufriedengab und auf seine politischen Ansprüche weitgehend verzichtete. Da die monarchische Herrschaft auf diese Weise ungebrochen blieb, konnte in Deutschland keine Verfassung gegen den Willen des Monarchen zustande kommen. Alle deutschen Verfassungen waren vielmehr freiwillige Gewährungen der Monarchen. Freiwilligkeit mußte dabei nicht bedeuten, daß sie dem innersten Wunsch der Monarchen entsprangen. Als treibende Kraft erwies sich vielmehr in den meisten Fällen die hohe Beamtenschaft. Wohl aber bedurfte es der Einsicht der Monarchen in die politische Notwendigkeit. Wo diese fehlte, wurde sie in keinem Fall durch einen revolutionären Akt übersprungen.

Hinsichtlich des Zustandekommens der Verfassungen war damit der in Amerika und Frankreich beschrittene Weg der Ausarbeitung und Verkündung durch eine konstituierende Volksvertretung versperrt. Die Verfassungen mußten deswegen aber nicht notwendig aus einem einseitigen Oktroi des Fürsten hervorgehen. Durch Oktroi wurden die Verfassungen Bayerns und Badens in Geltung gesetzt, aber in Württemberg lag der Verfassung eine Vereinbarung zwischen Monarch und Ständen zugrunde. Hier hatten sich die alten Stände eine Stärke und Einigkeit zu bewahren vermocht, an der der Versuch des Königs, die Verfassung zu oktroyieren, scheiterte. Die württembergische Verfassung kam mit vierjähriger Verspätung durch »höchste Entschließung und alleruntertänigste Gegenerklärung« als »vollkommene beiderseitige Vereinigung« zustande.[43] Der Vereinbarungsweg setzte sich später vor allem dort durch, wo die Bereitschaft der Fürsten zur Verfassungsgebung erst durch revolutionären Druck des Volkes herbeigeführt wurde, wie das für die nord- und mitteldeutschen Verfassungen nach 1830 und die meisten der 1848 zustande gekommenen Verfassungen zutrifft. Auch in diesen Fällen beruhte aber die förmliche Geltung der Verfassungen auf ihrer Inkraftsetzung durch den Monarchen.

Der juristische Geltungsgrund der deutschen Verfassungen lag daher durchweg im Willen des Monarchen. Sein Herrschaftsrecht ging folglich der Verfassung voraus und wurde nicht erst von ihr geschaffen. Es war sozusagen extrakonstitutionell. Den deutschen Verfassungen des 19. Jahrhunderts fehlte unter diesen Umständen die herrschaftsbegründende Wirkung, die den modernen Konstitutionalismus, wie ihn Amerika und Frankreich hervorbrachten, kennzeichnet. Die deutschen Verfassungen bezogen sich lediglich auf die Art und Weise der Herrschaftsausübung. Sie wirkten also herrschaftsmodifizierend. Insofern glichen sie den älteren rechtlichen

Bindungen der Staatsgewalt. Im Unterschied zu diesen entfalteten die deutschen Verfassungen ihre Bindungswirkung aber mit umfassendem Anspruch und universaler Geltung. Der Monarch mußte dann zwar nicht sein Herrschaftsrecht als solches aus der Verfassung rechtfertigen, wohl aber konnte jeder einzelne Herrschaftsakt auf seine Übereinstimmung mit den verfassungsrechtlichen Ausübungsregeln geprüft werden. Die Differenz zu den herrschaftsbegründenden Verfassungen Amerikas und Frankreichs relativierte sich daher in der Praxis. Wenngleich die deutschen Verfassungen diesen gegenüber eine Schwundstufe darstellten, standen sie nach Form und Anspruch dem modernen Verfassungstyp doch näher als den älteren Staatsgrundgesetzen und Herrschaftsverträgen.

Angesichts des Geltungsgrundes der Verfassungen erschienen die in ihnen festgesetzten Ausübungsmodalitäten der Herrschaft nicht als externe Beschränkung des monarchischen Willens, sondern als Selbstbindung. Es ist für die Beurteilung des deutschen Konstitutionalismus aber wichtig, daß die Selbstbindung nicht das Recht des Monarchen einschloß, sich nach Belieben wieder von ihr zu lösen. Alle Verfassungen enthielten vielmehr ungeachtet der Art ihres Zustandekommens Vorschriften über die Verfassungsänderung, die stets eine Übereinstimmung von Monarch und Volksvertretung verlangten. Die Selbstbindung des Monarchen erstreckte sich also auch auf den Bestand der Verfassungen selbst. Die Versuche einzelner Monarchen, aus der Freiwilligkeit der Verfassungsgewährung die freie Rücknehmbarkeit abzuleiten, blieben angesichts der klaren Rechtslage im Endeffekt vergeblich. Die einseitige Inkraftsetzung verlor dadurch rechtlich stark an Bedeutung. Sie übte naturgemäß Einfluß auf den möglichen Inhalt der Verfassungen aus, war aber, nachdem dieser einmal rechtliche Geltung erlangt hatte, für die Durchführung und Anwendung der Verfassung belanglos. Auch dieser Umstand verringerte den Abstand zwischen den monarchisch zugestandenen und den demokratisch errungenen Verfassungen.

Die deutschen Verfassungen richteten auf diese Weise zwar nicht die Volkssouveränität auf, beendeten aber definitiv den Absolutismus. War dieser gerade dadurch charakterisiert, daß der Monarch die Staatsgewalt unter Ausschluß jeder Mitwirkung der Untertanen allein ausübte und dabei in seiner Verfügungsgewalt über die Gesellschaft grundsätzlich keiner Bindung unterlag, so begrenzte die Verfassung einerseits die Verfügungsbefugnis durch Grundrechte gegenständlich und stellte andererseits die Mitentscheidung von Volksvertretungen auf einer erweiterten Repräsentationsbasis wieder her. Die Verrechtlichung der Herrschaft, wie sie dem mittelalterlichen System eigen gewesen war, wurde dadurch zurückgewonnen, freilich nicht auf der transzendentalen Grundlage göttlich gestifteten Rechts, das durch die Glaubensspaltung seine Legitimationskraft eingebüßt hatte, sondern auf der weltlichen Grundlage positiv gesetzten Rechts, das aber nach der Einführung der Verfassung in zwei rangverschiedene Teile zerfiel: einen, den die Staatsorgane erzeugten und an den die Bürger gebunden waren, und einen, der die Staatsorgane selber band und ihnen deshalb, auch wenn sie an seiner Hervorbringung beteiligt waren, notwendig übergeordnet sein mußte.

2. Das monarchische Prinzip

Entstehungsweise und Geltungsgrund der deutschen Verfassungen hatten präjudizierende Wirkung für den normativen Inhalt ihrer Regelungen. Nicht aus revolutionär durchgesetztem Verlangen der Bevölkerung, sondern aus staatlich-dynastischem Eigeninteresse der Monarchen hervorgegangen, beschränkten sie die monarchische Gewalt nur insoweit, als es vom Standpunkt des Monarchen erforderlich schien. Das galt insbesondere für die Legitimationsgrundlage der Herrschaft. Hatten die revolutionär erkämpften Verfassungen Amerikas und Frankreichs die staatliche Herrschaft auf der Grundlage der Volkssouveränität neu errichtet, so hielten die deutschen Fürsten, denen die Macht nicht vom Bürgertum entrungen worden war, unverändert an der Monarchensouveränität fest. Ihnen lag weder daran, die Staatsgewalt aus der Hand zu geben, noch sie mit anderen Kräften zu teilen. Dabei ergaben sich jedoch Begründungsschwierigkeiten, denn der Monarch konnte nach dem Erlaß von Verfassungen seinen Willen in einer Anzahl von Fällen nicht mehr ungehindert durchsetzen, sondern war an die Zustimmung eines von ihm unabhängigen und seinerseits mit freier Willensbestimmung ausgestatteten Organs, nämlich der Volksvertretung, gebunden. Soweit ihre Befugnis reichte, partizipierte sie an der Staatsgewalt.

Eine Formel, die monarchische Souveränität und parlamentarische Mitentscheidung zu versöhnen versprach, war in Frankreich anläßlich der Restauration der Bourbonen 1814 gefunden worden. Diese Restauration stellte sich bei genauer Betrachtung keineswegs als ungeschmälerte Wiederherstellung des vorrevolutionären Zustands dar. Die Bourbonen konnten ihre Rückkehr vielmehr nur durch das Zugeständnis erkaufen, die revolutionären Errungenschaften unberührt zu lassen. Gemeint waren die im *Code civil* rechtlich befestigte bürgerliche Sozialordnung und ihre materielle Basis, die in der Revolution entstandene Verteilung von Grund und Boden. Diese Errungenschaften mußte die Dynastie verfassungsrechtlich anerkennen und durch eine Volksvertretung mit Gesetzgebungsbefugnis organisatorisch absichern, damit im Gegenzug das französische Volk darauf verzichtete, die Bourbonen aus freiem Entschluß auf den Thron zu berufen, wie es Art. 2 der nicht in Kraft getretenen Verfassung vom 6. April 1814 vorsah. Den durch die halbe Restauration entstehenden Widerspruch zwischen monarchischer Souveränität und parlamentarischer Mitentscheidung suchte die *Charte constitutionnelle* vom 4. Juni 1814 aufzulösen, indem sie zwischen *résidence* und *exercice* der Staatsgewalt unterschied: *Inhaber* der Staatsgewalt war danach allein der Monarch; bei der *Ausübung* band er sich aber freiwillig an die Bedingungen, welche in der Verfassung niedergelegt waren.

Diese Formel, die in Frankreich selber nur ein kurzes Dasein fristete und die Juli-Revolution von 1830 nicht überdauerte, wurde in Deutschland unter der Bezeichnung »monarchisches Prinzip« für 100 Jahre zur Grundlage politischer Herrschaft. Die meisten Verfassungen des Vormärz enthielten sie in der einen oder anderen Wendung ausdrücklich. Das Muster lieferte die bayerische Verfassung von 1818, die in Titel II § 1 formulierte: »Der König ist das Oberhaupt des Staats, vereiniget in sich alle Rechte der Staats-Gewalt, und übt sie unter den von Ihm gegebenen in der gegenwärtigen Verfassungs-Urkunde festgesetzten Bestimmungen aus.« Wo eine ausdrückliche Garantie des monarchischen Prinzips fehlte, lag es den Verfassungen doch unausgesprochen zugrunde. Mit der Beschränkung der monarchischen Gewalt auf der Ausübungsebene sanktionierte das monarchische Prinzip den Verzicht auf das absolutistische Regiment; mit der Ausschließung aller anderen Kräfte auf der Trägerebene errichtete es eine Barriere gegen Volkssouveränität und Demokratie, die konservative Staatstheoretiker und Politiker hinter dem Konstitutionalismus in Wartestellung witterten.

Von dieser Befürchtung war auch Metternich geleitet, der deswegen schon bald nach den ersten demokratischen Regungen in Deutschland versuchte, den Begriff der landständischen Verfassung in Art. 13 der Bundesakte, der 1815 absichtsvoll offengeblieben war, auf ein altständisches Verständnis festzulegen. Dieser Versuch schlug angesichts der gerade erlassenen repräsentativen Verfassungen in Süddeutschland fehl. In Art. 56 der Wiener Schlußakte von 1820, der Ergänzung der unter dem Druck der Umstände eilig verabschiedeten Bundesakte von 1815, wurden die geltenden repräsentativen Verfassungen anerkannt und gegen einseitige Rücknahmen durch die Fürsten gesichert. Zugleich stellte die Schlußakte aber fest, daß das monarchische Prinzip die unübersteigbare Schranke bundesrechtlich zulässiger Verfassungen bilde. Da der Deutsche Bund mit Ausnahme der Freien Städte aus souveränen Fürsten bestehe, hieß es in Art. 57, »so muß dem hierdurch gegebenen Grundbegriffe zufolge die gesamte Staats-Gewalt in dem Oberhaupte des Staates vereinigt bleiben, und der Souverän kann durch eine landständische Verfassung nur in der Ausübung bestimmter Rechte an die Mitwirkung der Stände gebunden werden«.

In der Abwehr demokratischer Bestrebungen bestand die wichtigste Funktion des monarchischen Prinzips. Dagegen enthielt es keine materielle Rechtfertigung der Monarchensouveränität, sondern setzte diese voraus. Sucht man nach einer solchen Rechtfertigung, so verweisen die Selbstaussagen und offiziellen Dokumente der Fürsten auf das Gottesgnadentum. Die damit beschworene mittelalterliche Tradition darf aber nicht darüber hinwegtäuschen, daß die Vorstellung, der Monarch herrsche kraft unmittelbarer göttlicher Einsetzung oder als Gesalbter Gottes, nach dessen Willen sich die Herrschaft in der Dynastie vererbe, im 19. Jahrhundert ihre Grundlage längst verloren hatte. Diese bestand ja in einer religiös determinierten Weltordnung, wie sie im Mittelalter existierte, von der Glaubensspaltung aber erschüttert und durch den Rationalismus des 18. Jahrhunderts endgültig überholt worden war. Die Staatsvertragslehre, die auf diesen Legitimationsverlust reagierte, fand bei den Fürsten keine Zustimmung. Da das monarchische Prinzip die Lücke nicht schloß, erweist es sich als bloßer Legitimationsersatz in einer für Deutschland freilich lang anhaltenden Situation, in der der Absolutismus nicht mehr und die Volkssouveränität noch nicht existenzfähig war.

Damit ist freilich nicht gesagt, daß es dem monarchischen Prinzip an historischer Wirkungskraft gefehlt hätte. Von seiner materiellen Grundlage gelöst und dogmatisiert, entwickelte es durchaus eigenständige Kraft. Vor allem aber bestimmte es die Anwendung und Auslegung der Verfassungen. Es brachte ein bestimmtes Prinzip der Machtverteilung zum Ausdruck, auf dem die Konstitutionen beruhten. Danach war die monarchische Staatsgewalt ein vorkonstitutionelles Datum, dem die Verfassungen nur Modifikationen hinzufügten, ohne es in seiner Substanz zu ändern. Dagegen erlangten die Volksvertretungen ihre Befugnisse erst aufgrund der Verfassung. Daraus folgte, daß der Monarch und die ihm unterstehende Exekutive für ihr Handeln keiner ausdrücklichen verfassungsrechtlichen Erlaubnis bedurften. Sie mußten lediglich die in der Verfassung gezogenen Schranken beachten. Die Volksvertretungen konnten demgegenüber nur dort tätig werden, wo die Verfassungen sie ausdrücklich dazu ermächtigten. Im Zweifel war von der Berechtigung des Monarchen auszugehen. In dieser Zuständigkeitsvermutung zu seinen Gunsten lag die eigentliche juristische Bedeutung des monarchischen Prinzips.

3. Die Mitwirkungsrechte der Volksvertretung

Die im vorkonstitutionellen Staat umfassend gedachte monarchische Gewalt wurde im konstitutionellen System gerade um denjenigen Teil verkürzt, der den Volksvertretungen zugewiesen war. Von ihren Kompetenzen her läßt sich also das Neue am Verfassungsstaat am besten bestimmen. Die wichtigsten Kompetenzen lagen im Bereich der Gesetzgebung und der Haushaltsfeststellung. Es wäre aber unrichtig, die Volksvertretungen in der konstitutionellen Monarchie mit der Legislative zu identifizieren. Die Verfassungen bestimmten vielmehr nur, daß ohne die »Zustimmung« der Stände »kein Gesetz gegeben, aufgehoben, abgeändert oder authentisch erläutert werden« konnte.[44] Danach war ihre Mitwirkung für die Gesetzgebung zwar notwendig, aber nicht hinreichend. Ein Beschluß der Stände erhielt vielmehr erst durch die monarchische Sanktion Gesetzeskraft. Vor dem Hintergrund des monarchischen Prinzips galt deswegen der Monarch weiterhin als alleiniger Gesetzesgeber, wogegen die Volksvertretung lediglich an der Festlegung des Gesetzes*inhalts* beteiligt war. Vom Monarchen hing aber nicht nur die Inkraftsetzung der Gesetze ab. Er blieb auch bei ihrer Entstehung die treibende Kraft, indem er sich nach dem Vorbild der französischen *Charte* das Initiativrecht vorbehielt, während die Stände nur »unter Angabe der Gründe um den Vorschlag eines Gesetzes bitten« durften.[45]

Die Reichweite des Ständeeinflusses hing unter diesen Umständen davon ab, in welchen Fragen ihre Zustimmung erforderlich war. Das ist das Problem des Gesetzesvorbehalts, das durch die Aufteilung der Gesetzgebungskompetenz unter zwei unabhängige Organe erst entstand. Die Verfassungen pflegten darauf mit der sog. Freiheit-und-Eigentum-Formel zu antworten. Parlamentarischer Zustimmung bedurften danach jene Gesetze, die »die Freiheit der Person oder das Eigentum des Staatsangehörigen« betrafen.[46] Freiheit und Eigentum waren gleichzeitig die wichtigsten Schutzgüter der Grundrechte. Grundrechts- und Organisationsteil der Verfassungen verzahnten sich also an dieser Stelle. Die Grundrechte markierten denjenigen Bereich, in dem der Einzelne grundsätzlich Selbstbestimmung genoß. Der Gesetzesvorbehalt bewirkte, daß die Exekutive in diesen Bereich nicht ohne Zustimmung der Gesellschaft eingreifen durfte. Das Gesetz konnte auf diese Weise geradezu als Eingriff in Freiheit und Eigentum definiert werden. Für alle übrigen Bereiche blieb es dagegen bei einem selbständigen Normsetzungsrecht des Monarchen, das angesichts der begrifflichen Verknüpfung von Gesetz und parlamentarischem Beschluß nun jedoch als Verordnungsrecht in Erscheinung trat. Ein akzessorisches Verordnungsrecht des Monarchen bestand ferner zur Durchführung der Gesetze, und auch im Vorbehaltsbereich konnte der Monarch ausnahmsweise Verordnungen erlassen, wenn eine Notstandssituation dies erforderte.

Dem erheblichen Einfluß, den sich der Monarch auf diese Weise im Bereich der Legislative gesichert hatte, stand jedoch kein entsprechender Einfluß der Volksvertretung auf die Exekutive gegenüber. Die Bildung der Regierung war ausschließlich Sache des Monarchen, und auch in ihrem Bestand hing sie allein von seinem Vertrauen ab. Darin liegt der Unterschied zwischen der konstitutionellen Monarchie, wie sie in Deutschland Fuß faßte, und dem parlamentarischen System. Während hier die Regierung vom Vertrauen des Parlaments abhängig war und zurücktreten mußte, wenn ihr die Volksvertretung förmlich das Mißtrauen aussprach, kannten die deutschen Verfassungen kein Mißtrauensvotum. Im

Unterschied zu anderen Staaten mit ähnlicher Verfassungslage setzte es sich hier aber auch nicht gewohnheitsrechtlich durch. Es blieb vielmehr im ganzen 19. Jahrhundert eine verfassungspolitische Forderung des Liberalismus, die im preußischen Verfassungskonflikt der sechziger Jahre kulminierte, aber erst unter dem Eindruck der drohenden Niederlage im Ersten Weltkrieg 1918 erfüllt wurde.

Einen allerdings schwach ausgestalteten Einfluß des Parlaments auf die Regierung vermittelte in Deutschland nur das Institut der Ministerverantwortlichkeit. Das beginnende 19. Jahrhundert mit seinen komplizierter werdenden Staatsaufgaben war allenthalben die Zeit des Übergangs von der Alleinherrschaft des Monarchen zur Ministerialregierung. Die Ministerverantwortlichkeit entfaltete ihre Wirkung primär im Verhältnis dieser beiden. Als Souverän war der Monarch im staatsrechtlichen Sinn niemandem verantwortlich und konnte auch von niemandem zur Verantwortung gezogen werden. Da er dessenungeachtet nach dem Übergang zum Verfassungsstaat rechtlichen Bindungen unterlag, wurde die Verantwortungslücke geschlossen, indem die Minister die Verantwortung für die Handlungen des Monarchen übernahmen, und zwar durch das Institut der Gegenzeichnung. Da der Monarch die Gegenzeichnung nicht erzwingen, sondern allenfalls durch einen Ministerwechsel herbeiführen konnte, gewann das Ministerium ihm gegenüber eine gewisse Selbständigkeit, die gerade der Wahrung der Verfassung zugute kommen sollte. Gegenüber dem Parlament, das an der Einhaltung der Verfassung am stärksten interessiert war, realisierte sich die Ministerverantwortlichkeit durch das Recht der öffentlichen Debatte und die Befugnis zur Ministeranklage wegen Verfassungsbruchs.

Von dieser exzeptionellen und selten erfolgreich eingesetzten Möglichkeit abgesehen, blieb die Exekutive aber außerhalb des parlamentarischen Zugriffs. Umgekehrt war freilich das Parlament dem Zugriff des Monarchen nicht entzogen. Die Volksvertretung besaß kein Selbstversammlungsrecht, sondern wurde vom Monarchen einberufen. Das mußte jedoch mindestens alle drei Jahre geschehen. Der Monarch durfte ferner die Sitzungsperiode nach seinem Gutdünken schließen. Dabei war er nicht rechtlich, sondern nur politisch begrenzt, und zwar durch sein eigenes Gesetzgebungsprogramm, dessen Verwirklichung von der Zustimmung der Stände abhing. Für den Konfliktfall stand dem Monarchen das Mittel der Parlamentsauflösung zu. Der Auflösung mußten aber in einem bestimmten Zeitabstand Neuwahlen folgen. Die Einflußmöglichkeiten erweiterten sich schließlich noch durch das für den Konstitutionalismus der größeren deutschen Staaten charakteristische Zwei-Kammern-System. Während in der Zweiten Kammer die gewählten Volksvertreter saßen, hatte für einen Teil der Ersten Kammer der Monarch selber das Ernennungsrecht und konnte sich so einen zusätzlichen Einfluß auf die ständische Entscheidung sichern.

Die stärkste Waffe, die die Volksvertretung dem Monarchen entgegenzusetzen hatte, war das Budgetrecht. Es gehörte zum unerläßlichen Bestand der ständischen Tradition und galt auch für die modernen Konstitutionen als unverzichtbar. Die Hebung des Staatskredits durch parlamentarische Mitsprache war sogar eines der Motive für die Verfassungsgewährung gewesen. Im Verhältnis zum altständischen Steuerbewilligungsrecht hatte das parlamentarische jedoch seine Funktion gewandelt. Der in seinen Aufgaben noch begrenzte und mit eigenen Ressourcen ausgestattete frühmoderne Staat war grundsätzlich nur in Ausnahmesituationen von Steuerbewilligungen und damit von den Ständeversammlungen abhängig gewesen. Der an Aufgaben stark gewachsene, in seinen Eigenmitteln aber beschränkte Verfassungsstaat des 19. Jahrhunderts zeigte sich dagegen auf permanent fließende Steuereinnahmen angewiesen. Da die Verfassungen vorsahen, daß ohne die Zustimmung der Stände »keine Auflage ausgeschrieben oder erhoben werden« durfte[47], gewann die Volksvertretung über das Budgetrecht auch auf denjenigen Bereich der Staatstätigkeit Einfluß, der nicht dem Gesetzesvorbehalt unterfiel. Hier lag daher ebensowohl eine Quelle für Konflikte wie der Hebel zur Ausweitung der Parlamentsrechte.

4. Die Vorbehaltsrechte des Monarchen

Betrachtet man umgekehrt, welche Rechte sich der Monarch bei der Verfassungsgewährung selber vorbehalten hatte, so ist zunächst der weite Bereich der inneren Verwaltung zu nennen. Die Volksvertretung gewann weder auf ihre Organisation und personelle Besetzung noch auf die Formulierung und Durchführung der Aufgaben Einfluß. Sie konnte die Verwaltung nur durch ihren

Anteil an der Gesetzgebung steuern, denn an das Gesetz war die Verwaltung gebunden. Die darauf beruhende Einwirkungsmöglichkeit darf aber nicht überschätzt werden. Das Gesetzgebungsrecht bezog sich nur auf einen Teil der Verwaltungsaufgaben und konnte auch dort nicht gegen den Willen des Monarchen ausgeübt werden. Fehlte es im Vorbehaltsbereich an einem parlamentarisch gebilligten Gesetz, so stützte sich die Verwaltung weiter auf vorkonstitutionelle Ermächtigungen. Gegen rechtswidriges Verwaltungshandeln gab es keine wirksamen Sanktionen. Eine Verwaltungsgerichtsbarkeit im heutigen Sinn begann sich erst im letzten Drittel des 19. Jahrhunderts durchzusetzen. Die Volksvertretung selber hatte insoweit nur das Recht, »Mißbräuche in der Verwaltung, die zu ihrer Kenntnis gelangen, der Regierung anzuzeigen«, wie die badische Verfassung in § 67 formulierte. Die Entscheidung über solche Anzeigen war aber wiederum Sache der Exekutive und letztlich des Monarchen.

Zur inneren Verwaltung gehört auch, ohne daß dies immer hinreichend gewürdigt wird, der Bereich von Erziehung und Bildung. Traditionell hatte er sich in kirchlicher Hand befunden. Die Universitäten waren aber mit der Herausbildung des modernen Staates schon frühzeitig den staatlichen Eigenbedürfnissen nach Ausbildung der Staatsbeamten dienstbar gemacht worden. Im Zuge der Konzentration und Rationalisierung der Staatsgewalt und der Auflösung ständischer und kirchlicher Machtpositionen, wie sie vom aufgeklärten Absolutismus vorangetrieben wurden, hatten sich auch Bestrebungen zur Verstaatlichung des Schulwesens ausgebreitet. Der Konstitutionalismus unterbrach diese Entwicklung nicht. Das Schul- und Bildungswesen blieb staatliche Angelegenheit, ohne Gegenstand parlamentarischer Mitwirkung zu werden. Freiheit und Eigentum des Einzelnen, die die Volksvertretung ins Spiel brachten, waren vielmehr allein durch die Schulpflicht betroffen, die daher gesetzlicher Festlegung bedurfte. Dagegen gingen die Organisation und vor allem die Inhalte der schulischen Erziehung oder universitären Ausbildung das Parlament nichts an. Die kulturellen Grundlagen der politischen Herrschaft blieben auf diese Weise an einer zentralen Stelle unter monarchischer Bestimmung.

Mit der Justiz als Sonderzweig innerer Verwaltung verhielt es sich etwas anders. Das Recht wurde zwar weiter im Namen des Monarchen gesprochen, und auch die Richterernennung blieb seine

Domäne. Der direkte monarchische Eingriff in die Rechtspflege, der sog. Machtspruch, der schon im Aufgeklärten Absolutismus beschränkt worden war, verlor mit der Konstitutionalisierung aber vollends seine Berechtigung. Das hing mit der Aufteilung der Gesetzgebungsfunktion zusammen. Anders als im Absolutismus ging das Gesetz, das den Maßstab der richterlichen Entscheidung bildete, im Verfassungsstaat nicht mehr allein auf den Willen des Monarchen zurück. Vielmehr mußte sich sein Wille mit dem zweier Kammern vereinigen. Folglich konnte er auch nicht mehr als einziger das Gesetz authentisch interpretieren. Die Konsequenz dieses Wandels war die Unabhängigkeit der Richter in der Anwendung des Gesetzes, und diese wurde wiederum organisatorisch dadurch abgesichert, daß die Richter »nur durch einen Rechtsspruch von ihren Stellen mit Verlust des damit verbundenen Gehaltes entlassen oder derselben entsetzt werden« durften.[48] Der Monarch war in Justizsachen auf das Begnadigungsrecht in Strafsachen beschränkt.

Zu den allein dem Monarchen vorbehaltenen Gebieten zählte aber nach wie vor die auswärtige Politik. Die meisten Verfassungen hoben das nicht eigens hervor. Erwähnt fanden sich nur diejenigen Regierungsakte, welche ausnahmsweise eine Zustimmung der Volksvertretung erforderten. Die württembergische Verfassung beispielsweise rechnete dazu: Verträge, durch die ein Teil des Staatsgebiets oder des Staatseigentums veräußert oder eine Finanzlast auf das Land oder seine Einwohner übernommen wurde; ferner Verträge, die in subjektive Rechtspositionen der Bürger eingriffen oder neue gesetzliche Einrichtungen zur Folge hatten. Genau besehen handelte es sich dabei aber nur um eine Konsequenz des ohnehin bestehenden Mitwirkungsrechts in Fragen, die Freiheit und Eigentum der Bürger sowie die Sicherheit der Staatsschulden berührten, nicht um spezifisch außenpolitische Kompetenzen. Die genuin außenpolitischen Fragen der Bündnisverhältnisse, des Kriegseintritts, des Friedensschlusses und der Diplomatie blieben vielmehr von ständischen Einflüssen frei. Das Wirkungsfeld der Parlamente beschränkte sich auf das Gebiet der Innenpolitik.

Zu den Vorbehaltsrechten des Monarchen gehörte schließlich die militärische Gewalt. Sie betraf Freiheit und Eigentum der Bürger nur insoweit, als die Wehrpflicht in Rede stand. Diese mußte daher gesetzlich beschlossen werden. Alle übrigen Fragen wie Stärke und Organisation, Ausrüstung und Bewaffnung, Führung und Ausbildung, Einsatz und Verwendung des Heeres unterstanden nicht der parlamentarischen Kontrolle. Daß hier der Kern der monarchischen Gewalt berührt war, kommt auch an dem Verhältnis von Monarch und Regierung in Militärangelegenheiten zum Vorschein. Ohne daß dies in den Verfassungen ausdrücklich verfügt war, galt für Akte der Kommandogewalt, worunter die eben genannten monarchischen Befugnisse zusammengefaßt wurden, weder das ministerielle Gegenzeichnungsrecht noch die Verantwortlichkeit der Minister. Zusammen mit dem Umstand, daß das Militär seinen Treueeid nicht auf die Verfassung, sondern auf die Person des Monarchen schwor, bringt dies zum Ausdruck, daß das Militär wie die monarchische Gewalt selber, deren Rückhalt es bildete, extra-konstitutionell gedacht war und monarchische Prärogative bleiben sollte.

Hält man nach diesem Überblick nochmals die parlamentarischen Befugnisse und die monarchischen Prärogativen nebeneinander, so wird erkennbar, daß die Machtbasis, auf die sich der absolute Staat gestützt hatte, nämlich Beamtenschaft, Diplomatie und Heer, im Verfassungsstaat unverändert erhalten blieb und durch das verstaatlichte Erziehungswesen noch ergänzt wurde. Die Volksvertretung konnte auf das Fundament der monarchischen Herrschaft keinen Zugriff erlangen. Ihre Befugnisse deckten sich vielmehr mit den privaten Interessen des Einzelnen, persönlicher Freiheit und Sicherheit des Eigentums, und nur mittelbar über das Budgetrecht konnte sie ihren Einfluß auch auf monarchische Prärogativen erstrecken. Selbst in ihrem eigenen Kompetenzbereich kam der Volksvertretung aber keine maßgebende, sondern nur eine korrigierende Funktion zu. Sie besaß keine Handhabe, das staatliche Handeln nach eigenen Vorstellungen zu leiten, sondern konnte die staatlichen Absichten nur dort durchkreuzen, wo sie gesellschaftliche Interessen unmittelbar berührten. Angesichts des monarchischen Prinzips und der monarchischen Prärogative rückte die Volksvertretung nicht eigentlich in den Staat ein. Treffender läßt sie sich als eine Repräsentation der Gesellschaft beim Staat beschreiben, die bestimmte Interessen der Regierten wahrnahm und diesen zumindest in negatorischer Hinsicht Geltung verschaffen konnte.

5. Die Organisation der Volksvertretung

Welche Interessen die Volksvertretung gegenüber dem monarchischen Staat zur Geltung bringen konnte und wie dabei die Gewichte unter den verschiedenen Interessen in der Bevölkerung verteilt waren, hing nicht nur vom Kompetenzrahmen, sondern auch von der Konstruktion der Volksvertretung ab. An erster Stelle stand in diesem Zusammenhang die Frage, ob die Volksvertretung aus einer Kammer oder aus zwei Kammern bestehen sollte. Im Einkammersystem trat das Volk dem Monarchen als einheitliche Staatsbürgergesellschaft entgegen und mußte die unterschiedlichen Standesinteressen in sich auszugleichen versuchen. Dagegen war der Bikameralismus zu Beginn des 19. Jahrhunderts gleichbedeutend mit einer Sondervertretung privilegierter Stände oder Personen. Eine solche kam den Interessen der meisten Fürsten entgegen, die sich davon eine bessere Integration der Mediatisierten in den Staatsverband und eine Stärkung des konservativen Elements in der Volksvertretung versprachen. Eine Neigung zum Bikameralismus kann auch bei den Begünstigten selbst unterstellt werden. Es ist aber bemerkenswert, daß der württembergische Adel ein einkammriges Parlament vorzog, weil er darin ein stärkeres Gegengewicht gegen den Monarchen erblickte.

Während für die meisten Kleinstaaten, die in dieser Phase zum Konstitutionalismus übergingen, aus Gründen der schmalen Personalbasis nur eine Kammer in Frage kam, setzte sich in Süddeutschland der Bikameralismus durch, auch in Württemberg, wo er zu den Kernforderungen des Königs gehörte. Doch war damit keine Wiederbelebung des eben erst überwundenen altständischen Repräsentationsprinzips verbunden. Die Ersten Kammern wurden nicht als reine Adelskammern ausgestaltet. Die Mitgliedschaft in ihnen beruhte vielmehr nur zu einem Teil auf Geburt, zum anderen Teil auf Ernennung oder Amt. Geborene Mitglieder waren in der Regel die Prinzen des Herrscherhauses und die Familienoberhäupter des Hochadels, insbesondere der mediatisierten Reichsstände, denen die Bundesakte eine Reihe von Vorzugsrechten garantiert hatte. Dazu kamen häufig von Amts wegen die Kirchenführer und Repräsentanten der Universitäten. Schließlich besaß der Monarch das Recht, eine Anzahl verdienter Personen ohne Rücksicht auf ihren Stand in die Ersten Kammern zu berufen, ohne daß dadurch die Mitglieder kraft Geburt oder Amtes ihre Majorität verlieren durften. Im einzelnen variierten Zusammensetzung und Bestellungsmodus von Land zu Land. Doch überwog in jedem Fall das adelige Element eindeutig.

Umgekehrt trat in den Zweiten Kammern das bürgerlich-bäuerliche Element, wenngleich ebenfalls nicht unvermischt, hervor. Vielmehr pflegten in den Zweiten Kammern auch Vertreter des niederen Adels, in einigen Staaten außerdem die Vertreter des Klerus und der Universitäten zu sitzen. Für die Rekrutierung der Abgeordneten blieb die ständische Gliederung der Gesellschaft maßgebend. Die Gesamtzahl der Sitze wurde vorweg unter die verschiedenen Stände aufgeteilt. Dann besetzten diese die ihnen zustehenden Sitze durch Wahl. Insofern knüpften die modernen Verfassungen an das altständische Vorbild an, dessen soziale Grundlagen großenteils auch noch die Wirklichkeit des Verfassungsstaats prägten. Dieser folgte ja in Deutschland nicht einer schon bürgerlichen Gesellschaft nach, sondern fungierte als Mittel, um sie herbeizuführen. Von den alten Ständen unterschieden sich die Volksvertretungen in den Zweiten Kammern aber dadurch, daß sie erstens nicht mehr durchgängig an Geburtsstände, sondern bereits an Berufsstände anknüpften, die, zumindest grundsätzlich, frei wählbar waren, und zweitens die Standschaft auf den bäuerlichen Grundbesitz ausweiteten, der bisher durch die Grundherren mitrepräsentiert worden war.

Die Sitzverteilung unter die verschiedenen Stände fiel von Verfassung zu Verfassung unterschiedlich aus. Nimmt man Bayern als Beispiel, so kam die Hälfte der Abgeordneten aus dem Kreis der ländlichen Grundbesitzer, denen keine Patrimonialgerichtsbarkeit zustand, setzte sich also vorwiegend aus Bauern zusammen. Ein Viertel der Abgeordneten stellten die Städte, je ein Achtel die adeligen Grundbesitzer, soweit sie nicht der Ersten Kammer angehörten, und die Geistlichkeit. Ferner entsandten die drei Landesuniversitäten je einen Vertreter. Diese Zusammensetzung der Kammern spiegelte die Sozialstruktur nicht proportional wider. Überschlägig geschätzt, machte die Bauernschaft etwa 80% der bayerischen Bevölkerung aus, nahm jedoch nur 50% der Sitze ein. Dagegen lebte in den Städten rund ein Fünftel der Bevölkerung, dem aber ein Viertel der Sitze zustand. Noch deutlicher fiel die Überrepräsentation für Adel und Klerus aus. Bei einem Bevölkerungsanteil von 0,1% bzw. 0,3% hatten diese beiden Stände 12,5% der Sitze inne. Umgerechnet vertrat ein adeliger Abgeordneter etwa 38 Standesgenossen und deren Familien, ein Abgeordneter des »Dritten Standes« indessen rund 9650 Familien.

Das ständische Prinzip, dem die Rekrutierung der Volksvertreter noch folgte, bestimmte aber nicht mehr deren Arbeitsweise. Die Mitglieder der alten Ständeversammlungen waren rechtlich Vertreter von Standesinteressen gewesen. Daher galt für sie das imperative Mandat und die geschlossene Stimmabgabe jedes Standes. Die süddeutschen Verfassungen lassen sich dagegen dem Typus der modernen Repräsentativverfassung zuordnen, weil sie mit diesem Prinzip brachen. Ungeachtet ihrer ständischen Herkunft und Bestellung hatten die Abgeordneten »in der Ständeversammlung nur des ganzen Landes allgemeines Wohl und Bestes ohne Rücksicht auf besondere Stände und Klassen« zu beachten und »über die Gegenstände ihrer Beratungen nach eigener Überzeugung abzustimmen«.[49] Es war ihnen ausdrücklich untersagt, von ihren Kommittenten Instruktionen anzunehmen. In dieser Hinsicht verdienen die Ständeversammlungen die Bezeichnung Volksvertretung, wenn auch noch keineswegs das gesamte Volk an ihrer Bestellung mitwirken durfte. Im übrigen genossen die Abgeordneten während der Sitzungsperioden Schutz vor Verhaftung, es sei denn die Kammer gab ihre Zustimmung, und nach der bayerischen Verfassung auch Schutz vor Verfolgung wegen der im Parlament gehaltenen Reden.

Das Parlamentsrecht bringt zum Vorschein, wie sehr die Verfassung als Mittel des Staates zur Überwindung der altständischen Mitspracherechte und zur Herstellung einer allgemeinen Staatsbürgergesellschaft bestimmt war. Nicht mehr Herrscher und Stände traten als Gegenspieler auf, sondern Staat und Gesellschaft. Dadurch ließ sich freilich ein interessenbestimmtes oder standesgeprägtes Verhalten der Abgeordneten nicht verhindern, das in der Sozialstruktur und der von ihr geprägten Mentalität wurzelte und durchaus noch hinter dem verfassungsrechtlichen Standard zurückblieb. Die Verfassungen machten aber das Veto eines Standes als Stand unmöglich und zwangen die Stände zur Zusammenarbeit. Nur das Zwei-Kammer-System wirkte sich vorerst noch faktisch als Vetorecht für den hohen Adel aus. Im übrigen waren die Standesinteressen dem Mehrheitsprinzip unterworfen. Politische Absichten mußten sich künftig gesamtgesellschaftlich zu legitimieren suchen. Das statische, am Bestandsschutz für ständische Rechte und Freiheiten ausgerichtete System war einem dynamischen, auf situationsbezogenen Interessenausgleich gerichteten Prinzip gewichen. Rechtsänderung trat vor Rechtswahrung. Das sollten die Reformdebatten in den Landtagen des Vormärz erweisen.

6. Das vormärzliche Wahlrecht

Im Rahmen der ständischen Mandatskontingente entschied das Wahlrecht darüber, wer die Repräsentanten der verschiedenen Stände wählen und wer sie stellen durfte. So wie die Abgeordneten nach Ständen getrennt bestimmt wurden, galt neben einigen allgemeinen Vorschriften, die das Wahlrecht vom männlichen Geschlecht, von einem Mindestalter, oft auch von der Zugehörigkeit zu einer christlichen Konfession, abhängig machten, für jeden Stand ein spezifisches Wahlrecht. Die beiden oberen Stände waren dabei weniger Restriktionen unterworfen als der »Dritte Stand«. Adelige, Geistliche, Bürger und Bauern wählten ihre Abgeordneten nach unterschiedlichen Bedingungen. Der Adel bestimmte seine Abgeordneten in direkter Wahl. Das Wahlrecht war an adeligen Grundbesitz geknüpft, blieb in der Regel aber bürgerlichen Eigentümern adeliger Güter vorenthalten. Dagegen konnte das im Grundbesitz wurzelnde Wahlrecht ausnahmsweise auch von Frauen wahrgenommen werden. Die Geistlichkeit gehörte den Kammern meist durch Vertreter kraft Amtes, hohe Würdenträger, an. Wo gewählt wurde, war oft nicht der gesamte Klerus, sondern nur eine privilegierte Gruppe wahlberechtigt.

Für den »Dritten Stand« galt in einigen Staaten einheitliches, in anderen für Stadt- und Landbevölkerung je verschiedenes Wahlrecht. In den Grundzügen bestanden aber keine Unterschiede. Charakteristisch war durchweg die Verbindung von Wahlrecht und Besitz sowie die indirekte Form der Wahl. Die bürgerlichen und bäuerlichen Wähler hatten nicht das Recht, ihre Abgeordneten unmittelbar zu wählen, sondern bestimmten Wahlmänner, die ihrerseits erst die Abgeordneten wählten. In einigen Staaten war das Wahlverfahren sogar dreigestuft. Die Urwähler benannten dann Bevollmächtigte, diese bestimmten Wahlmänner, und die Wahlmänner wählten die Abgeordneten. Die indirekte Form der Wahl erklärt sich nicht allein aus den organisatorischen Schwierigkeiten zu einer Zeit unentwickelter Verkehrsverbindungen und

Kommunikationstechniken. Sie drückt vor allem die Vorbehalte der Regierungen gegen die neuen Volksvertretungen aus, denen die Mitsprache an politischen Entscheidungen weniger im gesellschaftlichen als im staatlichen Interesse zugestanden worden war. Unter diesen Umständen sicherten indirekte Wahlen den Regierungen stärkeren Einfluß auf die Bestimmung der Abgeordneten und trugen auch, da der Zensus für Wahlmänner in der Regel höher war als für Urwähler, ihrem Zuverlässigkeitsbedürfnis besser Rechnung.

Das aktive Wahlrecht setzte in der Regel Grundbesitz oder Steuerzahlungen in einer bestimmten Höhe voraus, die von Land zu Land verschieden bemessen war. Das liberalste Wahlrecht galt in Baden, wo lediglich die – allerdings gewöhnlich mit Grundbesitz verbundene – Angesessenheit als Bürger oder die Bekleidung eines öffentlichen Amtes gefordert war und nur wirtschaftlich Unselbständige kein Wahlrecht genossen. Bayern beschränkte das Urwahlrecht von vornherein auf die Magistrate und Gemeindebevollmächtigten in den Städten und die Gemeindeausschüsse in den Landgemeinden. Dabei handelte es sich nach Angaben aus dem Jahr 1843 für die Städte und Märkte mit gemeinsamer Landstandschaft (die Städte München, Nürnberg und Augsburg waren gesondert vertreten) um 3400 wahlberechtigte Personen. Bei einer Bevölkerungszahl von 600 000 entsprach dies etwa 0,57%. Für die Landgemeinden mit rund vier Millionen Einwohnern waren 55 200 Personen wahlberechtigt, umgerechnet 1,4% der Bevölkerung. Die soziale Basis der Volksvertretungen war also überaus schmal. Von einer Repräsentation der gesamten Gesellschaft blieben auch die konstitutionellen Staaten weit entfernt.

War bereits das aktive Wahlrecht durch einen hohen Zensus stark eingeschränkt, so galt das erst recht für die Wählbarkeit zum Wahlmann oder zum Abgeordneten. Für beide Funktionen kamen nach den meisten Verfassungen oder Wahlordnungen nur sehr begüterte Personen in Betracht. In diesem Punkt schloß sich auch Baden den anderen Ländern an. In Hessen-Darmstadt waren bei einer Bevölkerung von 650000 nur 985 Einwohner wählbar, das sind 0,15%. In Bayern lagen die Zahlen für die Städte etwas höher, und zwar bei 0,5%, auf dem Lande noch niedriger, nämlich bei 0,02% der Gesamtbevölkerung. Nur Württemberg unterwarf das Abgeordnetenmandat keinerlei Besitzkriterien. Dafür stellten aber die höchstbesteuerten Einwohner automatisch zwei Drittel der Wahlmänner, und nur das restliche Drittel wurde von den Urwählern bestimmt. Deutschland fiel mit solchen Regelungen allerdings keineswegs aus dem Rahmen. Frankreich etwa gewährte zur selben Zeit 0,3% der Gesamtbevölkerung das aktive und 0,07% das passive Wahlrecht, und auch die Juli-Monarchie, die 1830 das restaurative Regime ablöste, ließ bei einer Gesamtbevölkerung von 30 Millionen anfangs nur 167000 und gegen Ende 1846 248000 Personen zur Wahl zu.

Wie das französische Beispiel zeigt, entsprangen mittelbare Wahl und Zensus nicht nur der Furcht von Monarchen und Regierungen vor der Volkssouveränität, die vielfach als unausweichliche Konsequenz eines breit gestreuten Wahlrechts galt. Sie entsprachen vielmehr auch den Vorstellungen des bürgerlichen Liberalismus selbst. Dieser setzte das Gleichheitsprinzip der geburtsständischen Festlegung des Einzelnen und den Vorrechten des Adels entgegen, wandte sich aber nicht gegen eine Differenzierung der Bevölkerung, die auf Leistung beruhte. Das galt auch für die Repräsentation, zumal der Liberalismus in der Volksvertretung kein verkleinertes Abbild der Gesellschaft, sondern eine Auswahl der Besten sah. Diese sollte aufgrund von Erfahrung und Einsicht im Austausch von Argumenten zu einer dem Gemeinwohl dienlichen Entscheidung gelangen. Das schloß negativ alle abhängig Beschäftigten aus, weil man ihnen keine unbeeinflußte Meinungsbildung zutraute, und deutete positiv auf die Begüterten hin, weil in der vorindustriellen Gesellschaft Grundbesitz als Beweis von Leistung galt. In den frühen Verfassungsdiskussionen ging es daher auch, von wenigen Ausnahmen abgesehen, stets nur um eine Ausweitung der ständischen Repräsentation, noch nicht um ihre völlige Umgestaltung.

Zweifellos begünstigte das Zensuswahlrecht Besitzinteressen, und die Begründung, daß nur Eigentümer der politischen Mitsprache bedürften, weil nur Eigentum von politischen Entscheidungen betroffen sei, läßt sich leicht als interessendeterminiert durchschauen. Das verrät auch der wiederkehrende Hinweis, daß nur vom Eigentümer die Aufrechterhaltung der bestehenden Ordnung erwartet werden könne, während der »Pöbel« naturgemäß auf ihren Umsturz aus sein müsse. Andererseits darf man die liberale Wahlrechtsdoktrin nicht losgelöst von den Bedingungen ihrer Entstehungszeit betrachten. In einer Gesellschaft kaum überwundener Unfreiheit, verbreiteten Analphabetentums und fehlender politischer Übung stellt das Zensuswahlrecht auch eine Antwort auf das Qualitätsproblem dar. Die Aufgabe der Wahrung gesellschaftlicher Interessen gegenüber dem Monarchen und seiner Regierung setzte Unabhängigkeit und Geschäftserfahrung voraus, und beides schien durch Besitz am ehesten garantiert. Zudem lastete auf dem Besitz noch nicht die Hypothek des Industriezeitalters. Nachdem die aus der ständisch-feudalen Ordnung herrührenden Hindernisse individueller Entfaltung gerade zu fallen begannen, konnte noch die Hoffnung bestehen, daß jeder Tüchtige alsbald Eigentümer werde und Eigentum also für Tüchtigkeit bürge. Erst nachdem diese Erwartung zerstört war, nahm das Wahlrecht definitiv Klassencharakter an.

7. Die grundrechtlichen Freiheiten

Der Umstand, daß die deutschen Verfassungen nicht von einem erstarkten Bürgertum gegen den monarchischen Staat durchgesetzt, sondern von diesem aus Gründen dynastischer Selbsterhaltung freiwillig gewährt worden waren, färbte auch auf den inhaltlichen Teil der neuen Konstitutionen, die Grundrechte, ab. Weder im Geltungsgrund noch im Geltungsumfang kamen sie den amerikanischen und französischen Rechteerklärungen gleich. Waren diese gegen einen aufs positive Recht pochenden Staat behauptet und daher naturrechtlich begründet worden, so konnten die deutschen Grundrechte als staatliche Verleihungen nur positivrechtlich begründet werden. Ohne die naturrechtliche Basis beanspruchten sie auch nicht wie die revolutionär erstrittenen Grundrechte den Charakter von Menschenrechten, sondern verstanden sich als Staatsbürgerrechte. Mit Bestimmungen über den Erwerb und Verlust der Staatsbürgerschaft pflegten daher die süddeutschen Grundrechtskataloge zu beginnen. Aus demselben Grund stiegen die Grundrechte auch nicht zu jenen obersten sinngebenden Prinzipien auf, denen der Staat dienstbar zu machen war, sondern erschienen als freiwillige Selbstbeschränkung einer unabhängig von ihnen legitimierten Staatsgewalt.

Diese Eigenart minderte zwar nicht ihre Grundrechtsqualität, denn einmal in Kraft gesetzt, konnten die Rechte nicht mehr einseitig zurückgenommen werden, sondern banden die Staatsgewalt unwiderruflich. Sie machte sich aber inhaltlich bemerkbar. Die amerikanischen und französischen Rechteerklärungen waren ihrem Inhalt nach Konkretisierungen des ordnungsleitenden Prinzips individueller Freiheit. Dagegen lag individuelle Freiheit als solche nicht im Interesse eines Staates, der weiterhin die alleinige Einsicht in das wahre Beste der Gesellschaft beanspruchte. Die Freiheit blieb vielmehr auf den bestehenden Staat und seine Machtposition bezogen. Die landesherrlichen Bestrebungen zielten auf eine leistungsfähige Gesellschaft, was soviel wie den Abbau der Standesschranken und der feudalen und korporativen Bindungen von Person, Eigentum und Erwerbstätigkeit bedeutete. Soweit diese Ziele zugleich bürgerlichen Interessen entgegenkamen, gingen Staat und Bürgertum denselben Weg. Weder war aber das Bürgertum stark genug, den Staat zu weiteren Zugeständnissen zu bewegen, noch der Staat unabhängig genug, den Widerstand der privilegierten Stände völlig zu brechen. Das führte zu einem für die erste Hälfte des 19. Jahrhunderts charakteristischen Mischzustand feudaler und bürgerlicher Elemente, der auch die Grundrechtskataloge prägte.

Das bürgerliche Element kam vor allem darin zum Ausdruck, daß die Grundrechte dem Einzelnen als Person und Staatsbürger, nicht als Mitglied eines Standes Rechtspositionen verliehen. Sie stellten die allgemeine Rechtssubjektivität her und drängten die übrigbleibenden ständisch differenzierten Rechte in die Rolle von Ausnahmen. In Bayern folgte dem Grundrechtskatalog daher ein eigener Abschnitt »Von besonderen Rechten und Vorzügen«. Jede Form der persönlichen Unfreiheit, namentlich in Gestalt von Leibeigenschaft, wurde von den Verfassungen mit sofortiger Wirkung aufgehoben. Bindungen zwischen Privatpersonen waren danach auf vertragliche Vereinbarungen angewiesen. Für diese galt aber der Freiheitsgrundsatz noch keineswegs unbedingt. Eine Bestimmung, die die Freiheit zum universalen Prinzip gemacht hätte, wie das Art. 4 der französischen Rechteerklärung mit dem Grundsatz »La liberté consiste à pouvoir faire tout ce qui ne nuit pas à autrui« tat, findet sich in den deutschen Verfassungen nicht. Die persönliche Freiheit wirkte sich vielmehr vor allem gegenüber dem Staat aus und wurde hier hauptsächlich strafrechtlich durch den Schutz vor willkürlicher Verhaftung und die Garantie des gesetzlichen Richters konkretisiert.

Die Freiheit konnte aber, solange das Feudalsystem und die zünftische Gewerbeordnung noch fortbestanden, auch im wirtschaftlichen Bereich nicht zum universalen Prinzip erhoben werden. Das zeigen vor allem die Formulierungen der Eigentumsgarantie in den deutschen Grundrechtskatalogen. Während in Frankreich und Amerika die Freiheit gerade hier ein kaum beschränktes Anwendungsfeld fand, sicherten die deutschen Verfassungen das Eigentum lediglich gegen staatliche Zugriffe ab. Enteignung war danach nur noch zum Zweck des öffentlichen Wohls und gegen vorgängige Entschädigung zulässig; die Strafe der Vermögenskonfiskation wurde vollständig abgeschafft. Dagegen fehlte eine Garantie des freien Eigentumsgebrauchs, der die Aufhebung der feudalen und korporativen Bindungen vorausgesetzt hätte, die zwar begonnen, aber nicht vollendet war. Insoweit gaben die Verfassungen nur die Zielrichtung zu erkennen, indem sie Gesetzgebungsaufträge zur Grundentlastung formulierten. Die Freiheit der Berufswahl findet sich lediglich in der württembergischen Verfassung. Doch ließ auch diese in § 31 »ausschließliche Handels- und Gewerbe-Privilegien« zu, allerdings nicht mehr als wohlerworbene und insofern bestandskräftige, sondern gesetzlich verliehene und also veränderliche Rechte.

Vor allem hinderte die noch nicht überwundene ständische Gliederung der Gesellschaft aber eine Verkündung allgemeiner Rechtsgleichheit, wie das im revolutionären Amerika und Frankreich mit besonderer Emphase geschehen war. Die *Virginia Bill of Rights* stellte in ihrem ersten Artikel fest, »that all men are by nature equally free«, und in der französischen Menschenrechtserklärung hieß es an gleicher Stelle: »Les hommes naissent et demeurent libres et égaux en droits.« In den frühen deutschen Verfassungen waren die Gleichheitsgarantien dagegen kasuistisch gefaßt und galten vorwiegend in der Staatsrichtung. Sie bezogen sich auf die drei Bereiche der Besteuerung, des Zugangs zu öffentlichen Ämtern und der Militärdienstpflicht, garantierten aber kein gleiches Recht für alle. Darin kommt abermals zum Ausdruck, daß der staatliche Kampf gegen Adelsprivilegien in Süddeutschland vornehmlich im staatlichen Eigeninteresse geführt worden war und daher in erster Linie den grundherrlichen Hoheitsfunktionen gegolten hatte, während die soziale und ökonomische Seite des Feudalsystems keinem ähnlich harten Zugriff unterworfen wurde, sondern allmählich und nach dem Wiener Kongreß eher verlangsamt abgebaut werden sollte.

Der Umstand, daß der monarchische Staat die Staatsgewalt nicht mit der Gesellschaft zu teilen gedachte, sondern diese nur im engeren Umkreis bürgerlicher Interessen an der Ausübung beteiligte, macht sich an der Sparsamkeit bemerkbar, mit der die deutschen Verfassungen politisch verwendbare Grundrechte gewährten. Zum Normalbestand der Verfassungen gehörten insoweit nur – ihrer politischen Sprengkraft schon länger beraubt und mittlerweile eher auf der Grenze zur Privatsphäre liegend – die Gewissensfreiheit, aber auch die Pressefreiheit. Pressefreiheit hatte sich in den Befreiungskriegen faktisch durchgesetzt, keineswegs ohne Zutun der Fürsten, denen die von der Presse entfachte patriotische Begeisterung im Kampf gegen Napoleon zugute kam. In einem vorwiegend bildungsbürgerlich bestimmten Diskussionsmilieu wurde sie nach den Befreiungskriegen zur wichtigsten Grundrechtsforderung. Eine Verfassung ohne dieses Grundrecht hätte daher schwerlich Anerkennung finden können. Es fehlte daher in keiner der süddeutschen Verfassungen. Doch war die Pressefreiheit von vornherein wie kein anderes Grundrecht unter Mißbrauchsvorbehalt gestellt, der schnell Wirklichkeit werden sollte. Versammlungs- und Vereinigungsfreiheit schließlich genossen gar keine grundrechtliche Sicherung.

8. Die Funktion der Grundrechte

In Amerika wie in Frankreich waren die Grundrechte auf das bürgerliche Sozialmodell bezogen gewesen. Ihre Funktion bestimmte sich von diesem her. In Amerika ging es darum, eine längst bürgerliche Ordnung gegen die erlebte Gefahr eines seine dienende Rolle verlassenden und Freiheits- und Gleichheitspostulate der Gesellschaft verletzenden Staates wirksam abzusichern. Zu diesem Zweck wurden die aus dem Mutterland bekannten *Rights of Englishmen* auf eine naturrechtliche Basis gestellt und als solche dem Staat vorgeordnet. Von den Grundrechten her bestimmte sich dann die Staatsaufgabe, und nur in dem von ihnen gezogenen Rahmen durfte er seine spezifischen Machtmittel gebrauchen. In Frankreich, wo eine bürgerliche Sozialordnung noch nicht bestand, sondern das eigentliche Ziel der Revolution war, stellten die Grundrechte die Leitlinie für ihre gesetzliche Einführung dar. Nach der Überzeugung der Nationalversammlung mußten sie vorab deklariert werden, um dem Reformwerk Halt und Dauer zu verleihen.

War die Umstellung erfolgt, konnten sie sich wie in Amerika auf ihre Garantiefunktion für die bürgerliche Gesellschaft zurückziehen.

Gingen die Grundrechte dem Staat voraus und bestimmten und begrenzten seinen Auftrag, dann war es folgerichtig, daß sie ihre Bindungskraft nicht nur auf die Exekutive, sondern auch auf die Legislative erstreckten. Im revolutionären Frankreich kam etwas anderes gar nicht in Frage, denn angesichts der bestehenden ständisch-feudalen Rechtsordnung war der Gesetzgeber, der diese umzugestalten hatte, der Primäradressat der Grundrechte. Sie bildeten für ihn objektive Auftragsnormen und Handlungspflichten, ehe sie für den Bürger zu subjektiven Abwehrrechten werden konnten. In Amerika wirkten sie angesichts der schon an Freiheit und Gleichheit orientierten Rechtsordnung dagegen von Anfang an als Eingriffsschranken. Daß sie als solche aber auch den Gesetzgeber erfaßten, folgt aus ihrer Entstehung, bei der es gerade um die Abwehr von Parlamentsmaßnahmen ging. Aber selbst noch im restaurativen Frankreich, das die naturrechtliche Wurzel der Grundrechte leugnete, sicherten sie die sozialen Errungenschaften einer vollendeten Revolution, namentlich den *Code civil*, gegen ihren politisch wieder zur Macht gelangten Gegner und konnten dieses Ziel nur erreichen, wenn sie auch die Legislative banden.

In Deutschland blieb der Staat den Grundrechten vorgeordnet. Weder gingen sie der Umgestaltung der Sozialordnung auf die bürgerlichen Prinzipien von Freiheit und Gleichheit richtungweisend voran wie im revolutionären Frankreich, noch folgten sie ihr garantierend nach wie im restaurativen Frankreich und in Amerika. Sie legten sich vielmehr sichernd über eine Teilreform, die die alte Staatsgewalt selber in die Wege geleitet und soweit vorangetrieben hatte, wie es ihr wünschenswert und durchsetzbar erschienen war. Die Fortführung der Reformen behielt sich nach dem Machtverteilungsprinzip des deutschen Konstitutionalismus der Monarch allein vor. Die Grundrechte hielten ihn weder dazu an noch gaben sie ihm Direktiven für die Ausführung. Sie schützten Freiheit und Gleichheit nur in dem Maß, wie sie gesetzlich bereits hergestellt waren, und zwar dadurch, daß sie eine einseitige Revision ohne Einwilligung der Volksvertretung verhinderten. Auf die Volksvertretung waren sie daher kompetenzbegründend bezogen. Dagegen besaßen sie, von den wenigen Gesetzgebungsaufträgen abgesehen, keinen gesetzesüberschießenden Gehalt und infolgedessen auch keine Leitfunktion für die künftige Gesetzgebung.

Ob den Grundrechten neben ihrer Funktion, Gesetzesänderungen in ihrem Geltungsbereich an die Zustimmung der Volksvertretung zu binden, noch weiterreichende rechtliche Bedeutung zukam, war in den Verfassungen größtenteils ungeklärt. Insbesondere stand nicht fest, wie es mit Grundrechtseingriffen durch die Exekutive bestellt war, denen eine von der Volksvertretung gebilligte gesetzliche Grundlage fehlte. Die Freiheit-und-Eigentum-Formel gab auf diese Frage keine unmittelbare Antwort. Sie bezog sich auf die Mitwirkung der Volksvertretung an der Gesetzgebung. Das Eingriffsverbot für die Verwaltung bei fehlender gesetzlicher Ermächtigung ließ sich nur mittelbar daraus entnehmen. Der Verwaltung mangelte es indes selten an den erforderlichen Ermächtigungen, nur waren die meisten vorkonstitutioneller, oft sogar gewohnheitsrechtlicher Natur. Besonders im Polizeirecht, wo das Problem seine größte praktische Bedeutung erhielt, bildeten solche Ermächtigungen den Regelfall. Alles lief daher auf die Frage hinaus, ob auch diese nicht von der Volksvertretung gebilligten älteren Ermächtigungen dem verfassungsrechtlichen Gesetzmäßigkeitsprinzip genügen sollten.

Die Antwort ergibt sich aus dem Umstand, daß die deutschen Verfassungen die Staatsgewalt nicht auf eine gänzlich neue Grundlage stellten, sondern sie lediglich modifizierten. Es herrschte mithin Kontinuität, und diese kam auch den vorkonstitutionellen Ermächtigungen zugute. Offen blieb lediglich, ob vorkonstitutionelle Ermächtigungen, die mit den Grundrechten nicht mehr vereinbar erschienen, ebenfalls weitergelten sollten. Es ist bezeichnend, daß sich allein die württembergische Verfassung, an deren Ausarbeitung die Stände mitgewirkt hatten, zu dieser Frage äußerte. Nach § 91 waren alle Gesetze und Verordnungen, die mit einer »ausdrücklichen Bestimmung« der Verfassung in Widerspruch standen, »hierdurch aufgehoben«. Im übrigen sollten sie der »verfassungsmäßigen Revision« unterworfen sein. Die Formulierung deutet auf eine restriktive Anwendung hin. Normen, die nicht dem Wortlaut der Verfassung, sondern nur ihrem Sinn widersprachen, waren nicht erfaßt, sondern auf den Revisionsweg verwiesen. Das gilt erst recht für diejenigen Verfassungen, denen eine der württembergischen vergleichbare Bestimmung fehlte.

Die Folge war, daß ein beträchtliches Stück des alten, von der Verfassung abgelösten Polizeistaats in den Verfassungsstaat hineinragte. Die vorkonstitutionellen Ermächtigungsnormen waren ja den Bedürfnissen des Staates und seiner umfassenden Vorsorge für die Wohlfahrt der Untertanen entsprungen, ohne daß diese dabei ihre eigenen Bedürfnisse und Interessen zur Geltung hätten bringen können. Mit der Einrichtung von Volksvertretungen änderte sich dieser Zustand nicht, denn als bloßen Vetoinstanzen gegenüber dem zur Aktion befugten monarchischen Staat fehlte ihnen anfangs sogar das Initiativrecht für Gesetzesrevisionen und, nachdem dieses errungen war, jedenfalls das Alleinentscheidungsrecht. Die rechtliche Bedeutung der Grundrechte litt darunter stark. Lag eine grundrechtskonforme gesetzliche Regelung vor, gingen die Grundrechte in ihr auf und verhinderten nur deren einseitige Rücknahme. Fehlte ein grundrechtskonformes Gesetz, enthielten sie lediglich eine juristisch wirkungslose Proklamation. Ihre Verwirklichung durch eine grundrechtskonforme Gesetzgebung blieb auf diese Weise das rechtspolitische Hauptthema des Vormärz.

9. Die Sicherung der Verfassung

Zu den stärksten Sicherungen der Verfassung als Ganzes gehörte es, daß sie, obwohl in den meisten Fällen einseitig vom Monarchen in Kraft gesetzt, nicht mehr einseitig von ihm zurückgenommen werden konnte. Die Selbstbindung, die er in der Verfassung eingegangen war, umfaßte auch die Bestimmungen über die Verfassungsänderung. Diese Regel erst begründete die Höherrangigkeit der Verfassungsurkunde und damit ihre Verfassungsqualität. Verfassungsänderungen verlangten übereinstimmende Beschlüsse aller drei Gesetzgebungsorgane, des Monarchen und der beiden Kammern. In den Kammern mußte eine qualifizierte Mehrheit von zwei Dritteln der Anwesenden erreicht werden. Diese Vorschriften erhielten eine zusätzliche Garantie durch Art. 56 der Wiener Schlußakte, der bekräftigte, daß die einmal erlassenen Verfassungen nicht mehr einseitig zurückgenommen, sondern nur noch »auf verfassungsmäßigem Wege« geändert werden durften. Der Bund stellte damit das Legalitätsprinzip über die aufkommende Verfassungsaversion, um den demokratischen Bestrebungen in der Bevölkerung nicht durch Staatsstreiche zusätzliche Nahrung zu geben.

Die Wiener Schlußakte garantierte aber nicht nur den Bestand der repräsentativen Verfassungen. Sie eröffnete dem Bund auch die Möglichkeit einzuschreiten, wenn es über die Verfassung oder einzelne ihrer Bestimmungen zum Konflikt kam. Die Intervention setzte voraus, daß der Bund auf Antrag eines Mitgliedstaates gemäß Art. 60 der Wiener Schlußakte ausdrücklich die Garantie der Verfassung übernommen hatte. War das geschehen, so konnten die Beteiligten, Monarch und Stände, im Konfliktfall um Vermittlung oder Entscheidung nachsuchen. Indessen gab der Bund nur eine einzige Garantieerklärung nach Art. 60 ab, obwohl mehrere Staaten entsprechende Anträge stellten. Der Grund lag darin, daß sich die Bestimmung ungeachtet ihrer Formulierung, die Landesherren und Landstände gleichermaßen berechtigte, in der Praxis zugunsten der Volksvertretungen auswirkte, denn dem Monarchen stand in solchen Konflikten auch ohne die Garantieübernahme das Recht zu, die Bundesintervention gemäß Art. 26 der Wiener Schlußakte zu beantragen. Für ein Verfahren der Volksvertretung gegen den Monarchen wollte sich der Bundestag, der selber ein Monarchen-Organ war, aber nur ungern zur Verfügung stellen. Erst im Gefolge der Revolution von 1830 führte der Bund eine fakultative Schiedsgerichtsbarkeit ein.

Innerstaatlich pflegten die Monarchen die Beachtung der Verfassung in der Präambel oder in den Schlußbestimmungen ausdrücklich zu geloben. Das Gelöbnis erstreckte sich häufig auch auf die Nachfolger. Zusätzlich sahen die meisten Verfassungen für den Fall des Thronwechsels oder der Reichsverwesung einen Verfassungseid oder eine feierliche Form der Zusicherung durch den Thronfolger oder den Verweser, bisweilen auch durch sämtliche Prinzen des königlichen Hauses, vor. So schwor der bayerische König gemäß Titel X § 1 der Verfassung, »nach der Verfassung und den Gesetzen des Reiches zu regieren«, und die Stände erhielten eine Ausfertigung der Eidesurkunde. Der Eid steigerte die ohnehin bestehende rechtliche Bindung des Fürsten an die Verfassung zu einer existentiellen. Er stand dadurch mit seiner Person für die Verfassung ein. Verfassungsbruch war unter diesen Umständen mehr als eine bloße Rechtsverletzung. Er machte den Monarchen wortbrüchig und diskreditierte ihn als die zum Herrscher berufene Person. Der so verstandene Eid erwies sich mehrfach als eigenständig wirksame Hürde vor Staatsstreichplänen, wie sie einige von oppositionellen Volksvertretungen enttäuschte Monarchen von Zeit zu Zeit hegten.

Als rechtliches Verfahren zur Sicherung der Verfassung kannte der Konstitutionalismus vor allem die Verfassungsbeschwerde und die Ministeranklage. Die Verfassungsbeschwerde war kein eigentlich gerichtlicher Rechtsbehelf. Sie erlaubte vielmehr den Ständen, sich mit Beschwerden über verfassungswidriges Verhalten der Minister oder anderer Behörden an den Monarchen zu wenden. Dieser entschied, ob die Beschwerde berechtigt war oder nicht. Es handelte sich also, da der Monarch zugleich die hierarchische Spitze der Exekutive bildete, nicht um die Entscheidung durch einen neutralen Dritten. Nach der bayerischen Verfassung konnte der König die Entscheidung aber dem Staatsrat oder der obersten Justizstelle übertragen. Den einzelnen Staatsbürgern wurde in der Regel ein Beschwerderecht an die Stände eingeräumt, wenn sie sich in verfassungsmäßigen Rechten durch die Verwaltung verletzt fühlten. Nach manchen Verfassungen setzte die Beschwerde an die Stände den Nachweis voraus, daß Vorstellungen bei den Behörden und dem Staatsministerium vergeblich geblieben waren. Die Stände konnten solchen Beschwerden jedoch nicht selber abhelfen, sondern sie nur mit ihrer Stellungnahme an den Monarchen weiterleiten.

In Ermangelung eines politischen Zugriffs der Kammern auf die Regierung erschien als wichtigstes Mittel zur Sicherung der Verfassung im konstitutionellen System die Ministeranklage. Im Gegensatz zur Verfassungsbeschwerde handelte es sich hier um einen gerichtlichen Rechtsbehelf. Die Kammern konnten sie gegen Minister erheben, die den Umsturz der Verfassung unternahmen oder einzelne Verfassungsbestimmungen verletzten. Die Entscheidung oblag entweder dem obersten Gericht oder einem eigenen Staatsgerichtshof. Das Verfahren war dem Strafverfahren nachgebildet. Daran wird sichtbar, daß es nicht um die Feststellung der objektiven Verfassungswidrigkeit einer bestimmten Maßnahme mit dem Ziel ihrer Annullierung, sondern um subjektives Verhalten eines Amtsträgers ging. Die Sanktionen richteten sich daher auch gegen die Person. Unter ihnen ragte die Amtsenthebung als schärfste hervor. An milderen Maßnahmen kamen Verweis oder Geldstrafe in Betracht. Die württembergische Verfassung untersagte dem König überdies, sein Begnadigungsrecht zur Wiedereinsetzung eines Verurteilten in sein altes oder ein ähnliches Amt auszuüben.

Eine Verfassungsgerichtsbarkeit im heute geläufigen Sinn, in der

Kompetenzkonflikte zwischen Staatsorganen gerichtlich ausgetragen oder staatliche Entscheidungen auf ihre Verfassungsmäßigkeit überprüft werden können, sahen die süddeutschen Verfassungen nicht vor. Auch der in Württemberg eingerichtete und von Monarch und Ständen nach Art eines Schiedsgerichts paritätisch beschickte Staatsgerichtshof war kein Verfassungsgericht in dem eben erwähnten Sinn, sondern ein spezielles Strafgericht zur Ahndung von Verfassungsverletzungen. Ein Verfassungsgericht, das bei Kompetenzstreitigkeiten zwischen Monarch und Ständen zu entscheiden befugt war, wurde in der ersten deutschen Verfassungswelle nur in dem Kleinstaat Sachsen-Hildburghausen eingeführt und fand erst in der zweiten, durch die Revolution von 1830 ausgelösten Verfassungswelle Nachahmung. Es war mit dem monarchischen Prinzip, das die Staatsgewalt beim Monarchen monopolisierte und die Gewaltenteilung ausdrücklich ausschloß, theoretisch auch nicht leicht zu vereinbaren. Es drohte vielmehr die Mitwirkung an der Staatsgewalt des Monarchen, die dieses Prinzip allenfalls zuließ, in eine selbständige Entscheidungsgewalt über den Monarchen zu verkehren und blieb daher dem deutschen Konstitutionalismus generell wesensfremd.

10. Die dualistische Struktur des deutschen Verfassungsstaats

Am Ende dieser Analyse des deutschen Verfassungstypus, wie er im Verlauf von hundert Jahren vielfach variiert, aber nicht grundlegend geändert wurde und schließlich als die besonders glückliche politische Leistung Deutschlands im Vergleich mit den demokratischen Systemen des Westens und den absolutistischen Systemen des Ostens galt, kann die Frage nach seiner Eigenart nun präziser gestellt werden. Die Verfassungen selbst und ihre zeitgenössischen Interpreten beantworteten sie mit dem Verweis auf das monarchische Prinzip, das durch die Unterscheidung zwischen Innehabung und Ausübung der Staatsgewalt die traditionelle Legitimationsgrundlage von Herrschaft bewahrte und zugleich mit dem bürgerlich-liberalen Postulat verfassungsrechtlicher Bindung an bestimmte Inhalte und Formen versöhnte. Im monarchischen Prinzip, das das Bundesrecht zur unaufgebbaren staatsrechtlichen Bastion ausbaute, hinter der alle Änderungsabsichten in revolutionäre Bestrebungen umschlugen und das auch nach dem Untergang des Bundes konsequent verteidigt wurde, scheint also der Schlüssel zum Verständnis des deutschen Konstitutionalismus zu liegen.

Dennoch ergeben sich Zweifel, ob die Formel von ungeteilter Innehabung und gebundener Ausübung der Staatsgewalt durch den Monarchen die Verfassungslage hinreichend beschreibt. Was die Formel festzuhalten versuchte, war die Einheit der Staatsgewalt, der alle Beteiligungsrechte der Volksvertretung äußerlich blieben. Sie bewirkten eine bloße Zurücknahme der Gewaltfülle, nicht aber Gewaltenteilung. Gewaltenteilung galt im Gegenteil als Negation des monarchischen Prinzips. Behauptet wurde demnach der Monismus der Staatsgewalt, und nur wenn dieser Monismus tatsächlich bestand, war der Monarch auch ungeachtet der Existenz parlamentarischer Organe im Vollbesitz der Staatsgewalt. Die Antwort hängt ersichtlich von der staatsrechtlichen Qualität des Parlaments und der parlamentarischen Rechte ab. Müssen seine Entscheidungen als Bestandteil der Staatswillensbildung betrachtet werden, über den sich der Monarch nicht hinwegsetzen konnte, dann hatte es auch Anteil an der Staatsgewalt und stellte den Monismus in Frage. Waren sie es nicht, dann enthielt die Formel eine korrekte Beschreibung der Verfassungslage.

Für das monarchische Prinzip spricht, daß das staatliche Aktionsprogramm stets auf den Willen des Monarchen zurückging. Anfangs konnte nur er die Gesetzesinitiative ergreifen. Aber auch seitdem er dieses Recht mit den Parlamenten teilte, hing die letzte Entscheidung darüber, ob ein Parlamentsbeschluß Staatswille wurde, von seiner Sanktion ab. Insofern ließ sich alles, was als kollektiv verbindliche Entscheidung nach außen in Erscheinung trat, in der Tat dem Monarchen allein zurechnen, und die Parlamentsmitwirkung blieb interner Vorbereitungsakt. Indessen besaß das Parlament in einer Reihe von Angelegenheiten die Befugnis, den Monarchen an der Durchsetzung seines Willens zu hindern. Nicht alles, was ihm von Staats wegen erforderlich schien, durfte er nach Einführung der Verfassung auch verwirklichen. Mittels des Budgetrechts ließ sich das parlamentarische Vetopotential sogar auf die gesamte Staatstätigkeit erstrecken. Insofern der Staat zur Erfüllung seiner Aufgaben sowohl auf Gesetze als auch auf Steuern angewiesen war, lag aber auch in dem Verweigerungsrecht des Parlaments ein, gewissermaßen negativer, Anteil an der Staatsgewalt.

Für die Frage nach der Ungeteiltheit der Staatsgewalt kommt es unter diesen Umständen darauf an, aus welcher Wurzel die Parlamente ihre Legitimation bezogen. Speisten sie sich, wie Regierung und Justiz, letztlich aus der Legitimität des Monarchen, dann stellte ihre Existenz die Einheit der Staatsgewalt nicht in Frage. Besaßen sie ihre eigene Legitimitationsgrundlage, konnte von ungeteilter Staatsgewalt nicht mehr die Rede sein. Auch hier ist nochmals eine Unterscheidung nötig. Ihre Existenz als verfassungsrechtliche Institution verdankten die Parlamente dem Monarchen, der in Deutschland die konstituierende Gewalt ausübte. Ihre Zusammensetzung und Willensbildung war aber nicht von der monarchischen Gewalt abgeleitet, sondern ließ sich nur auf den Volksakt der Wahl zurückführen. Der Monarch konnte hier kein Letztentscheidungsrecht beanspruchen. Er durfte zwar das Parlament in einer bestimmten Zusammensetzung, nicht aber die Institution als solche auflösen, und auf die neue Zusammensetzung konnte er keinen Einfluß nehmen. Das Parlament hatte also originären, wenn auch negatorisch definierten Anteil an der Staatsgewalt und speiste diesen aus einer anderen Legitimationsquelle als der Monarch, nämlich aus dem Volk.

Angesichts dieses Befundes wird die Annahme eines Monismus, wie ihn das monarchische Prinzip suggerierte, fragwürdig. Es liegt im Gegenteil näher, von einem *dualistischen System* zu sprechen. Zwar waren in diesem System die Kräfte zwischen den beiden Gewalten alles andere als gleichmäßig verteilt. Wie sich gezeigt hat, lag nicht allein die große Mehrzahl der Kompetenzen beim Monarchen, während die Volksvertretung nur eng begrenzte, im Lauf der Zeit freilich ausgeweitete Zuständigkeiten besaß. Für den Monarchen sprach vielmehr auch die Kompetenz-Kompetenz. Während das Parlament seine Befugnisse aus einer verfassungsrechtlichen Bestimmung nachweisen mußte, war dem Monarchen alles gestattet, was ihm die Verfassung nicht ausdrücklich untersagte. Von einem Gleichgewicht zwischen Monarch und Volksvertretung kann daher keine Rede sein. Ein Gleichgewicht gehört indessen nicht zum Begriff des Dualismus. Dualistische Systeme sind vielmehr symmetrisch wie asymmetrisch denkbar. Insofern ändert das Fehlen des Gleichgewichts nichts an dem prinzipiell dualistischen Charakter des konstitutionellen Systems.

Das monarchische Prinzip hielt also weniger, als es versprach. Es schirmte das System juristisch wirksam gegen Parlamentarismus und Demokratisierung ab und sicherte dem Monarchen im Verhältnis zur Volksvertretung die Zuständigkeitsvermutung. Es bewahrte ihm aber nicht die ungeteilte Fülle der Staatsgewalt. Das bedeutete zugleich, daß überall dort, wo die Verwirklichung politischer Ziele von der Übereinstimmung der beiden selbständigen Gewalten abhing, Konflikte aufbrechen konnten, die im System selber nicht überbrückbar waren. In diesem kritischen Punkt versprach auch eine Verfassungsgerichtsbarkeit keine Abhilfe, denn Verfassungsgerichte als rechtsgebundene Kontrollinstanzen sind auf die Korrektur von Kompetenzverletzungen eingerichtet, nicht auf eigene politische Entscheidungen für den Fall, daß sich die auf Übereinstimmung angewiesenen, aber verfassungsrechtlich nicht zur Übereinstimmung zwingbaren Inhaber von Staatsgewalt in der Sache nicht zu einigen vermögen. Vielmehr bleibt für das dualistische System eben wegen des Fehlens einheitlich begründeter Gewalt eine letzte Kluft unentrinnbar. Daraus erklärt sich die eigentümliche Zwischenposition, die die konstitutionelle Monarchie ungeachtet ihrer hundertjährigen Lebensdauer einnahm und die ihre staatsrechtliche und politische Einordnung bis heute zum Gegenstand von wissenschaftlichen Kontroversen macht.

V. Die Verfassungsentwicklung im Vormärz

1. Die Verfassungspolitik des Deutschen Bundes

Die Anfänge des konstitutionellen Lebens in den größeren deutschen Verfassungsstaaten fielen mit einer sich verschärfenden antikonstitutionellen Politik Österreichs und des von ihm geführten Deutschen Bundes zusammen, der sich bald auch Preußen anschloß. Dieser Antikonstitutionalismus bildete die Kehrseite der nationalen und demokratischen Bewegungen, die sich nach dem Wiener Kongreß eines Teils der Jugend bemächtigt hatten. Sie war in der Hoffnung nicht nur auf ein freies, sondern auch ein geeintes Deutschland in den Krieg gegen Napoleon gezogen und sah sich nun in ihren Erwartungen enttäuscht. Umgekehrt versetzten die Bewegungen in der Jugend die Regierungen in Revolutionsfurcht und führten zu einer Stärkung der konservativen Kräfte. Die Funktionsbedingungen für die eben geschaffenen Repräsentativverfassungen verschlechterten sich dadurch zusehends. Neue kamen vorerst nicht mehr zustande. Es dauerte vielmehr ein Jahrzehnt, bis unter dem Druck von Aufständen weitere Länder zum Konstitutionalismus übergingen. Die Führungsmächte des Deutschen Bundes und damit dieser selber hielten dagegen an ihrer verfassungsfeindlichen Politik fest. Das Verfassungsgebot des Art. 13 der Bundesakte blieb auf diese Weise in einer großen Zahl von Mitgliedstaaten auf der Strecke.

Indessen war es keineswegs von Anfang an die Absicht des Deutschen Bundes gewesen, die Erfüllung von Art. 13 zu verhindern. Im Bundestag kam es vielmehr sogleich nach der Eröffnung am 5. November 1816 zu Initiativen, um den Erlaß von Verfassungen zu beschleunigen. Zu diesem Zeitpunkt hatten sich erst fünf der inzwischen 41 Mitgliedstaaten des Bundes eine neue Verfassung gegeben, nämlich Nassau, Schwarzburg-Rudolstadt, Schaumburg-Lippe, Waldeck und Sachsen-Weimar. In zehn Staaten galten die altständischen Verfassungen unverändert fort. Die vier freien Städte waren zu den alten patrizischen Verfassungen zurückgekehrt. Eine Reihe von Staaten hatte mit den Vorarbeiten zu Verfassungen teils älteren, teils modernen Musters begonnen. Auch Preußen nahm die Planungen für eine moderne Repräsentativverfassung wieder auf. Dagegen war die andere Großmacht, Österreich, mit ihren außerordentlich heterogenen und nur in der Person des Monarchen geeinten Ländern bereits von einer solchen Verfassung abgerückt und hatte kurz vor der Eröffnung des Bundestages in einzelnen Reichsteilen mit der Wiedererrichtung der altständischen Körperschaften begonnen, ohne diesen aber Mitwirkungsrechte bei der Gesetzgebung und der Steuerbewilligung einzuräumen oder Anstalten für ein gesamtstaatliches Parlament zu treffen.

Die Frage lautete daher um 1816/17 nicht, ob Art. 13 der Bundesakte überhaupt zu verwirklichen sei, sondern welche Art von Verfassung er verlange: eine moderne repräsentative oder eine traditionelle altständische. In der öffentlichen Verfassungsdiskussion, die zur selben Zeit äußerst lebhaft geführt wurde, herrschte kein Zweifel, daß Art. 13 der Bundesakte nur durch Verfassungen mit gewählten Volksvertretungen, die Entscheidungskompetenz erhielten, erfüllt werden könne. Dagegen bestand unter den Regierungen in diesem Punkt keineswegs Einigkeit. Ihre Haltung in der Verfassungsfrage wurde vielmehr durch den Stand der Gesellschaftsreform geprägt. Während sich mit der durchgreifenden Modernisierung, die in den süddeutschen Staaten zur Rheinbund-Zeit vorgenommen worden war, eine Rückkehr zur altständischen Verfassung nicht vereinbaren ließ, fehlte es in denjenigen Staaten, die noch gar keine Reformen erlebt hatten oder die von Frankreich eingeführten Reformen wieder aufgeben mußten, an den Voraussetzungen für den Übergang zur Repräsentativverfassung. Gerade dieser uneinheitlichen Ausgangssituation und den damit zusammenhängenden unterschiedlichen Verfassungsvorstellungen der einzelnen Staaten verdankte Art. 13 der Bundesakte seine vage Formulierung.

Die ungelösten Gegensätze waren auch der Grund dafür, daß Metternich die Verfassungsfrage gern vom Bundestag ferngehalten hätte. Der Plan wurde aber durch den Großherzog von Sachsen-Weimar gestört, der noch 1816 um eine Bundesgarantie für seine kürzlich erlassene, vergleichsweise moderne Verfassung nachsuchte. Aus entgegengesetzter Richtung ging wenig später eine Beschwerde der alten lippischen Stände gegen ihre 1806 verfügte Auflösung ein. Der schärfste Widerstand gegen diese Anträge kam von Bayern, das dem Bundestag aus Souveränitätsgründen eine Kompetenz in Verfassungsfragen überhaupt absprach und erst recht nicht durch eine Entscheidung zugunsten der lippischen

Stände seine eigene Ständepolitik ins Unrecht setzen lassen wollte. Aber selbst das souveränitätsbewußte Württemberg sah zeitweilig in einer verbindlichen Bundesregelung den einzigen Ausweg aus seinem Verfassungskonflikt. An der Verfassungsfrage führte unter diesen Umständen kein Weg vorbei, und so stellte der Bundestag im Juni 1817 fest, er sei »berufen, darauf zu achten, daß die in der Bundesakte Art. 12, 13, 14, 16 und 18 den einzelnen Staaten zur Ausführung vorgeschriebenen öffentlichen Verhältnisse in Erfüllung gebracht werden«.[50] Nach Ablauf eines Jahres sollte jedes Mitglied über den Fortgang berichten.

Die Verfassungsfrage tauchte aber schon im Dezember 1817 wieder auf, als Mecklenburg für einen Zusatz zu seinem Erbvergleich von 1755 eine Bundesgarantie beantragte. Damals hatte Sachsen-Weimar die erbetene Garantie bereits erhalten, während die lippische Ständebeschwerde noch unentschieden war. In dieser Lage kam es Mecklenburg darauf an, auch altständische Verfassungen als Erfüllung von Art. 13 anerkannt zu wissen. Dabei gelang ihm eine Abkürzung der Berichtspflicht, so daß die Verfassungsdebatte schon Anfang 1818 wieder aufgenommen wurde. Als Ergebnis erwarteten einige Staaten eine Musterverfassung, während andere nur an einige erläuternde Grundsätze dachten. Angesichts der ausufernden Diskussionen neigte auch Metternich dazu, das Thema durch einen Bundesbeschluß zu beenden. Dabei ließ er erkennen, daß die österreichische Minimallösung den Anforderungen von Art. 13 genüge. Gleichzeitig versuchte er den süddeutschen Regierungen, vor allem Bayern, dem er kurz zuvor noch volle Entscheidungsfreiheit in der Verfassungsfrage zugesichert hatte, einen Verzicht auf repräsentative Verfassungen mit gesamtstaatlichen Volksvertretungen nahezulegen. Statt dessen riet er ihnen, sich mit Provinzialständen und einem Staatsrat zu bescheiden, wie es seinen eigenen Planungen für Österreich entsprach und später auch in Preußen verwirklicht wurde.

Es ist bereits erwähnt worden, daß der Versuch, die einzelstaatlichen Verfassungen mittels bundesrechtlicher Richtlinien zu Art. 13 zu präjudizieren, der modernen Konstitution endgültig zum Durchbruch verholfen hat. Der drohende Souveränitätsverlust und die Gefahr einer altständisch gewendeten Interpretation von Art. 13 der Bundesakte gaben den entscheidenden Anstoß zum Erlaß der süddeutschen Verfassungen. Gerade Bayern hoffte, sich durch eine moderne Verfassung eine Führungsrolle im sog. Dritten

Deutschland zu sichern, und war deswegen bemüht, sich von Baden weder an Schnelligkeit noch an Liberalität überbieten zu lassen. Gerüchte über eine im Entstehen begriffene bayerische Verfassung drangen trotz der äußersten Heimlichkeit, mit der die Vorbereitungen umkleidet wurden, nach außen und veranlaßten die Großmächte, Bayern und die übrigen süddeutschen Staaten durch die Milderung des Drucks von schnellen Entschlüssen abzubringen. Am 25. Mai 1818 beendete der Bundestag die Verfassungsdebatte mit dem Beschluß, daß es wegen der großen Verschiedenheit der Mitgliedstaaten unmöglich sei, gemeinsame Grundsätze für die Einführung landständischer Verfassungen aufzustellen. Sein Nahziel erreichte er nicht mehr. Am folgenden Tag wurde zur allgemeinen Überraschung die bayerische Verfassung verkündet.

2. Die Reaktion auf die nationale Bewegung

Der Erlaß der bayerischen und bald darauf der badischen Verfassung wurde von den Anhängern liberaler Ideen begrüßt, obwohl die Verfassungen ihren Vorstellungen keineswegs vollständig entsprachen und vor allem den Makel des Oktrois trugen, während sie nach liberaler Doktrin nur als paktierte Legitimität beanspruchen konnten. Die kleine Zahl vergleichsweise liberaler Verfassungen vermochte jedoch weder die illiberalen Verhältnisse in den meisten deutschen Staaten noch das Fehlen eines nationalen Verfassungsstaates zu überdecken, den vor allem zahlreiche Teilnehmer der Befreiungskriege sehnlich erwartet hatten. Gerade die Bindung des politisch aktiven Teils der Jugend an den monarchischen Staat wurde nach 1814 verspielt. Tief enttäuscht von den Ergebnissen des Wiener Kongresses und dem Zögern der Fürsten, Art. 13 der Bundesakte in einem modernen repräsentativen Sinn zu erfüllen, begann er sich alsbald in allerlei Zirkeln, Bünden und Gruppen, unter denen die Burschenschaften und die Turner hervorragten, zu organisieren, um die Idee eines einheitlichen deutschen Nationalstaates mit gewählten Volksvertretern zu verbreiten und die wiederbelebte Kleinstaaterei und den staatlichen Paternalismus zu bekämpfen.

Auf dem Wartburg-Fest, das 1817 zum Gedenken an die Reformation und die Leipziger Völkerschlacht gefeiert wurde, suchten die studentischen Gruppen erstmals ein öffentliches Forum für ihre Forderungen. Öffentliche Versammlungen zum Zweck politischer Meinungskundgabe waren bis dahin nicht vorgekommen und mußten einen Staat, der das Monopol des Politischen nach wie vor für sich beanspruchte, irritieren. Daß es bei der Veranstaltung auch zu einer Verbrennung politischer Bücher und militärischer Insignien kam, wirkte auf die Regierungen der Großmächte vollends alarmierend. Sie sahen darin Anzeichen eines neuen Jakobinismus, der auf den Umsturz der bestehenden Ordnung zielte, und leiteten erste Polizeimaßnahmen gegen die Universitäten ein. In Preußen wurden die Burschenschaften verboten und die Turnerschaften unter polizeiliche Überwachung gestellt. Solche Maßregeln förderten aber nur die Radikalisierung der Studentenschaft. Schon 1818 enthielten die als Programm der Burschenschaften formulierten »Grundsätze der Wartburgfeier«[51] all jene Punkte, die 30 Jahre später als März-Forderungen der Revolution wiederkehren sollten. Vor allem wuchs aber die Bereitschaft, diese Ziele gegen die abweisenden Fürsten notfalls mit Gewalt durchzusetzen. Der Ruf nach Aktionen statt Reden nahm 1818 zu.

Auf diesem Boden wurde das Attentat möglich, das der Jenaer Theologie-Student Sand im März 1819 auf den Schriftsteller Kotzebue verübte, der in russischem Auftrag über die Vorgänge an den deutschen Universitäten berichtete. Die liberale Öffentlichkeit kommentierte Sands Tat weniger mit Abscheu als mit Bedauern über die Wahl eines falschen Mittels zum richtigen Zweck. Die Regierungen, und zwar keineswegs nur die konservativen, bestärkte sie in der Furcht einer weitverbreiteten Verschwörung. Für Metternich, der aus der Chance, die ihm »der vortreffliche Sand«[52] geliefert hatte, den größtmöglichen Nutzen zu ziehen gedachte, war das Attentat ein willkommener Anlaß, gegen nationale und liberale Bestrebungen einzuschreiten. Dabei ging es ihm nicht nur um die Unterdrückung der studentischen Aktionen und die Kontrolle der öffentlichen Meinung, sondern um eine Revision des Konstitutionalismus überhaupt, in dem er eine Quelle der Revolution vermutete. Schon das Fest auf der Wartburg, die zu Sachsen-Weimar gehörte, hatte er in Zusammenhang mit der Verfassung des Großherzogtums gebracht, die 1816 in Kraft getreten war, und die Einführung moderner Repräsentativverfassungen in Bayern und Baden betrachtete er als schweren politischen Fehler.

Sands Attentat gab den Anstoß für eine Wende in Metternichs Verfassungspolitik. Im Gegensatz zu der Haltung, die er noch

1817/18 eingenommen hatte, versuchte er nun, Art. 13 durch eine einengende Interpretation auf das altständische Modell festzulegen. In dieser Absicht lud er im August 1819 im Einvernehmen mit Preußen, das eben Anstalten machte, seine eigenen Verfassungspläne definitiv zu verwirklichen, die Minister von zehn Mitgliedstaaten des Deutschen Bundes zu einer Konferenz nach Karlsbad ein. Dort legte er ihnen eine Schrift seines Ratgebers Gentz *Über den Unterschied zwischen den landständischen und Repräsentativ-Verfassungen*[53] vor, in der dieser behauptete, daß Art. 13 der Bundesakte von Anfang an nur altständische Verfassungen gemeint habe. Zum Beweis konstruierte Gentz einen unvereinbaren Gegensatz zwischen monarchischer Souveränität und Repräsentativverfassung. Da die Abgeordneten hier nicht einzelne, an die historisch gewachsene Gliederung der Gesellschaft anknüpfende Korporationen verträten und deren Rechte und Interessen gegenüber dem allein die Gesamtheit repräsentierenden Monarchen wahrnähmen, sondern selber Vertreter der Gesamtheit seien, beruhten Repräsentativverfassungen notwendig auf dem Gedanken der Volkssouveränität, sprengten folglich die Einheit des Staates und müßten letztlich in Anarchie münden.

Diese Interpretation entsprach weder dem ursprünglichen Sinn von Art. 13, noch traf sie die Eigenart der Repräsentativverfassung. Art. 13 war vielmehr unter den Bedingungen divergierender staatsrechtlicher und sozialer Verhältnisse in den einzelnen Mitgliedstaaten des Bundes und unterschiedlicher Verfassungspläne der deutschen Fürsten absichtsvoll so formuliert worden, daß er keine Entscheidung zugunsten eines bestimmten Verfassungsmodells traf. Ausgeschlossen waren lediglich das absolutistische System, in dem die Gesellschaft keinerlei Vertretungskörperschaft besaß, und das demokratische System, in dem der Monarch keine originäre Staatsgewalt innehatte. Eine Verfassung mit repräsentativ gebildeter Vertretungskörperschaft überschritt aber keineswegs notwendig die Schwelle zur Demokratie. Zwar besaß die Volksvertretung eine Tendenz, dem Monarchen das Monopol der Gemeinwohleinsicht streitig zu machen. Sie untergrub aber nicht unbedingt seine nicht vom Volk abgeleitete, originäre Legitimität, sondern war sehr wohl mit der monarchischen Souveränität zu vereinbaren. Vollends fehlte der Beweis, daß die Gewaltenteilung in der Anarchie ende, und er wäre im Lichte ausländischer Beispiele auch schwer zu führen gewesen.

Metternichs Vorsatz, auf der Grundlage der Gentzschen Unterscheidung eine authentische Interpretation von Art. 13 der Bundesakte im altständischen Sinn durchzusetzen, die eine Pflicht zur Rücknahme der bereits erlassenen Repräsentativverfassungen zur Folge gehabt hätte, scheiterte jedoch am Widerspruch des Bevollmächtigten von Württemberg, das gerade im Begriff stand, seine moderne Verfassung in Kraft zu setzen. Er erklärte eine revidierende Interpretation der Bundesakte für unmöglich, nachdem bereits mehrere deutsche Fürsten die Pflicht aus Art. 13 der Bundesakte durch Einführung einer Volksvertretung unwiderruflich erfüllt hätten. »Die Partie ist angefangen; die Regierungen haben diesen Point vergeben zu können geglaubt; wie sehr sie es bereuen mögen, die Partie muß ausgespielt werden.«[54] Für Metternich blieb danach nur noch die Möglichkeit, die bereits erlassenen Verfassungen anzuerkennen, aber eine Fortentwicklung, die über das bis dahin erreichte Maß hinausführte, zu unterbinden, wie es im folgenden Jahr in der Wiener Schlußakte geschah. Um so mehr schob sich für ihn das Problem der Bekämpfung liberaler und nationaler Ideen in den Vordergrund.

3. Die Karlsbader Beschlüsse

Mit den gewählten Volksvertretungen setzte das demokratische Legitimationsprinzip sozusagen einen Fuß ins monarchische System. Nachdem zutage getreten war, daß sich damit die Erwartungen des liberal gesonnenen Teils der Bevölkerung nicht befriedigen ließen, zog Metternich es vor, auch dieses Zugeständnis wieder rückgängig zu machen und die monarchische Staatsgewalt von demokratischen Einflüssen völlig freizuhalten. Noch mehr mußte ihm freilich daran liegen, die Quelle demokratischer und nationalstaatlicher Forderungen zum Versiegen zu bringen. Diese erblickten die Regierungen vor allem in den Universitäten und der Publizistik. Beide standen zwar in Österreich nach dem liberalen Intervall Leopolds II. schon seit langem wieder unter der strengen josephinischen Überwachungs- und Zensurpraxis. Im übrigen Deutschland genoß die Presse aber seit den Befreiungskriegen verhältnismäßig große Freiheit, die in einzelnen Staaten sogar rechtlich abgesichert war, und auch die akademische Freiheit hatte sich seit den preußischen Bildungsreformen erheblich ausgeweitet.

Für den Verfassungsstaat war die Freiheit der Meinungsäußerung und Meinungsbildung von konstitutiver Bedeutung. Erst durch die freie Kommunikation wurde die Bevölkerung zur Nation integriert und so in den Stand gesetzt, dem monarchischen Staat, der bisher das Monopol des Politischen beansprucht hatte, als eigenständiges Subjekt des öffentlichen Lebens und nicht nur als Adressat staatlicher Maßnahmen entgegenzutreten. Erst recht konnten die Parlamente ihre Funktion der diskursiven Ermittlung und politischen Vertretung des Volksinteresses nur erfüllen, wenn die Kommunikation mit dem Volk aufrechterhalten blieb. Dabei erfüllte die Presse die wichtigste Vermittlungsfunktion. Rotteck nannte daher die Pressefreiheit »noch kostbarer, als selbst das Parlament; denn dieses kann – wo nicht eine freie Presse ihm zur Seite steht – eingeschüchtert, verderbt, mißbraucht werden; die wahrhaft freie Presse nie«.[55] Überall wo noch keine Volksvertretungen eingerichtet waren, vermochte die Presse zumindest einen Teil der ihnen zugedachten Funktion zu übernehmen und die Regierung über Anschauungen und Bedürfnisse im Volk aufzuklären und andererseits öffentlich zu kontrollieren und zu kritisieren.

Die Disziplinierung von Presse und öffentlicher Meinung mußte den Liberalismus unter solchen Umständen noch härter treffen als eine Beseitigung der Volksvertretungen. Der Deutsche Bund, den Metternich für staatenübergreifende Disziplinierungsmaßnahmen zu mobilisieren suchte, hatte in Art. 18 d der Bundesakte die Kompetenz zur »Abfassung gleichförmiger Verfügungen über die Preßfreiheit« erhalten. In die Universitätsangelegenheiten konnte er sich nur unter Berufung auf seinen Generalzweck nach Art. 2, der die Erhaltung der »inneren Sicherheit Deutschlands« umschloß, einmischen. Im Bundestag war den Metternichschen Plänen eine Mehrheit jedoch keineswegs sicher. Noch auf der Aachener Konferenz, die nach dem Wartburgfest, aber vor dem Sandschen Attentat stattfand, hatten sie heftigen Widerspruch, u. a. von Preußen, gefunden. Eben deswegen suchte er den Umweg über eine Konferenz mit ausgesuchten Regierungen in Karlsbad, der eine Vorbesprechung mit dem preußischen Staatskanzler Hardenberg in Teplitz voranging, wo dieser seine Zustimmung zur Disziplinierung der Universitäten gab – wie man weiß in der Absicht, sich dem preußischen König in einer Periode fortschreitenden Vertrauensverlustes wieder als zuverlässig präsentieren und die eigenen, durchaus liberalen Verfassungspläne retten zu können.

Das Ergebnis der Karlsbader Konferenz vom August 1819 waren vier Gesetzentwürfe: ein Universitätsgesetz, ein Pressegesetz, ein Untersuchungsgesetz gegen bundesfeindliche Umtriebe und eine Exekutionsordnung.[56] Das Universitätsgesetz sah die Einrichtung von Staatskommissaren vor, die nicht nur für Ruhe und Ordnung an den Universitäten, sondern auch für die Überwachung der Lehrinhalte verantwortlich waren. Professoren, die nicht im Sinne der bestehenden Ordnung wirkten, mußten entlassen werden. Ein rechtlich geordnetes Verfahren oder Rechtsmittel gegen die Entscheidung wurden ausgeschlossen. Die Burschenschaften wurden verboten. Das Pressegesetz machte den Staaten die Vorzensur für alle Zeitschriften und Bücher bis zu 20 Bogen (320 Seiten) zur Pflicht. Umfangreichere Werke unterlagen der Nachzensur. Inhaltliche Kriterien für die Zensur wurden nicht aufgestellt. Sie blieb behördlichen Instruktionen und dem Gutdünken der Zensoren überlassen. Die Pressefreiheit, die zu regeln der Bundestag ermächtigt war, wurde auf diese Weise im Gewande eines Ausführungsgesetzes in Wahrheit abgeschafft. Der Bund erhielt Handhaben zur Vollzugskontrolle in den einzelnen Mitgliedstaaten. Das Untersuchungsgesetz sah die Einrichtung einer Bundesbehörde zur Ermittlung revolutionärer Umtriebe vor; die Exekutionsordnung regelte die Durchsetzung der Gesetze in den Einzelstaaten.

Der Bund, der sich bis dahin aller Schritte, die die deutschen Staaten fester hätten zusammenschließen können, enthalten hatte, griff mit den in Karlsbad ausgehandelten Gesetzen tief in die Souveränität der Mitgliedstaaten ein, die diese auf dem Wiener Kongreß noch eifersüchtig verteidigt hatten. In mehreren Staaten galten erheblich freiheitlichere Regelungen für die Presse. Die einstimmige Annahme der Gesetzentwürfe, deren es gemäß Art. 7 der Bundesakte bedurfte, war daher auf der Bundesversammlung keineswegs gesichert. Aus diesem Grunde entschloß sich die österreichische Präsidentschaft zu einem ungewöhnlichen Verfahren. Sie teilte der Versammlung die Einigkeit der in Karlsbad versammelten Staaten mit und forderte von den übrigen die geschlossene und unveränderte Annahme der Gesetzentwürfe binnen vier Tagen. Dabei handelte es sich um ein regelwidriges Ansinnen, weil die Bundestags-Bevollmächtigten als Regierungsvertreter nur aufgrund von Instruktionen abstimmen durften. Diese ließen sich jedoch unter den damaligen Kommunikationsbedingungen innerhalb der gesetzten Frist nicht erlangen. Eine Reihe von Bevollmächtigten stimmte daher nur unter Vorbehalt zu. Diese Vorbehalte erschienen indessen lediglich in einem Geheimprotokoll, während der Beschluß nach außen als uneingeschränkt hingestellt wurde.

Die Bundesgesetze vom 20. September 1819 verschlechterten die Rechtslage in fast allen Ländern nachhaltig zu Lasten der Wissenschaft und der Presse. Lediglich in Österreich übertraf das bestehende Recht die Karlsbader Beschlüsse an Strenge, so daß diese dort gar nicht erst publiziert wurden. In anderen Mitgliedstaaten kam es wegen der Publikation und Durchführung der Bundesgesetze zu erheblichen Konflikten. In Preußen führten sie zum Sturz der liberalen Minister Humboldt, Boyen und Beyme und verringerten damit zugleich die Erfolgsaussichten für das Zustandekommen der preußischen Verfassung, um derentwillen sich Hardenberg auf das Karlsbader Vorgehen eingelassen hatte. Nach dieser Reinigung des Kabinetts stand Preußen Österreich, soweit es die Strenge der Durchführung anlangte, nicht nach. In Bayern, wo eine starke Ministergruppe unter Rückendeckung durch den Kronprinzen die Gesetze für unvereinbar mit der erst ein Jahr alten Verfassung hielt, sollten sie nur nach Maßgabe der »Unserem treuen Volke erteilten Verfassung und nach den Gesetzen Unseres Königreichs« beachtet werden.[57] Die staatliche Kontrolle fiel hier wie in den übrigen konstitutionellen Staaten erheblich milder aus als in den nicht konstitutionellen Ländern und wurde von Bayern später sogar zum Unwillen Metternichs auf politische Periodika beschränkt.

4. Die Stellung der Volksvertretungen

Die Karlsbader Beschlüsse, die anfänglich als Provisorium gedacht und zum Teil ausdrücklich befristet worden waren, wurden 1824 auf unbestimmte Zeit verlängert und blieben bis zur Revolution von 1848 in Kraft. Sie überschatteten das gesamte politische Leben im Vormärz. Zensur, Bespitzelung und Verfolgung waren vor allem in Österreich und Preußen alles beherrschende Gegenwart. Die Bedingungen für die Ausbreitung des Verfassungsstaats verschlechterten sich dadurch merklich. Die Verteidigung des Konstitutionalismus war nicht mehr gefahrlos möglich. Nach den preußischen Zensur-Instruktionen galt es bereits als anstößig, über repräsentative Verfassungen zu urteilen oder diese gar »als Meisterstücke oder beglückende Einrichtung anzupreisen« und das Wort »Liberale« ohne den Zusatz »die vorgegebenen oder sich selbst so nennenden« zu verwenden.[58] Aber auch in den Verfassungsstaaten litt die Entfaltung des konstitutionellen Lebens darunter, daß Unterdrückung und Gängelung der öffentlichen Meinung die Volksvertreter von ihrer Basis abschnitten und auf diese Weise sowohl die Rückkoppelung an die Vorstellungen und Bedürfnisse der Vertretenen als auch die gesellschaftliche Unterstützung parlamentarischer Positionen verhinderten.

Andererseits gewannen die süddeutschen Volksvertretungen gerade wegen der Beschränkungen, denen die öffentliche Meinung in Deutschland unterlag, eine gesteigerte Bedeutung. Die Kammern bildeten in dieser Phase den einzigen Ort legaler und unbehinderter öffentlicher Diskussion politischer und gesellschaftlicher Angelegenheiten. Die Karlsbader Beschlüsse betrafen nicht die parlamentarische Rede. Das Mandat begründete vielmehr eine temporär unangreifbare Position, die viele Abgeordnete freimütig nutzten. Da auch die Berichterstattung aus den Parlamenten zwar oft genug durch die Zensur eingeschränkt, aber nicht völlig unterbunden wurde, besaßen die konstitutionellen Prinzipien von Freiheit und Gleichheit für ein Jahrzehnt nur in den süddeutschen Kammern ein öffentliches Sprachrohr. Die Kammern wirkten damit über die Grenzen ihrer Länder hinaus und schufen Kristallisationspunkte für die politische Meinungsbildung in ganz Deutschland. Große Kammerreden bekannter liberaler Abgeordneter fanden allenthalben Aufmerksamkeit. Bedeutende Abgeordnete der Nationalversammlung in der Paulskirche konnten ihre parlamentarische Erfahrung in den süddeutschen und nach 1830 auch in den mitteldeutschen Parlamenten sammeln.

Daran wird bereits erkennbar, daß die wahlrechtlichen Regelungen, die den monarchischen Staat vor unzuverlässigen Abgeordneten schützen sollten, nicht durchweg den erwarteten Erfolg hatten. Sie garantierten vermögende oder zumindest durch eine Beamtenstellung wirtschaftlich gesicherte, aber nicht unbedingt regierungstreue Volksvertreter. Untersucht man die Sozialstruktur der süddeutschen Zweiten Kammern in der ersten Phase des Konstitutionalismus, so fällt am stärksten der hohe Anteil an Beamten oder sonstigen Amtspersonen auf. In Württemberg lag er bei 80%, in Baden und Hessen-Darmstadt bei 70%, in Bayern aufgrund der getrennten Wahlen in Stadt und Land immer noch bei 50%. Nicht alle waren Staatsbeamte. Viele standen im Dienst von Gemeinden, Kirchen, Standesherren. In ihrer Zugehörigkeit zur Obrigkeit stimmten sie aber überein. Die restlichen Sitze nahmen Kaufleute, Gewerbetreibende und Landwirte ein. Trotz der nach wie vor agrarischen Struktur der süddeutschen Länder bildeten die Landwirte aber die kleinste Gruppe unter den Abgeordneten, sofern ihnen nicht ein eigenes Kontingent an Sitzen reserviert war. Unter den bürgerlichen Berufen traten in manchen Ländern Advokaten, in anderen Unternehmer am stärksten hervor. Angehörige der Mittel- und Unterschichten konnten schon aufgrund der strengen Zensus-Vorschriften nicht zum Zuge kommen.

Die Beamtendominanz in den Zweiten Kammern der Ständeversammlungen hatte verschiedene Gründe. Die Wahl zum Abgeordneten beruhte unter den Bedingungen einer erst beginnenden Parlamentarisierung, des auf einen kleinen Personenkreis beschränkten Wahlrechts und fehlender politischer Parteien typischerweise auf dem Ansehen, das sich der Kandidat außerhalb des politischen Lebens erworben hatte. Solches Ansehen genossen in einer noch wenig emanzipierten, an Führung durch die Obrigkeit gewohnten Gesellschaft besonders die Inhaber öffentlicher Ämter. Auch das Leitbild des Abgeordneten als eines Vertreters von Volks- und nicht von Standesinteressen verwies auf den Staatsdiener als besonders geeigneten Repräsentanten. Unterstützend kam hinzu, daß die erfolgreiche Ausübung des Mandats ein gewisses Maß an Bildung und Vertrautheit mit den Staatsgeschäften voraussetzte. Das eine war überwiegend, das andere fast ausschließlich in der Beamtenschaft anzutreffen. Schließlich bestand damals wie heute das Problem der Abkömmlichkeit vom eigenen Beruf, das ebenfalls für Beamte erheblich leichter lösbar war als für Selbständige aller Berufe.

Der Parlamentstypus, der auf diese Weise zustande kam, war das Honoratiorenparlament, in dem außerpolitisch erworbene Verdienste, nicht aber die Parteizugehörigkeit, über die Wahl entschieden. Parteien sind, historisch gesehen, erst die Folge der Parlamentarisierung. Sie wuchsen aus parlamentarischen Gruppen, Fraktionen, ins Volk hinein, nicht umgekehrt. Fraktionen bildeten sich aus der im Parlament gemachten Erfahrung verwandter Anschauungen und gleichen Abstimmungsverhaltens. Ab einem gewissen Grad organisierten Zusammenwirkens einer Abgeordnetengruppe, das andere Gruppen ausschloß, kann von Fraktionen gesprochen werden. Die Fraktionsbildung war in den frühen deutschen Parlamenten allerdings erheblich erschwert, weil Monarch und Regierungen versuchten, die Parlamente unter ihrer Kontrolle zu behalten, und in dieser Absicht gerade dauerhafte Gruppenbildungen in den Kammern behinderten. Als Mittel diente die Geschäftsordnung, die im beginnenden deutschen Parlamentarismus nicht von der Volksvertretung in Form der autonomen Satzung beschlossen, sondern vom Monarchen verordnet wurde. Die wichtigste Handhabe bot die Sitzordnung, die nicht frei gewählt werden durfte, und die oft gleichfalls vorwegbestimmte Redeordnung. Debatten und Abstimmungen waren auf diese Weise nur wenig vorstrukturiert; Mehrheiten bildeten sich von Fall zu Fall.

Sicherten sich die Regierungen mittels der Geschäftsordnung Einfluß auf den parlamentarischen Betrieb, so sahen sie noch besorgter darauf, daß sich die Beziehungen zwischen Abgeordneten und Wählern nicht verfestigen konnten. Vereinigungs- und Versammlungsfreiheit bestand ohnehin nicht. Alle außerparlamentarischen politischen Aktivitäten waren in dem durch die Karlsbader Beschlüsse geprägten System vielmehr verdächtig und polizeilicher Kontrolle unterworfen. Die badische Regierung untersagte sogar Besprechungen zwischen den Deputierten und den Wahlmännern. Kontakte zwischen Abgeordneten und Wählern mußten hinter Volksfesten, Festessen und ähnlichen unpolitischen Veranstaltungen versteckt werden. Von Wahlkämpfen oder auch nur Wahlwerbung konnte keine Rede sein. In all diesen Beziehungen trat eine spürbare Änderung erst um 1840 ein. Das Volk, das ohnehin nur zum geringen Teil an der Auswahl seiner Repräsentanten teilhatte, blieb auf diese Weise ein abstraktes Zurechnungssubjekt von Parlament und Parlamentsentscheidungen. Aktiv trat es nur in Gestalt der relativ geringen Zahl von Wahlberechtigten für den Augenblick der Wahl in Erscheinung, um dann sogleich in eine passive Rolle zurückzukehren.

5. Die konstitutionelle Praxis

Die wenigsten deutschen Fürsten hatten sich auf Volksvertretungen in der Überzeugung eingelassen, daß die Gesellschaft einen Anspruch auf Mitwirkung an politischen Entscheidungen besitze oder durch ihre Mitsprache gar die Ermittlung des Gemeinen Besten fördern könne. Die Gewißheit der Monarchen und ihrer Regierungen, die Gesellschaft aus überlegener Einsicht leiten zu können, war vielmehr ungebrochen. Die Beteiligung der Volksvertretung galt lediglich als der unumgängliche Preis, welcher entrichtet werden mußte, wenn man die eigene Herrschaft mit Hilfe einer Verfassung festigen wollte. Die Höfe sahen daher den Landtagen mit einer Mischung aus Hoffnung und Befürchtung entgegen. Die Hoffnung richtete sich darauf, daß die Landtage als Vermittlungsinstanz zwischen Staat und Volk den Entscheidungen der Regierung durch ihre Zustimmung erhöhte Popularität und Akzeptanz verschaffen würden. Die Vermittlung verlief in dieser Vorstellung also eingleisig. Es stand freilich außer Zweifel, daß die Landtage über rechtliche Möglichkeiten verfügten, die Regierungspolitik, soweit diese auf Gesetze und Steuern angewiesen war, zu durchkreuzen. Die zahlreichen Vorkehrungen, die in Verfassungen und Geschäftsordnungen gegen unbotmäßige Parlamente eingebaut waren, zeugen davon.

In den ersten Volksvertretungen, die in Bayern im Februar 1819, in Baden im April 1819 und in Württemberg im Januar 1820 zusammentraten, überwog der liberale Flügel den gouvernementalen. Diese nicht immer trennscharfe Einteilung läßt sich treffen, noch ehe es zu Fraktions- oder gar Parteibildungen kam. Die Linie zwischen liberalen und gouvernementalen Abgeordneten verlief aber nicht etwa entlang der Grenze von Staatsdienst und freien Berufen. Die Beamtenschaft als wichtigster Teil des deutschen Bildungsbürgertums war vielmehr großenteils liberal gesonnen, und gerade die Wortführer der liberalen Abgeordnetengruppe kamen nicht selten aus dem Staatsdienst und den staatlichen Universitäten. Die Kammermehrheit verstand sich deswegen entgegen der Erwartung der Fürsten durchaus als Gegenspieler, nicht als Verstärker der Regierung. Auch war sie nicht gewillt, sich mit einer reinen Vetoposition, wie die Verfassungen sie vorsahen, zufriedenzugeben. Das zeigte sich, als die Zweiten Kammern Bayerns und Badens sogleich nach der Eröffnung darangingen, mit einer Fülle von Gesetzentwürfen, die sie mangels des Initiativrechts im Petitionswege einbrachten, die Verwirklichung grundrechtlicher Verheißungen zu fordern.

Da diese Gesetzentwürfe nur dann zur Beratung gelangen konnten, wenn der Monarch sie sich zu eigen machte, blieben sie durchweg unberücksichtigt. Umgekehrt konnten jedoch die Kammern von ihrem Vetorecht Gebrauch machen, wenn die Regierung auf Verabschiedung eines Gesetzentwurfs drang. Dabei zeichneten sich schon in der ersten Phase des deutschen Konstitutionalismus zwei miteinander zusammenhängende Konfliktfelder ab, die für die Verfassungsgeschichte des 19. Jahrhunderts bestimmend blieben: Heer und Budget. Das Militär war, wie schon die Verfassungsanalyse gezeigt hat, auch in der konstitutionellen Monarchie eine extrakonstitutionelle, nur dem Monarchen verpflichtete Kraft geblieben. Es leistete daher auch nicht wie die zivilen Staatsbeamten einen Verfassungseid, sondern nur den sog. Fahneneid, der es allein zur Treue gegenüber dem Monarchen verpflichtete. In einem Verfassungskonflikt konnte das erhebliche Bedeutung erlangen. Daher forderten die liberalen Kammermehrheiten, die hier eine Lücke in der Verfassungssicherung erblickten, den Verfassungseid des Heeres und gaben dieser Forderung, weil ihnen direkte Mittel der Durchsetzung fehlten, durch das indirekte, aber desto wirksamere Mittel der Kürzung des Heeresetats Nachdruck.

Die Erwartungen der Fürsten wurden also schnell und gründlich enttäuscht. Bereits die ersten Sessionen der Parlamente führten zu Konflikten, die um so heftiger ausfielen, als sie im Militär den Kern der monarchischen Prärogative betrafen. Die Fürsten reagierten darauf mit den verfassungsmäßigen Mitteln der Schließung, Vertagung oder Auflösung der Kammern. Sie blieben dabei aber nicht stehen. Das Ausmaß der Enttäuschung wird vielmehr daran sichtbar, daß sich die beiden Vorreiter des Konstitutionalismus, Bayern und Baden, aufgrund der ersten Erfahrungen mit mehrheitlich liberalen Landtagen von ihren Verfassungen schon kurz nach der Einführung wieder trennen wollten. Wegen der bindenden Festlegung über Verfassungsänderungen war das jedoch nicht auf legale Weise, sondern nur im Wege des Staatsstreichs möglich, und diesen Schritt wagten beide Monarchen nicht ohne die Rükkendeckung der Führungsmächte des Deutschen Bundes, der gegen rechtswidrig handelnde Monarchen hätte einschreiten können. Indessen versagten Österreich und Preußen, die im Kampf gegen die befürchtete Revolution das Legalitätsprinizip hochhalten mußten, trotz ihrer eigenen antikonstitutionellen Haltung die Zustimmung und verwiesen die süddeutschen Monarchen lediglich auf die Ausschöpfung aller verfassungsmäßigen Mittel.

Die Monarchen, die sich daraufhin mit ihren Verfassungen abfinden mußten, griffen nunmehr zu vorbeugenden Maßnahmen. Konnten die Parlamente nicht ausgeschaltet werden, so sollte wenigstens eine regierungstreue Zusammensetzung gesichert sein. Zu diesem Zwecke übten sich die Regierungen in unverhohlener Wahlbeeinflussung. Sowohl die Aufstellung der Kandidaten als auch das Abstimmungsverhalten der Wahlmänner waren Gegenstand von Regierungsbemühungen. Aus den Begründungen spricht das Selbstverständnis von Monarch und Regierung, die die Einsicht in das Gemeine Beste nach wie vor für sich allein beanspruchten. Oppositionelle Parlamente konnten angesichts dieser Haltung nicht als Träger einer konkurrierenden Auffassung vom Gemeinwohl toleriert werden, sondern stellten eine Gefahr für das Gemeinwohl dar. Umgekehrt galten gefügige Parlamente als Bedingung des Gemeinwohls und durften dann vom Staat auch mit geeigneten Mitteln herbeigeführt werden. Ganz in diesem Sinn forderte ein badisches Zirkular alle Staatsbeamten auf, dabei mitzuwirken, daß »sowohl bei der Wahl der Wahlmänner als der Wahl der Abgeordneten, die Absichten der Regierung erreicht« würden und überall »dem Einfluß einer der Regierung entgegenstehenden Partei begegnet« werde.[59]

Die Wahlbeeinflussung erbrachte zeitweilig den erwunschten Erfolg. In der 1825 neugewählten badischen Zweiten Kammer etwa saßen nur noch drei liberale Abgeordnete. Wo gleichwohl oppositionelle Abgeordnete gewählt wurden, pflegten die Regierungen, sofern es sich um Beamte handelte, den für die Parlamentssessionen erforderlichen Urlaub zu verweigern. Staatsdiener, die in ihrer Funktion als Abgeordnete die Regierungspolitik bekämpften, waren für den monarchischen Staat, der sich neben dem Heer vor allem auf die Bürokratie stützte und diese unverändert in den Verfassungsstaat eingebracht hatte, ein besonderes Ärgernis. Da mit dem Mandat kein Anspruch auf Befreiung von der regulären Tätigkeit verbunden war, hatte die Regierung eine Handhabe, mißliebige Beamte an der Wahrnehmung des Mandats zu hindern. Die Urlaubsverweigerung blieb bis zur Revolution von 1848 gängige Praxis.

Mehrfach kam es vor, daß Beamte ihr Amt aufgaben, um das Mandat wahrzunehmen. Wo die Urlaubsverweigerung mangels Beamtenstatus nicht anwendbar war, wie etwa im Fall des in den württembergischen Landtag gewählten Friedrich List, half die Einleitung eines Strafverfahrens, weil kein Beschuldigter ein Mandat ausüben durfte. Das Strafverfahren ließ sich dann nach dem Einzug eines genehmen Abgeordneten ohne Aufhebens niederschlagen.

6. Die Revolution von 1830

Die Restauration, die nach der Epoche umwälzender Veränderungen durch die Französische Revolution und die napoleonische Hegemonialpolitik einsetzte, war keine spezifisch deutsche, sondern eine gemeineuropäische Erscheinung. Sie wirkte sich überall lähmend auf den Konstitutionalismus aus. Die Konstitutionen trugen jetzt den Makel des ahistorischen und mechanischen Einschnitts in gewachsene Strukturen und organische Zusammenhänge. Die wahre Verfassung schien demgegenüber als traditionell verwurzelte, nicht rational konstruierte, tatsächlich gelebte, nicht normativ vorgeschriebene Ordnung. Das war eine Rückwendung zu älteren Vorbildern, freilich nicht zum Absolutismus, der seinerseits als Degenerationsstufe galt, sondern zum vorabsolutistischen Ständestaat. Daher enthielt die Rückwendung zugleich ein Votum gegen die allgemeine Staatsbürgergesellschaft und für die hierarchische Gliederung der Gesellschaft, gegen Volksvertretungen und für Ständeversammlungen, gegen freies und für imperatives Mandat und gegen Grundrechte und für ständische Freiheiten. Im Zuge dieser Tendenz wurden allenthalben in Europa Verfassungen aufgehoben, abgeändert oder nicht mehr vollendet. Die einzige demokratische Verfassung, die das Jahr 1815 überdauerte, war die norwegische.

Die Restauration führte jedoch nur selten zur völligen Wiederherstellung der vorrevolutionären Verhältnisse. Die Neigung zur radikalen Umkehr war aber dort besonders groß, wo angestammte Herrscher in der revolutionären oder napoleonischen Phase ihren Thron verloren hatten und nach dem Sturz Napoleons wieder restituiert wurden. Eine besonders gründliche Ausmerzung der französischen Gesetze und Institutionen fand in Spanien, in Piemont und im Kirchenstaat sowie in der Mehrzahl der Schweizer

Kantone statt. In Deutschland waren es die zugunsten des Königreichs Westfalen entmachteten Fürsten, allen voran der Kurfürst von Hessen-Kassel, die nach ihrer Rückkehr die französischen Errungenschaften wieder beseitigten und nur die ihnen selbst günstigen Veränderungen, etwa im Steuerrecht, beibehielten. Auf diese Weise sammelte sich gerade in jenen Ländern ein beträchtliches Unzufriedenheitspotential an. Es waren daher auch solche Staaten, in denen sich schon früh Widerstand gegen die Restauration regte. Im Jahre 1820 kam es zu Revolutionen gegen restaurative Regime in Spanien, Portugal, Italien und – dadurch ausgelöst, aber nicht gegen Restauration, sondern gegen Fremdherrschaft gerichtet – in Griechenland.

Die Revolutionen fanden zwar im übrigen Europa keine unmittelbare Nachahmung und wurden mit Hilfe der Großmächte auch schnell niedergeschlagen, nahmen aber die größere Revolutionswelle, die im Jahre 1830 gegen die Restauration anrollte, bereits vorweg. Die Revolution von 1830 hatte ihren Ursprung in Frankreich und erfaßte bald das gesamte übrige Europa mit Ausnahme Spaniens, das sich nun von dem europäischen Rhythmus der Politik abkoppelte, und Skandinaviens, das keine Restauration im strengen Sinn erlebt hatte. In Frankreich war sie eine Sache des Großbürgertums, das seinen politischen Einfluß durch Notverordnungen Karls X., die die Pressefreiheit aufhoben und den Wahlzensus zugunsten des Adels verschärften, zu verlieren drohte und langfristig auch Veränderungen der liberalen Gesellschafts- und Wirtschaftsordnung befürchtete. Die Volkserhebung, die den Presseverordnungen folgte, wurde unter der Kontrolle des Bürgertums schnell zu einem begrenzten Erfolg geführt. Ende Juli war der Aufstand ausgebrochen, am 14. August bereits eine neue Verfassung beschlossen, die von der vorangegangenen nur in wenigen fundamentalen Punkten abwich. Der wichtigste betraf die Legitimationsgrundlage der Herrschaft. Frankreich blieb zwar Monarchie, aber auf der Basis der Volkssouveränität. Das Wahlrecht wurde indessen nur geringfügig ausgeweitet, die Rechtsstellung des Parlaments gegenüber der Regierung aber verstärkt, die erste Kammer ihres adeligen Charakters entkleidet.

In Deutschland ging die von Frankreich ausgelöste Revolution nicht zufällig an den konstitutionellen Staaten vorbei. Sie wurde dort von den liberalen Kammeroppositionen aufgefangen, die durch die Revolution in Frankreich wieder Zuwachs und Auftrieb erhielten. Dagegen erfaßte die Revolution die Mittelstaaten Mitteldeutschlands, die entweder die Restauration besonders energisch betrieben hatten, wie Hannover, Hessen-Kassel und Braunschweig, oder noch gar keine Reformen erlebt hatten, wie Sachsen. Sie verschonte aber die Führungsmächte Österreich und Preußen, das zumindest ökonomisch auf liberalem Kurs geblieben war. Von den Staaten, in denen es zu Erhebungen kam, hatten Hannover und Braunschweig das Verfassungsgebot des Art. 13 erfüllt, jedoch durch Verfassungen, die dem altständischen Typ angehörten wie die Braunschweigische »Erneuerte Landschaftsordnung« von 1820 oder ihm zumindest näher standen als dem repräsentativen wie das Hannoversche Patent von 1819. In Kurhessen war dagegen die Wiederherstellung der Ständeverfassung, zu der sich der Kurfürst verpflichtet hatte, an ständischen Gegenvorstellungen gescheitert. In Sachsen, das sich schon zur Rheinbund-Zeit erfolgreich allen Modernisierungserwartungen widersetzt hatte und noch seine traditionelle Ständeversammlung besaß, war gar keine Verfassung in Angriff genommen worden.

In Braunschweig prägte die Abwehr der unumschränkten Herrschaftsansprüche des Herzogs, der selbst die altständische Verfassung von 1820 nicht anerkennen wollte, die Revolution. Der Aufstand, der Adel und Bürgertum zusammenführte, trug daher noch Züge des altständischen Widerstands. Dagegen waren in den übrigen Mittelstaaten eher soziale Motive der unteren Schichten vorrangig. Doch gelang es dem Bürgertum, diese Bewegung ähnlich wie in Frankreich zugunsten seiner verfassungspolitischen Ziele zu kanalisieren. Anders als in Frankreich konnte sich das deutsche Bürgertum freilich nicht mit politischen Zielen begnügen, sondern mußte seine Forderungen auf Umgestaltung der Sozialordnung ausdehnen. Die bürgerliche Gesellschaft war ja in all diesen Staaten noch keine Wirklichkeit. Die Verfassungen, auf die die Revolutionäre drangen, wurden daher auch als Instrument zur Überwindung der ständisch-feudalen Gesellschaftsordnung verstanden. Vor allem ging es um den Abbau der Standesschranken und die Herstellung von Rechtsgleichheit sowie die Ablösung der Feudallasten und die Schaffung freien bäuerlichen Eigentums, teils auch um Gewerbefreiheit. In Kurhessen, wo die Revolution von einer breiten Unterschicht mitgetragen wurde, überschritten die Forderungen aber vielfach die liberalen Postulate und richteten sich bereits auf die Herstellung von Demokratie.

Die Erhebungen führten durchweg, wenn auch unterschiedlich schnell, zum Erfolg. In Hannover und Sachsen lenkten die Monarchen bereits nach den ersten gewaltsamen Aktionen ein. Das war das Verdienst liberaler Beamtengruppen, die, ähnlich wie 1807 in Preußen, in der Krisensituation die Oberhand gewannen und die Könige von der Notwendigkeit von Verfassungsversprechen und Reformzusagen überzeugen konnten. Dagegen mußte der Widerstand des hessischen Kurfürsten und des braunschweigischen Herzogs gewaltsam gebrochen werden. In Braunschweig führte die geschlossene und selbst von der Beamtenschaft unterstützte Erhebung der Bevölkerung sogar zum einzigen Fürstensturz, den die deutsche Verfassungsgeschichte im 19. Jahrhundert kennt und der auch die Bestätigung des Deutschen Bundes fand. Das Verfassungsversprechen gab erst sein Nachfolger ab. Die Verfassungszusagen wurden allesamt durch moderne Repräsentativverfassungen eingelöst, zuerst in Kurhessen im Januar 1831, neun Monate später in Sachsen, 1832 in Braunschweig und 1833 in Hannover. Ohne moderne Verfassungen waren danach unter den bedeutenderen deutschen Staaten nur noch die Führungsmächte Österreich und Preußen.

7. Die zweite deutsche Verfassungswelle

Daß die neuen Verfassungen nicht mehr auf staatliche Initiative, sondern auf gesellschaftliche Forderungen oder gar revolutionären Druck zurückgingen, machte sich an Entstehungsweise und Inhalt bemerkbar. Verglichen mit den süddeutschen Verfassungen reichten sie in der konstitutionellen Beschränkung der Monarchen weiter, ohne deswegen von dem süddeutschen Vorbild grundsätzlich abzuweichen. Insbesondere änderte sich nichts an der Legitimationsgrundlage von Herrschaft. Alle neuen Verfassungen waren aber vereinbart, nicht oktroyiert, allerdings nicht mit eigens zu diesem Zweck gewählten konstituierenden Versammlungen, sondern mit den bestehenden oder wieder berufenen altständischen Körperschaften. Das führte zumindest in Sachsen zum Widerstand gegen die Konstitutionalisierung, der von der vergleichsweise liberal gesonnenen Regierung mühsam überwunden werden mußte, aber einige altständisch anmutende Elemente in der neuen Verfassung hinterließ. In den anderen Ländern war die liberale

Fraktion in der Ständeversammlung hinreichend stark, um der Verfassung moderne konstitutionelle Züge zu verleihen. Vor allem in Kurhessen gewann unter der Federführung des Marburger Staatsrechtslehrers Sylvester Jordan die Ständeversammlung maßgeblichen Einfluß auf den Inhalt der Verfassung.

Insgesamt folgten die Verfassungen dem süddeutschen Muster. In Einzelheiten enthielten sie aber moderate Neuerungen, am entschiedensten in der kurhessischen Verfassung, die deswegen auch Metternichs Protest hervorrief und zeit ihrer Existenz Gegenstand innerer Konflikte blieb. Die Neuerungen betrafen zum einen Organisation und Kompetenzen der Parlamente, zum anderen die Grundrechte. Bezüglich der Organisation sahen von den vier neuen Verfassungen die kurhessische und die braunschweigische das Einkammersystem vor. Das Fehlen mediatisierter Reichsstände erleichterte diese Lösung. Hannover und Sachsen errichteten zwei Kammern, Sachsen wegen des starken altständischen Einflusses bei den Verfassungsberatungen sogar mit erheblichem Adelsanteil in der Zweiten Kammer. Soweit die Mitgliedschaft in den Kammern auf Wahlen beruhte, blieben diese standesspezifisch, indirekt und an den Zensus geknüpft. Dieser fiel aber in der Regel liberaler aus als in den süddeutschen Verfassungen. Für die Wahrnehmung des Mandats spielte die Standeszugehörigkeit jedoch ebensowenig eine Rolle wie in den älteren Verfassungen. Es galt das freie Mandat. Reste des ständischen Vetos hielten sich nur in Sachsen.

Die Kompetenzen der Kammern wurden in der Regel ausgeweitet. Zwar blieb ihnen das Selbstversammlungsrecht verwehrt, doch erlangten sie mit Ausnahme Sachsens das Initiativrecht. Dadurch verengte sich der monarchische Einfluß auf die Beratungsgegenstände der Parlamente. Zudem wurde der Mitwirkungsbereich nicht mehr durch die Freiheit-und-Eigentum-Formel eingegrenzt. Außer in Braunschweig, wo die Gegenstände der Gesetzgebung enumerativ aufgeführt waren, hieß es nun ohne Einschränkung, daß Gesetze der Zustimmung der Kammern bedurften. Das Abgrenzungsproblem verlagerte sich dadurch in die Auslegung des Gesetzesbegriffs, und auf dieser Ebene behielt die Freiheit-und-Eigentum-Formel noch lange ihre Bedeutung. Diesen Zugeständnissen standen aber auch Einschränkungen gegenüber. Sachsen, das das Gesetzgebungsrecht ohnehin mit einer großen Zahl von Exekutivvorbehalten versehen hatte, verlangte zur Ablehnung eines königlichen Gesetzesvorschlags eine Zwei-Drittel-Mehrheit. In Hannover sollte sich das Zustimmungsrecht des Parlaments nur auf den wesentlichen Inhalt der Gesetze beziehen, während die Ausarbeitung im Detail Sache der Regierung blieb.

Im Grundrechtskatalog ähnelten die Freiheitsrechte den in Süddeutschland geltenden. Berufsfreiheit, die dort nur in Württemberg garantiert war, trat hinzu. Versammlungs- und Vereinigungsfreiheit wurden weiterhin nicht gewährt. Kurhessen setzte jedoch neben die, freilich von den fortbestehenden Karlsbader Beschlüssen überlagerte, Pressefreiheit in Art. 39 ein selbständiges Meinungsgrundrecht, dem zufolge niemand »wegen der freien Äußerung bloßer Meinungen« zur Verantwortung gezogen werden konnte, sofern er dabei nicht gegen sonstiges Recht verstieß. Noch klarer als in den süddeutschen Verfassungen kam zum Ausdruck, daß sich die Gleichheit nur auf die Rechtsanwendung bezog, nicht auf die Rechtsetzung. In Braunschweig hieß es ausdrücklich, alle Einwohner seien »vor dem Richter« gleich. Dagegen erklärten sich die mitteldeutschen Grundrechtskataloge deutlicher hinsichtlich der Überwindung der feudalen und zünftischen Wirtschaftsverfassung und der Herstellung der bürgerlichen Gesellschaft. Selten wurde dieses Vorhaben von den Verfassungen unmittelbar verwirklicht, da der Legalitätsgrundsatz komplizierte Ablösungs- und Entschädigungsregelungen erforderlich machte. Die Gesetzgebungsaufträge nahmen jedoch an Zahl und Präzision zu, der Realisierungswille trat hier deutlicher als in Süddeutschland ins Bild.

In der Tat gehört es zu den nachhaltigen Effekten der Revolution, daß die Gesetzgebungsaufträge in engem zeitlichen Zusammenhang mit der Verfassungsgebung ausgeführt wurden, während die süddeutschen Kammern vor 1830 stets vergeblich auf die Einlösung der verfassungsrechtlich gegebenen Versprechen gedrängt hatten. Den Verfassungsauftrag zur Herstellung eines frei verfügbaren Grundeigentums lösten alle Länder ein, Hannover sogar noch vor der endgültigen Ratifizierung der Verfassung. In Sachsen erging ein Ablösungsgesetz ohne besonderen Verfassungsauftrag. Die Regelungen, die es traf, sind deshalb instruktiv, weil sie eine Alternative zu dem von Preußen eingeschlagenen und schließlich in eine Sackgasse mündenden Weg darstellten. Das sächsische Gesetz von 1832 ordnete den sofortigen Wegfall der Feudallasten an und übertrug den Bauern freies Eigentum. Die Entschädigung der

Grundherren erfolgte nicht in Land, sondern in Geld. Die Zahlung wurde über einen Zeitraum von 55 Jahren gestreckt. Unterdessen übernahm eine staatliche Rentenbank die Finanzierung. Ähnlich löste Hannover das Problem, so daß im nichtpreußischen Mitteldeutschland die einseitige Begünstigung des Adels und die Existenznot der kleineren Bauern vermieden wurden und ein leistungsfähiger Bauernstand sich entwickeln konnte.

Schließlich sind auch bei der Sicherung der Verfassung einzelne Fortschritte erkennbar. Das Beschwerderecht gegen Verfassungsverletzungen war nicht mehr auf Einzelpersonen beschränkt. Vielmehr durften sich auch ganze Klassen von Personen an die Stände wenden, was die süddeutschen Verfassungen noch ausdrücklich untersagt hatten. Kurhessen und Sachsen richteten Verfassungsgerichte ein, die bei Streitigkeiten über die Auslegung der Verfassung zu entscheiden hatten, wenn Monarch und Volksvertretung keine Einigung erzielen konnten. Die sächsische Verfassung bestimmte in § 153, daß die Entscheidungen dieses Gerichts »als authentische Interpretation angesehen und befolgt« werden sollten. Das ist nichts anderes als die verfassungsgerichtliche Organklage, die freilich nur soweit reichen konnte, wie die Verfassung selber Kompetenzabgrenzungen enthielt, dagegen nicht den verfassungsimmanenten Dualismus zu überwinden vermochte. Den einschneidendsten Erfolg errangen die kurhessischen Stände, indem sie den Verfassungseid für das Heer durchsetzten und dieses so aus der einseitigen Bindung an den Monarchen lösten und in die Konstitutionalisierung der Staatsgewalt einbezogen.

8. Nachrevolutionäre Verfassungskonflikte

In den westeuropäischen Staaten schwemmte die Revolutionswelle des Jahres 1830 die Restauration endgültig hinweg. Für Deutschland läßt sich eine solche Feststellung nicht treffen. Die beiden Führungsmächte waren von den revolutionären Ereignissen verschont geblieben und gingen mit Hilfe des Deutschen Bundes verschärft gegen nationale und konstitutionelle Bestrebungen vor. Dabei kam ihnen, wie seinerzeit das Wartburgfest und das Sandsche Attentat, das Hambacher Fest des Jahres 1832 zustatten. Diese Großveranstaltung von rund 20000 Teilnehmern aus allen Volksschichten war das Werk des deutschen Preß- und

Vaterlandsvereins, in dem sich zahlreiche nach 1830 gegründete lokale Vereine zur Förderung der Grundrechte, namentlich der Pressefreiheit, zusammengeschlossen hatten. Auf diese Weise gewann er eine für vormärzliche Verhältnisse ungewöhnliche Verbreitung, die er durch ein eigenes Boten- und Vertriebssystem aufrechterhielt. Auf dem Fest herrschten antiföderalistische und antimonarchische Tendenzen vor. Viele Redner forderten einen unitarischen und republikanischen Nationalstaat. Dabei kam auch die Frage auf, ob zur Verfolgung dieses Ziels Gewaltanwendung legitim sei, ohne daß aber gewaltsame Aktionen beschlossen oder vorbereitet wurden.

Das preußische Staatsministerium bewertete das Fest als »vollständige Revolution«.[60] Metternich zog aus der Veranstaltung, die in der zu Bayern gehörigen Pfalz erlaubterweise stattgefunden hatte, den Schluß, daß die Staatsgewalt nur dort aufrechterhalten werden könne, wo es keine Volksvertretung gebe. »Mit Volksrepräsentation im modernen Sinne, mit der Preßfreiheit und den politischen Vereinen muß jeder Staat zugrunde gehen.«[61] Unter dem Druck Österreichs und Preußens verteidigte der Bundestag mit authentischen Interpretationen der Bundesverfassung und zusätzlichen, teils geheimgehaltenen Bestimmungen das monarchische Prinzip gegen den Kompetenzgewinn der Landtage und vergrößerte seine Interventionsmöglichkeiten. Ferner ging er mit verschärften Bestimmungen gegen die Pressefreiheit vor, verbot eine Reihe von Zeitungen und untersagte den Redakteuren die Berufsausübung. Außerdem schritt er gegen das Vereins- und Versammlungswesen ein. Das Bundesgesetz vom 5. Juli 1832 verbot alle politischen Versammlungen, dazu sämtliche nicht traditionsgebundenen Volksfeste sowie das Tragen politischer Abzeichen und Fahnen. Auf erlaubten unpolitischen Versammlungen durften keine politischen Reden gehalten werden. Politische Vereine wurden ausnahmslos verboten.

Während die politische Nationalbewegung in der Bevölkerung wegen ihres systemsprengenden Potentials unterdrückt wurde, erhielt die deutsche Einigung auf ganz anderem Gebiet Auftrieb, nämlich auf dem wirtschaftlichen. Der Deutsche Bund war hier jahrelang reglos geblieben, obwohl Art. 19 der Bundesakte ihm Handhaben zu einer gemeinsamen Handels- und Verkehrspolitik bot. Preußen als das wirtschaftlich fortgeschrittenste und daher an Zollerleichterungen am stärksten interessierte Land ging deshalb aus eigenem Antrieb und gegen den Widerstand Österreichs vor, schon früh durch Herstellung der Zolleinheit und des Freihandels für das eigene Land, bald auch durch Werbung anderer Staaten für einen größeren Zollverbund. Diese Bemühungen führten 1834 zum Erfolg, als es gelang, den Deutschen Zollverein unter süddeutscher Beteiligung zu gründen, dem bald zwei Drittel der Mitgliedstaaten des Bundes angehörten. Direkte politische Impulse waren damit nicht verbunden, wenngleich die wirtschaftspolitische Einigung die Basis für politische Einheitsbestrebungen langfristig verbreiterte. Vorerst verharrten aber, genau wie in der preußischen Innenpolitik, wirtschaftlicher Liberalismus und politische Reaktion ungestört nebeneinander.

Der Antikonstitutionalismus der Großmächte hatte sich nach der Revolution von 1830 sogar derart zugespitzt, daß verfassungsüberdrüssigen Herrschern selbst der Staatsstreich nicht mehr so riskant zu sein schien wie noch um 1820. Der 1837 auf den hannoverschen Thron gelangte König Ernst August, der schon 1833 in seiner Eigenschaft als Thronfolger gegen die Verfassungsvereinbarung protestiert hatte, erklärte die Verfassung alsbald gegen die fast einhellige Auffassung seiner Regierung für ungültig und ließ die altständische Verfassung von 1819 wiederaufleben. Es war dieser Rechtsbruch, der zum Protest der »Göttinger Sieben« führte, die sich durch ihren Eid als Professoren an die Verfassung von 1833 gebunden fühlten und der vom König einberufenen altständischen Versammlung die Rechtmäßigkeit bestritten. Alle wurden sogleich entlassen und ihrer Bezüge für verlustig erklärt, drei überdies des Landes verwiesen. Ihr Widerstand, der das politische Ansehen der deutschen Professorenschaft wesentlich erhöhte, fand Gefolgschaft im Land. Die größeren Städte entsandten keine Abgeordneten in die altständische Versammlung, und selbst unter der geringen Zahl derer, die ihre Sitze einnahmen, war das oppositionelle Element noch stark vertreten.

Die Opposition berief sich in dieser Situation auf Art. 56 der Wiener Schlußakte, wonach ordnungsgemäß zustande gekommene Verfassungen nur auf verfassungsmäßigem Wege abgeändert werden durften, und beantragte eine Intervention des Bundes. Einen ebensolchen Antrag stellte die Stadt Osnabrück. Beide wurden vom Bundestag als unzulässig betrachtet. Doch drangen auch eine Reihe konstitutioneller Staaten, insbesondere Bayern, auf die Feststellung, daß der Monarch die Verfassung von 1833 nicht einseitig zurücknehmen durfte. Der Bund wich indessen trotz unzweideutiger Rechtslage einer solchen Feststellung gegen die Stimmen der meisten konstitutionellen Staaten aus und erklärte, daß kein Anlaß zum Einschreiten bestehe, was der König als materielle Bestätigung seiner Rechtsauffassung interpretierte. Der Bund verband mit seinem Stillhalten allerdings die Erwartung einer gütlichen Beilegung des Verfassungsstreits, der sich der König ohne Preisgabe des Bundesrückhalts nicht entziehen konnte. Er legte einen Verfassungsentwurf vor, der 1840 von der altständischen Versammlung beraten und angenommen wurde und im Ergebnis zwar hinter die Verfassung von 1833 zurückfiel, dieser aber immer noch näher stand als der Verfassung von 1819.

Ein Sonderfall der vormärzlichen Verfassungsgeschichte ist Hannover nur hinsichtlich des Mittels antikonstitutioneller Politik. Die antikonstitutionelle Politik selbst war nach 1830 in den Verfassungsstaaten allgemein verbreitet, besonders natürlich in jenen, die sich nur widerwillig zum Konstitutionalismus entschlossen hatten. Zahlreiche Wortführer der konstitutionellen Bewegung wie Behr in Bayern und Jordan in Kurhessen wurden festgenommen und viele Jahre in Haft gehalten. In Kurhessen entwickelte sich ein Dauerzwist zwischen reaktionärer Regierung und oppositioneller Volksvertretung, in dem die Regierung mit dem Mittel der Parlamentsauflösung, die Kammer mit dem Mittel der Ministeranklage operierte. Eine Verurteilung erreichte sie nicht. Die Entlassung des hochkonservativen Regierungschefs Hassenpflug 1837 ging nicht auf die Ständepolitik, sondern auf ein Zerwürfnis mit dem Kurfürsten zurück. Aber auch in den süddeutschen Verfassungsstaaten gelang es mit Hilfe der Bundesgesetze gegen Presse und Vereine und unter Fortsetzung der parlamentsbehindernden Praktiken aus der Frühphase des Konstitutionalismus, die liberale Opposition kleinzuhalten oder lahmzulegen und parlamentarisch weitgehend unkritisiert und unkontrolliert zu regieren, bis das Jahr 1840 eine Wiederbelebung der konstitutionellen Bestrebungen brachte.

9. Die Anfänge einer Politisierung der Gesellschaft

Das Jahr 1840 weckte in Deutschland Hoffnungen auf eine Wendung in der Verfassungsfrage. Sie gründeten sich vor allem auf den

Thronwechsel in Preußen. Friedrich Wilhelm IV. trat an die Stelle seines Vaters, der sich in der Verfassungsfrage schließlich ganz auf den Standpunkt Metternichs zurückgezogen hatte. In den Augen der Öffentlichkeit war mit seinem Tod das Hindernis für die Erfüllung des dreifachen Verfassungsversprechens von 1810, 1815 und 1820 beseitigt. Häufiger wurde nun wieder öffentlich an dieses Versprechen erinnert. Der neue Monarch bestätigte die Hoffnungen auf ein liberales Regiment auch alsbald durch eine Reihe von Maßnahmen, die seine Abkehr von dem alten System anzeigen sollten. Prominente Opfer der Demagogenverfolgung der zwanziger Jahre wurden rehabilitiert, Gelehrte, die den »Göttinger Sieben« zugehörten wie die Brüder Grimm, nach Preußen berufen. Die Zensurpraxis lockerte sich. Eine Regierungsumbildung begann. Der seinerzeit mit Humboldt aus der Regierung ausgeschiedene Boyen kehrte an die Spitze des Kriegsministeriums zurück. Der ostpreußische Oberpräsident Schön verließ die erste Audienz bei dem neuen Monarchen mit dem überraschten Ausruf: »Der König ist noch liberaler als ich.«[62]

Die Erwartungen, die sich mit dem Thronwechsel in Berlin verbanden, waren keineswegs auf das preußische Volk beschränkt. Der Übertritt Preußens ins konstitutionelle Lager hätte den Zusammenbruch des restaurativen Systems, das sich nur durch die Einigkeit der beiden Großmächte im Bund aufrechterhalten ließ, bewirkt. Eine preußische Verfassung wäre weit über ihren juristischen Geltungsbereich hinaus für ganz Deutschland folgenreich gewesen. Das deutsche Nationalgefühl war zu dieser Zeit ohnehin stark angefacht, und zwar durch eine äußere Bedrohung. Die orientalische Frage, die seit dem griechischen Unabhängigkeitskampf schwelte, wurde 1840 Gegenstand eines »Vertrages zur Befriedung der Levante«, den Rußland, England, Österreich und Preußen unter Ausschaltung Frankreichs schlossen. In Frankreich breitete sich darüber eine ungeheure Erregung aus, die sogar zu Kriegsvorbereitungen gegen Deutschland mit dem Ziel der Verlagerung der französischen Ostgrenze an den Rhein führte. Diese Drohung rief den alten Haß auf Frankreich, der nach 1815 abgeklungen, 1830 sogar der Begeisterung gewichen war, wieder wach und vermittelte den Deutschen ein starkes nationales Einheitsgefühl.

Auch innenpolitisch lassen sich zu dieser Zeit Anzeichen einer politischen Belebung der Gesellschaft wahrnehmen. Die politischen Richtungen begannen sich zu differenzieren und gleichzeitig zu verfestigen, ohne daß unter den Bedingungen des Vormärz schon Organisationsformen entstanden wären, die die Bezeichnung Partei verdient hätten. Der Begriff der Partei war zwar keineswegs ungeläufig, bezeichnete aber eher Gesinnungen als Vereinigungen. In diesem Sinn pflegte man von der »Partei der Beharrung« und der »Partei der Bewegung« zu sprechen. Das war im Grunde dieselbe, noch wenig differenzierte Einteilung, nach der man auch in den Volksvertretungen ein gouvernementales und ein oppositionelles Lager unterschieden hatte. Die konservative Partei der Beharrung fand sich dabei in der Ablehnung aller liberalisierenden Veränderungen zusammen, die unter Revolutionsverdacht gestellt wurden. Umgekehrt umfaßte die Partei der Bewegung alle, die den Status quo überwinden wollten und in der Forderung nach nationaler Einheit, geschriebener Verfassung, bürgerlichen Freiheitsrechten und Abschaffung des Feudalsystems einen Kernbestand gemeinsamer Überzeugungen besaßen.

Indessen gewannen in den vierziger Jahren hinter der gemeinsamen Ablehnung des Status quo durchaus unterschiedliche Zielvorstellungen Kontur. Am auffälligsten ist die damals einsetzende Entzweiung von Liberalen und Demokraten. Zum Differenzierungspunkt wurde das Legitimationsprinzip politischer Herrschaft. Während die Liberalen eine Teilung der Staatsgewalt mit dem Monarchen anstrebten, wollten die Demokraten die Übernahme der Staatsgewalt erreichen, was die Monarchie keineswegs ausschloß, für viele aber doch schon die Republik bedeutete. Die unterschiedliche Reichweite der Ziele begründete auch eine unterschiedliche Nähe zur Revolution. Kam sie für die Liberalen nur als ein im Grunde unerwünschter Notbehelf in Frage, so erschien sie den meisten Demokraten als unausweichlich. Für eine weitere Gruppierung bildete die politische Umwälzung nur die Vorbedingung zur Herstellung größerer sozialer Gerechtigkeit mittels Umverteilung des Besitzes, die ihr eigentliches Ziel war. Schließlich fällt in die vierziger Jahre auch die Entstehung des politischen Katholizismus, der sich im Widerstand gegen die zeitweilig antikatholische preußische Kirchenpolitik formte, die 1837 in der Verhaftung des Kölner Erzbischofs kulminierte.

Die Grundzüge des deutschen Fünfparteiensystems, das im Kern bis in die Weimarer Republik bestehen blieb, sind hier bereits erkennbar. Auch der Zusammenhalt der Gruppen und ihre überregionalen Kontakte nahmen seit 1840 zu. Kristallisationspunkte waren häufig Zeitschriften, aber auch große Publikationen wie das *Staatslexikon* von Rotteck und Welcker, das, seit 1834 erscheinend, die Position des deutschen Liberalismus bestimmte. Innerhalb der Parlamente verstärkte sich der Zug zur Fraktionsbildung. Beratungen gleichgesinnter Abgeordneter vor den Sessionen wurden häufiger. Auch trifft man öfter reisende Abgeordnete an, die Einfluß auf die Kandidatenaufstellung und die Wählermeinung zu gewinnen versuchten. Überdies begannen gleichgesinnte Abgeordnete länderübergreifende Kontakte zu knüpfen. Im Herbst 1847 gab es regelrechte Parlamentariertagungen, für die Demokraten in Offenburg, für die Liberalen in Heppenheim. Auch der sog. Germanistentag, der 1846 erstmals stattfand, war eher ein politisches als ein wissenschaftliches Ereignis, ein »geistiger Landtag«, wie Treitschke sagte[63], und ähnlich verhielt es sich auf der volkstümlichen Ebene mit den landauf landab stattfindenden Sänger- und Schützenfesten.

Das alles spielte sich fast unter Ausschluß Österreichs ab, während in Preußen immer unübersehbarer wurde, daß der König und die Verfassungsanhänger verschiedene Dinge meinten, wenn sie von einer Volksvertretung sprachen. Friedrich Wilhelm IV. war in altertümlich ständischen Vorstellungen befangen und daher nur bereit, das System der Provinzialstände, auf das die preußischen Verfassungspläne schließlich geschrumpft waren, organisch fortzubilden. Daher berief er 1842 Vertreter der verschiedenen Provinziallandtage als sog. Vereinigte Ausschüsse nach Berlin und verstand sich 1847 unter dem Druck der alten Zusage, daß neue Staatskredite nur mit Zustimmung einer Nationalrepräsentation aufgenommen würden, zur Einberufung des »Vereinigten Landtages«. Während diese Einberufung in weiten Teilen der Öffentlichkeit aber als Auftakt zur endgültigen Einlösung des Verfassungsversprechens begrüßt wurde, sah der König darin nur die schließlich erreichte Krönung der altständischen Verfassung, die er bei der Eröffnung nochmals als die wahre pries und sodann gelobte, »daß es keiner Macht der Erde je gelingen soll, Mich zu bewegen, das natürliche, gerade bei uns durch seine innere Wahrheit so mächtig machende Verhältnis zwischen Fürst und Volk in ein konventionelles, konstitutionelles zu wandeln«.[64]

10. Die Staatsrechtslehre im Vormärz

In der Staatsrechtslehre des Vormärz spiegelt sich die Uneinheitlichkeit ihres Gegenstands wider. Ein gemeindeutsches Staatsrecht existierte nicht. Zwar gab es das Recht des Bundes, das nicht selten als Bundesverfassung bezeichnet wurde. Die fehlende Staatsqualität des Bundes erlaubt es aber nicht, hier in einem spezifischen Sinn von Staats- oder Verfassungsrecht zu sprechen. Die verfassungsrechtlichen Zustände in den Mitgliedstaaten des Bundes waren höchst unterschiedlich. Eine im Laufe des Vormärz wachsende Zahl von Staaten besaß vergleichsweise moderne Konstitutionen. Andere hatten die altständische Verfassung bewahrt oder neu begründet. In den freien Städten galten republikanisch-patrizische Verfassungen, die eher dem altständischen Typus zuzurechnen sind. Einige Staaten, darunter die beiden Führungsmächte Österreich und Preußen, waren staatsrechtlich gesehen absolute Monarchien. Die Koexistenz der verschiedenen Verfassungstypen vollzog sich keineswegs problemlos. Die Frage, welcher der wahre oder Deutschland gemäße Typ sei und deswegen zur allgemeinen Herrschaft gelangen müsse, bildete vielmehr das umstrittenste politische Thema der Zeit. Diese Kontroverse mußte sich daher auch in der Staatsrechtslehre niederschlagen.

Wie in einer Zeit im Fluß befindlicher, zutiefst umstrittener Verfassungsentwicklung nicht anders zu erwarten, rangierten Verfassungstheorie und Verfassungspolitik an Bedeutung und Interesse vor Verfassungsdogmatik. Auf der Theorieebene wurden die großen Richtungskämpfe ausgetragen. Die liberale Richtung, deren Postulate sich in Deutschland noch nicht erfüllt hatten, hielt ungeachtet des allgemeinen Wechsels im geistigen Klima an der vernunftrechtlichen Tradition fest, ging von der natürlichen Freiheit und Gleichheit aller Menschen aus, gründete den Staat auf einen Vertrag der Individuen und gestand ihm nur den begrenzten Zweck des Schutzes der natürlichen Freiheit zu. Angesichts der politischen Realitäten in Deutschland gelang es den Liberalen aber meist, vom Boden dieser Theorie aus die konstitutionelle Monarchie zu rechtfertigen. Der konservativen Richtung galt der Staat nicht als Vertragsprodukt und seine staatsrechtliche Form daher auch nicht als machbar. Er war vielmehr eine organische Verbindung von Haupt und Gliedern, die ihre jeweilige Gestalt aus Eigenart und Entwicklungsstand des Volkes bezog, seinem Wesen nach nicht einem bestimmten Zweck dienstbar, sondern Selbstzweck und daher in der Wahl seiner Zwecke frei.

Je nachdem erschien die Verfassung dann entweder als die rational entworfene und von einer konstituierenden Nationalversammlung in Kraft gesetzte, zumindest aber zwischen Volk und Herrscher vereinbarte, stets geschriebene und normativ verbindliche Grundlage legitimer Herrschaft oder aber als die auf einer bestimmten historischen Stufe erreichte, jedoch in ständiger Entwicklung befindliche, keineswegs notwendig geschriebene und eher tatsächlich wirkende als rechtlich geltende Form der Herrschaft. Da dieser Unterschied seine praktische Bedeutung bei der Frage nach dem Begriff der landständischen Verfassung in Art. 13 der Bundesakte und der Gestalt der Ständeversammlungen gewann, stand letztere auch im Vordergrund der vormärzlichen Staatstheorie. Nimmt man allein die Monographien zu diesem Thema, kommt man unschwer auf eine Zahl von rund 75 Büchern. Dagegen findet sich für die Grundrechte, den anderen Verfassungsbestandteil, im selben Zeitraum nur eine einzige und zudem wenig bedeutende Monographie. Liberale und konservative Richtungen konvergierten am Ende aber im Postulat des Rechtsstaats, demzufolge der Staat in den Beziehungen zu seinen Bürgern an vorweg festgelegte und generell geltende Gesetze gebunden war, deren Inhalt und Zustandekommen indes kontrovers blieb.

Es ist jedoch bemerkenswert, daß die großen Richtungsunterschiede der Staats- und Verfassungslehre in der Staats*rechts*lehre nicht wiederkehren. Allerdings setzte in einer Zeit verfassungspolitischer Konflikte die Beschäftigung mit dem geltenden Staatsrecht nur zögernd ein. In Ermangelung eines einheitlichen deutschen Staatsrechts ging die Wissenschaft drei Wege, die bis zur Reichsgründung unterscheidbar bleiben. Einige Werke setzten ungeachtet der tiefgreifenden staatsrechtlichen Veränderungen die Tradition der alten Reichspublizistik fort und beschrieben nunmehr das öffentliche Recht des Deutschen Bundes. Andere knüpften bei den modernen Verfassungen an, behandelten sie aber nur als konkrete Ausprägung eines generellen Typus und entwickelten so ein Allgemeines Staatsrecht, auf diese Weise die Rechtseinheit gegen die Partikularrechte verteidigend, wie das gleichzeitig im Zivilrecht Savigny mit seiner Option für das römische Recht tat. Eine dritte, mit der Ausbreitung des Verfassungsstaats wachsende Gruppe widmete sich der Erläuterung einzelstaatlicher Verfassungen. Gegenstand dieses Typs wie auch des Allgemeinen Staatsrechts waren aber fast ausnahmslos die modernen Repräsentativverfassungen, während Darstellungen des Staatsrechts der altständisch oder absolutistisch regierten Staaten kaum vorkommen.

Schon dieser Umstand läßt auf eine liberale Grundhaltung der Staatsrechtslehre in einer illiberalen Umgebung schließen. In der Tat bestätigen die Werke zum geltenden Recht, gleichviel ob sie das allgemeine oder ein spezielles Staatsrecht erläutern, fast durchweg diese Vermutung. In der Regel basieren sie auf einem naturrechtlichen Ansatz und fügen das positive Staatsrecht in das überpositive Begründungsschema ein, um es von dort her zu deuten. Die Staatsrechtswissenschaft stand damit in unübersehbarem Kontrast zu ihrem Gegenstand, der keinen Zweifel daran erlaubte, daß es sich nicht wie bei den Verfassungen Amerikas oder Frankreichs um eine Positivierung von Naturrecht handelte. Gerade in der kontrafaktisch aufrechterhaltenen Geltungsgrundlage drückte sich freilich die Unzufriedenheit der Staatsrechtslehre mit dem positivrechtlichen Ergebnis der monarchischen Verfassungsstiftung aus, die hinter den liberalen Postulaten zurückblieb. Die naturrechtliche Interpretation fungierte in dieser Situation als Ersatz für mangelhafte Positivierung. Die Staatsrechtslehre verschaffte sich so die Möglichkeit, die geltenden Verfassungen als unvollkommenen und verbesserungsbedürftigen Ausdruck des wahren Rechts hinzustellen und sie entweder extensiv zu interpretieren oder unter moralisch-politischen Ergänzungsdruck zu setzen.

Erst mit der allmählichen Konsolidierung des Verfassungsstaats in Süddeutschland und seiner Ausweitung nach Mitteldeutschland sowie der wachsenden Notwendigkeit, konkrete verfassungsrechtliche Streitfragen zu lösen, erwies das naturrechtlich-abstrakt vorgehende Staatsrecht seine Ferne vom positiven Recht und dessen praktischen Problemen und wich nach und nach einer stärker historisch-politisch orientierten und auf das geltende Recht bezogenen Betrachtung. Der eigentliche Begründer der modernen Staatsrechtsdogmatik war Robert v. Mohl mit seinem Württembergischen Staatsrecht von 1829, das sich um systematisch gewonnene und textbezogene Interpretationen bemühte und damit in anderen Ländern bald Nachfolger fand. Im allgemeinen Staatsrecht zeichnet sich diese Wende in den Werken von Zachariä und Zoepfl ab, die 1841 erstmals erschienen und bis zum Ende des

Deutschen Bundes Bedeutung behielten.[65] Auch für die stärker auf das positive Recht eingehenden Autoren gilt aber, daß sie dieses aus einer liberalen Grundhaltung verstanden und die in ihm enthaltenen Interpretationsspielräume im liberalen Sinn ausnutzten. Hier gewannen auch die Grundrechte eine größere Bedeutung, und gerade ihre mangelhafte Verwirklichung im einfachen Recht und in der Staatspraxis bildeten den immer wiederkehrenden Klagepunkt der vormärzlichen Staatsrechtslehre.

VI. Die Revolution von 1848 und die Paulskirchen-Verfassung

1. Der soziale Wandel im Vormärz

In dem nachträglich gebildeten Begriff des »Vormärz« wird die deutsche Geschichte seit den Befreiungskriegen oder zumindest seit 1830 zum bloßen Vorspiel jener Revolution gemacht, die, von Frankreich aus ihren Weg durch Europa nehmend, im März 1848 auch Deutschland erfaßte. Die Periode des Vormärz erscheint in diesem Wort wie das zeitliche Aufmarschgelände, auf dem sich die Gruppen für den unvermeidlichen Kampf formierten. Obwohl eine solche retrospektive Festlegung der für verschiedene Entwicklungen offenen Epoche nicht gerecht wird, bringt sie doch zum Vorschein, wie einschneidend die Ereignisse der Jahre 1848/49 empfunden wurden und wie nachhaltig sie die Zeitspanne eines Jahrhunderts in ein Davor und ein Danach teilten. Das schlug sich, wie noch deutlich werden wird, auch im Verfassungsdenken und in der Verfassungsentwicklung nieder. Zunächst lenken die Märzereignisse von 1848 den Blick jedoch auf jene sozialen Veränderungen zurück, welche in der Zwischenzeit eingetreten waren und die Revolution, die von vielen bereits 30 Jahre früher ersehnt oder befürchtet worden war, erst ermöglichten. Diese Veränderungen müssen bekannt sein, wenn man die Ereignisse von 1848 verstehen und ihre Ergebnisse beurteilen will.

Unter den sozialen Veränderungen, die sich im Vormärz zutrugen, fällt vor allem die rapide Bevölkerungsvermehrung ins Auge. In dem Zeitraum zwischen den Befreiungskriegen und der Revolution, binnen einer einzigen Generation also, wuchs die deutsche Bevölkerung um die Hälfte, und zwar von rund 23,5 auf rund 34,5 Millionen, nachdem sie über Jahrhunderte in etwa auf dem gleichen Stand geblieben war. Die Gründe der Bevölkerungsexplosion lassen sich nicht abschließend bestimmen. Sicher können aber die Bekämpfung der Seuchen- und Kindersterblichkeit seit dem späten 18. Jahrhundert, die Aufhebung der im ständisch-feudalen Recht geltenden Eheverbote sowie die belebten Zukunftshoffnungen in der Reformära zur Erklärung des veränderten generativen Verhaltens und der hohen Zuwachsraten herangezogen werden. Projiziert man das Wachstum auf die Sozialstruktur der Bevölkerung, so ergibt sich bei beträchtlichen regionalen Unterschieden ein überproportionaler Anstieg in den unteren Schichten, einmal auf dem Lande, namentlich in den ostelbischen Gebieten Preußens, sodann bei den kleinen Gewerbetreibenden, vor allem in dem gewerblich stark entwickelten Sachsen, das mit 14,1% die höchste jährliche Zuwachsrate im Deutschen Bund aufwies, und wiederum in Preußen, wo sich die Meisterstellen nach der damaligen Statistik zwischen 1816 und 1840 um 53%, die Gesellen- und Lehrlingsstellen um 93% vermehrten.

Die Bevölkerungsvermehrung des Vormärz trieb nicht so sehr die Arbeitslosigkeit in die Höhe, als daß sie die Arbeitsplätze entwertete. Die Zeit des späten Vormärz ist trotz der von den Reformen in der Tat bewirkten Produktivitätssteigerung von entsetzlicher Massenarmut geprägt. Es erhöhte sich aber nicht nur die Zahl der Notleidenden. Durch die Säkularisierung des Kirchenbesitzes, der stets auch der Armenhilfe zugute gekommen war, und die Auflösung der Institutionen sozialer Sicherheit, die die ständische Gesellschaft gekannt hatte, sank vielmehr zugleich die öffentliche Fürsorge. In den vierziger Jahren verschlechterte sich die wirtschaftliche Lage zusehends, durch die Mißernten der Jahre 1845 und 1846 nahm sie katastrophale Züge an. Hungerrevolten waren längst vor Ausbruch der Revolution an der Tagesordnung. Von 1840 bis 1847 zählt man 103 durch Not ausgelöste Unruhen, fast viermal soviel wie in den zehn Jahren zuvor und vierunddreißigmal mehr als zwischen 1816 und 1829. Die Massenarmut ließ sich nicht, wie die liberale Wirtschaftstheorie angenommen hatte, auf individuelles Versagen zurückführen, sondern war strukturell bedingt. Als solche wurde sie aber nach dem Wegfall der vermittelnden Instanzen zum politischen Problem, dessen Vernachlässigung zur Delegitimierung der bestehenden Ordnung beitrug.

Es ist wichtig daran zu erinnern, daß der vormärzliche Pauperismus noch keine Folge der Industriellen Revolution war. Die Industrialisierung setzte vielmehr zu dieser Zeit in Deutschland erst ein. Ihr stärkster Motor war anfangs der Eisenbahnbau, der 1835 mit der Linie von Nürnberg nach Fürth begann und mit seinem großen Bedarf an Arbeitskräften einen Beitrag zur Behebung der Not leistete, ohne doch nur im entferntesten alle Arbeitssuchenden aufnehmen zu können. Von der frühen Industriearbeiterschaft läßt sich sogar sagen, daß sie unter den Angehörigen des »Vierten Standes« vergleichsweise gut dastand. Das wandte Bruno Hildebrand schon damals gegen die Analyse von Friedrich Engels ein.[66] Quantitativ war sie freilich noch nicht von großer Bedeutung. Machten die »handarbeitenden Klassen« ohne die Handwerker, aber mit Gesinde und landwirtschaftlichen Tagelöhnern nach der preußischen Statistik von 1846 etwa 45% der Bevölkerung aus, so entfielen auf die Industriearbeiter erst 4,2%. Ein Klassenbewußtsein oder gar eine klassenkämpferische Programmatik bildete sich unter diesen Umständen noch nicht aus. Das eigentliche Protestpotential des Vormärz lag vielmehr auf dem Lande und bei den vom Abstieg ins Proletariat bedrohten Kleinbürgern.

Die wirtschaftliche Entwicklung und die Anfänge der Industrie führten allerdings dazu, daß dem vorwiegend aus Beamtenschaft und freiberuflicher Intelligenz bestehenden und für die Anfangsphase des deutschen Liberalismus tonangebenden Bildungsbürgertum nunmehr ein Wirtschaftsbürgertum zur Seite trat. Diese an Zahl noch recht kleine Gruppe, die man in einem engeren Sinn als Bourgeoisie bezeichnen kann, war politisch sehr aktiv. Bedeutende Unternehmer nahmen selber Landtagsmandate wahr, insbesondere im Rheinischen und im Westfälischen Provinziallandtag, und gingen häufig ein Bündnis mit dem konstitutionell gesonnenen Teil des Adels ein, dessen Eintreten für eine Verfassung gerade dann, wenn er sich aufgrund der liberalen Agrarverfassung vom Gutsherrn zum landwirtschaftlichen Unternehmer aufgeschwungen hatte, selbst ökonomisch bedingt war. Der Druck auf Veränderungen stieg dadurch. Gleichzeitig differenzierten sich aber auch die bürgerlichen Interessen. Bei dem gemeinsamen Bestreben nach Fortsetzung der liberalen Reformen und Ausweitung der politischen Mitsprache war das Wirtschaftsbürgertum doch allen radikalen Umwälzungen abhold. Die nach 1830 zu beobachtende Spaltung von Liberalen und Demokraten sah die Bourgeoisie eher auf der liberalen, das Bildungsbürgertum zumindest teilweise auf der demokratischen Seite.

Die Gesellschaft zog auf diese Weise mit den im frühen 19. Jahrhundert als Vorgriff auf die realen Verhältnisse unternommenen Sozialreformen allmählich gleich und war in den vierziger Jahren den auf halbem Weg wieder angehaltenen Reformen vielfach bereits voraus. Noch ehe der Staat dieser Entwicklung durch die Vollendung der bürgerlichen Gesellschaft Rechnung getragen hatte, zeigte sich aber bereits die Kehrseite einer liberalen Wirtschaftsordnung in Gestalt der »Sozialen Frage«. Die daraus erwachsenden Probleme fanden im Vormärz indessen keine politische Antwort. Die Regierungen verharrten vor der neuartigen »Sozialen Frage« vielmehr in einem liberalen Dogmatismus und interpretierten sie noch immer als Übergangsschwierigkeit, als die Strukturkrise diese Deutung kaum noch zuließ. Der Immobilismus der Regierungen drängte die Kräfte der Bewegung gleich welcher Provenienz zwangsläufig auf eine politische Bahn. Dafür verbreiterte sich nun auch die Basis in der Gesellschaft. Trotz aller Behinderungen der öffentlichen Diskussion und des Kontaktes zwischen Repräsentanten und Repräsentierten gelang es nicht, die Bevölkerung in politischer Passivität zu halten. Im Gegenteil nahm die Überzeugung zu, daß die bisherigen Zustände nicht andauern könnten und Veränderungen unausweichlich seien. Man fühlte sich an einer Zeitenwende.

2. Die Volkserhebung im März

In einer dermaßen aufgeladenen Situation, die im Jahre 1830 noch nicht ihresgleichen gehabt hatte, genügt ein Anstoß, um den Stau von enttäuschten Erwartungen und unerfüllten Forderungen, unterdrückten Aktionen und verhindertem Meinungsaustausch, krasser Existenznot und wachsender Zukunftsangst zu lösen. Dieser Anstoß kam im Jahre 1848 wiederum von Frankreich. Die französische Februarrevolution war zum einen die Sache des mittleren und gehobenen Bürgertums, dessen Anspruch auf politische Mitbestimmung Jahr für Jahr von dem großbürgerlich beherrschten Parlament abgewiesen worden war. Zum anderen war sie die Sache der städtischen Arbeiterschaft, deren Forderungen nach Bekämpfung der krassesten Mißbräuche von Eigentums- und Vertragsfreiheit und Linderung der Not im Parlament dasselbe Schicksal erlitten hatten. Die Arbeiterschaft war in dem industriell weiter fortgeschrittenen Frankreich nicht nur erheblich größer und erheblich tiefer verelendet als die deutsche. Sie hatte vielmehr auch auf der Grundlage einer breiten vormarxistischen sozialistischen Theorie Organisationen und Führer ausgebildet, die der Revolution einen proletarischen Zug aufzuprägen vermochten. Am 22. Februar begannen die Gewalttätigkeiten, am 24. Februar dankte Louis Philippe ab und machte einer Regierung aus Republikanern und Sozialisten Platz.

In Deutschland löste die Nachricht von der französischen Februarrevolution zuerst in den Frankreich benachbarten Gebieten des Südwestens und des Rheinlands Volksbewegungen aus. Den Beginn machte die Mannheimer Volksversammlung vom 27. Februar, fünf Tage nach dem Ausbruch der Pariser Revolution. Von dort breitete sich die Welle der Versammlungen und Märsche, Petitionen und Resolutionen über die ganzen Mittelstaaten aus und erreichte zum Schluß auch die Hauptstädte der Führungsmächte Wien und Berlin. Diese städtische Versammlungsbewegung der späten Februar- und frühen Märztage verlief anfangs weitgehend gewaltfrei. Die Bevölkerung trat als politisches Publikum in Erscheinung und stellte ihre Forderungen an den Staat, schickte sich aber nicht an, diesen in ihre Gewalt zu bringen. Zu Gewaltanwendung kam es dagegen auf dem Lande, und zwar in denjenigen Gebieten, wo die Auflösung des Feudalverbandes noch nicht vorangeschritten war, so daß die Bauern sowohl an den Staat als auch an die Grundherren, vor allem an die Standesherren, Abgaben zahlten. Diese Gewaltakte richteten sich aber ebenfalls nicht gegen die staatliche, sondern allein gegen die feudale Obrigkeit. Auch überschritten die Forderungen, die die revoltierenden Bauern erhoben, nirgends ihr unmittelbar wirtschaftliches Interesse. Daher fanden sie mit der bürgerlichen Protestbewegung keine Gemeinsamkeiten.

Die bürgerliche Protestbewegung stellte dagegen allenthalben dieselben Postulate. Die sog. *Märzforderungen* umfaßten Pressefreiheit, Vereins- und Versammlungsfreiheit, Schwurgerichte in Strafsachen, Volksbewaffnung und Verfassungseid des Militärs, endgültige Aufhebung der Feudallasten, allgemeines Wahlrecht und immer wieder Wahlen zu einer verfassungsgebenden Nationalversammlung für einen geeinten deutschen Nationalstaat. Diese angesichts des Fehlens einer zentralen Lenkung bemerkenswerte Gleichförmigkeit der Forderungen erklärt sich aus der gemeinsam erfahrenen Unterdrückung aller politischen Regungen seit den Karlsbader Beschlüssen sowie der nationalpolitischen Passivität des Deutschen Bundes in einer Epoche nationaler Sehnsüchte und darüber hinaus aus dem Umstand, daß sämtliche Forderungen schon lange vorher innerhalb und außerhalb der Landtage erhoben worden waren. Mit Ausnahme der nationalen Einheit handelte es sich bei den von der gesamten Bewegung getragenen Forderungen auch durchweg um solche, die mit ernstgenommenen, verbesserten oder neu erlassenen Verfassungen ohne gänzlichen Umbruch des Systems befriedigt werden konnten. An weiterreichenden demokratischen, republikanischen und sozialen Forderungen fehlte es nicht. Doch gingen sie nicht in den allgemeinen Konsens der Märzforderungen ein.

Zur Revolution weitete sich die Bewegung erst in den Hauptstädten Wien und Berlin aus, als die Höfe Anzeichen von Gegenwehr erkennen ließen. In Wien setzten die revolutionären Ereignisse am 13. März ein, wo die an diesem Tag zusammentretende niederösterreichische Ständeversammlung mit konstitutionellen Forderungen bestürmt wurde. Als die Menge in das Landhaus eindrang und Militär aufzog, kam es zu Barrikadenbau und Straßenkämpfen. Auch in Berlin war es der Aufmarsch des Militärs, der die gewaltsamen Aktionen auslöste, nachdem sich bis dahin nur stetig wachsende Volksversammlungen gebildet und die Märzforderungen erhoben hatten. Seit dem 13. März sahen sich die Versammlungsteilnehmer mit Truppen konfrontiert, und es kam mehrfach zu Zusammenstößen. Barrikadenkämpfe brachen aber erst am 18. März aus, als in einer großen Menschenansammlung, die dem König vor dem Schloß für seine Zugeständnisse vom Vortag danken wollte, Schüsse fielen. In beiden Hauptstädten mußte die revoltierende Menge die Erfahrung machen, daß sich das Militär trotz aller Fraternisierungsbemühungen nicht auf die Seite des Volkes schlug, sondern die Befehle des Hofes ausführte. Die blutige Auseinandersetzung forderte in Wien rund 50, in Berlin etwa 300 Tote.

Nimmt man die sog. Märzgefallenen als Indiz für die Sozialstruktur der Revolution, so wird sichtbar, daß sich die Aktionsbereitschaft aus kleinen, oft studentischen Aktivistenzirkeln, wo sie anfangs zu Hause gewesen war, wegverlagert hatte. Zwar nahmen allenthalben Studenten an den Kämpfen teil, und in beiden Hauptstädten befanden sich zwei Studenten unter den Opfern. Doch herrschte auf den Wiener und Berliner Barrikaden das kleinbürgerliche und unterbürgerliche Element vor. In beiden Städten stellten die Handwerksgesellen den größten Anteil an den Toten, 115 in Berlin, 34 in Wien, die Arbeiter den zweitgrößten. Das Bildungsbürgertum war beteiligt, stand bei den Kämpfen aber nicht an vorderster Front; Angehörige des Wirtschaftsbürgertums im neueren Sinn nahmen an den körperlichen Auseinandersetzungen nicht teil, wohl Handwerker und Kleinkaufleute. Insgesamt 15 Frauen befanden sich unter den Toten. Entgegen den späteren

Behauptungen der Monarchen und Regierungen handelte es sich bei den aktiven Revolutionären um Einheimische, nicht um herangereiste Krawallmacher. Keiner der in Berlin identifizierten Gefallenen war vorher kriminell in Erscheinung getreten.

Das bürgerliche Element überwog dagegen in den Vereinen und Zirkeln, die die politischen Forderungen und parlamentarischen Aktivitäten diskutierten. Die Initiative ergriff eine Versammlung südwestdeutscher und westdeutscher Abgeordneter liberaler und demokratischer Herkunft, die sich bereits am 5. März in Heidelberg trafen und eine vom Volk gewählte Nationalversammlung forderten. Zu diesem Zweck setzte die Heidelberger Gruppe einen Siebener-Ausschuß ein, der durch Zeitungsaufruf alle früheren und gegenwärtigen Mitglieder von Landtagen sowie einige weitere geachtete Persönlichkeiten für den 30. März nach Frankfurt einlud. Dem Aufruf folgten 574 Personen, die vier Tage in der Paulskirche berieten. In diesem sog. Vorparlament beantragte der demokratische Abgeordnete Struve, daß sich die Versammlung für permanent erkläre und die gesetzgebende Gewalt im Bund übernehme. Indessen verstand sich die Mehrheit der Teilnehmer nur als vorbereitendes Gremium für eine vom Volk zu wählende Nationalversammlung, legte die Grundzüge des Wahlrechts fest, stellte die Ausrichtung der Wahl aber in die Kompetenz der Einzelstaaten und hinterließ im übrigen nur einen Fünfzigerausschuß in Frankfurt, der bis zum Zusammentritt der Nationalversammlung die Interessen des Volkes beim Bundestag wahrnehmen sollte.

3. Die monarchischen Konzessionen

Als die liberale Mehrheit des Vorparlaments in ihren Beschlüssen vom 1. bis 4. April 1848 zu erkennen gab, daß sie die geforderten Veränderungen nicht gegen die Monarchen, sondern mit ihnen und unter Wahrung ihres Herrschaftsrechts herbeiführen wollte, hatten diese bereits Vorleistungen erbracht, die die liberalen Hoffnungen auf eine einvernehmliche Verwirklichung der revolutionären Ziele nicht unbegründet erscheinen ließen. Die monarchischen Vorleistungen waren freilich kein Ausdruck eines plötzlichen Gesinnungswandels, sondern Konzessionen, die unter dem Druck der Verhältnisse zustande kamen. Die Promptheit, mit der sie den ersten Anzeichen von Gewalt folgten, läßt den Eindruck erahnen, den die revolutionäre Bewegung auf die Fürsten machte. Wiewohl weder geplant noch zentral gesteuert, bot sie sich den Monarchen in ihrer gesellschaftlichen Ausdehnung so breit, in ihrem Zusammenhalt so fest und in ihren Forderungen so einmütig dar, daß sie jeden Widerstandsversuch für aussichtslos hielten und die jahrzehntelang verweigerten Zugeständnisse, allen voran die Pressefreiheit, nun binnen weniger Tage machten und großenteils auch sogleich in geltendes Recht umsetzten.

Dabei hatte der Bundestag in seiner alten vormärzlichen Besetzung, aber häufig auf eigene Verantwortung handelnd, bereits entsprechende Maßnahmen ergriffen. Schon am 29. Februar setzte er einen politischen Ausschuß ein, der Vorkehrungen für die sich ankündigenden Ereignisse treffen sollte und als erstes einen Aufruf an die deutschen Regierungen und das deutsche Volk vorbereitete, in dem sich der Bundestag als das »gesetzliche Organ der nationalen und politischen Einheit Deutschlands« empfahl.[67] Am 3. März stellte er es, nachdem der württembergische König bereits von sich aus vorangegangen war, den Mitgliedstaaten frei, die Zensur aufzuheben und die Pressefreiheit einzuführen. Am 8. März entschloß er sich zu einer Revision der Bundesverfassung »auf wahrhaft zeitgemäßer und nationaler Grundlage«.[68] Am 10. März lud er die Regierungen ein, zu diesem Zweck »Männer des allgemeinen Vertrauens« nach Frankfurt zu senden, die beratend an der Revision mitwirken sollten[69], nachdem er einen Tag zuvor die jahrelang als feindliches Symbol verfolgten Farben Schwarz-Rot-Gold »als Farben des ehemaligen deutschen Reichs-Paniers« zu Bundesfarben und den »alten deutschen Reichsadler« zum Bundeswappen erklärt hatte.[70]

Unterdessen waren die Fürsten der mittleren und kleinen Staaten nicht nur auf die Märzforderungen eingegangen, sondern hatten auch die alten konservativen Regierungen entlassen und sog. Märzministerien berufen, in denen führende Parlamentarier der liberalen Opposition als Regierungschefs oder Ressortminister tätig waren. Dieser Wechsel hatte sich vielerorts vollzogen, ehe noch Österreich und Preußen von der Revolution ergriffen worden waren, deren Haltung ihren Ausgang wesentlich bestimmen mußte. In Hessen-Darmstadt kam das Märzministerium am 6., in Württemberg und Baden am 9., in Bayern am 11., in Sachsen am 13. März ins Amt. Es waren diese Regierungen, die nun ihre in der Opposition erhobenen Forderungen selbst in Gesetzentwürfe kleiden und erfüllen konnten. Gleichzeitig änderte sich durch die Märzministerien die politische Richtung des Bundestages, zunächst, indem die alten Gesandten mit bürgerlichen Instruktionen versehen, dann, indem sie gegen Vertrauensleute der neuen Regierungen wie den Mitherausgeber des *Staatslexikons* Welcker ausgetauscht wurden. In Bayern und Hessen-Darmstadt führten die Märzereignisse sogar zu Thronverzichten der regierenden Fürsten.

Schnelle Erfolge stellten sich auch in Wien und Berlin ein, als dort Mitte März die Revolution ausbrach. In Österreich trat Metternich, dessen Weigerungspolitik in der Staatskonferenz keine Gefolgschaft fand, noch am Abend des 13. März zurück und verließ das Land. Ohne den beherrschenden Politiker des Vormärz gestand die Staatskonferenz am folgenden Tag Volksbewaffnung und Pressefreiheit, aber keine Verfassung, sondern nur einen ständischen Beirat zu. In der Tat mußte eine Gesamtstaatsverfassung Wien vor erheblich schwerere Probleme stellen als Berlin. Die Monarchie umfaßte neben Deutschen auch Slawen verschiedener Volksgruppen, Ungarn und Italiener. Die Revolution hatte ihr Nationalgefühl stark angefacht. An einer konstitutionell bewirkten Integration war ihnen nicht gelegen. Während im nicht-österreichischen Deutschland Verfassungsstaat und Nationalstaat zusammengehörten, durchkreuzten sie einander in der Donaumonarchie. Beides ließ sich unter Wahrung des staatlichen Zusammenhalts nicht vereinigen. Gleichwohl flammte der Wiener Volksaufstand nach den unbefriedigenden Konzessionen erneut auf und erreichte am 15. März das kaiserliche Versprechen einer »Konstituierung des Vaterlandes«[71], wenn auch nach wie vor ohne konstituierende Nationalversammlung.

In Preußen bewog erst der Sturz Metternichs den König dazu, den Märzforderungen nachzugeben. Am 17. März wurde die Pressefreiheit hergestellt. Nach den Zusammenstößen des 18. März kündigte er in einem Aufruf »An Meine lieben Berliner!«[72] den Rückzug des Militärs aus Berlin an und ehrte am 19. März barhäuptig die auf dem Schloßplatz aufgebahrten Märzgefallenen. Am 21. März erklärte er, sich an die Spitze der nationalen Bewegung stellen zu wollen. »Ich habe heute die alten deutschen Farben angenommen und Mich und Mein Volk unter das ehrwürdige Banner des deutschen Reiches gestellt. Preußen geht fortan in Deutschland auf.«[73] Zur Bekräftigung dieser Worte trug er bei einem feierlichen Ritt durch Berlin am selben Tag die schwarz-rot-goldenen Farben. Am 22. März kündigte er im Zusammenhang mit einer Verfassungszusage ein Wahlgesetz an, das mit dem wiederberufenen Vereinigten Landtag beraten werden sollte. Am 25. März versicherte er vor dem Offizierskorps in Potsdam: »Was ich gegeben und getan habe, habe ich aus vollster und freier Überzeugung getan und längst vorbereitet, nur die großen Ereignisse haben den Abschluß beschleunigt, und keine Macht kann und wird Mich nun bewegen, das Gegebene zurückzunehmen.«[74] Am 29. März ernannte er das Märzministerium, in dem Großbürgerliche die maßgebenden Positionen besetzten.

Die Konzessionsbereitschaft der Monarchen verfehlte ihre Wirkung auf die Revolution nicht. Nachdem die bäuerlichen Revolten bereits aufgehört hatten, als die Abschaffung der Feudallasten in Aussicht gestellt worden war, sahen jetzt auch die Liberalen, die die Revolution nicht begonnen, aber genutzt hatten, keinen Grund mehr, die Auseinandersetzung gewaltsam fortzuführen. Für sie galt es nunmehr, deren Früchte konstitutionell zu sichern. Es blieben die Demokraten, denen die Ziele der Revolution erst in einer republikanischen Verfassung erfüllt schienen. Bereits im Vorparlament mit dem Antrag unterlegen, daß dieses sich für permanent erkläre und damit an die Spitze der Revolution trete, dann überstimmt, als es um die sofortige Säuberung des Bundestages von mißliebigen Gesandten ging, suchte eine Gruppe von ihnen unter Führung Heckers die Revolution gegen die Throne weiterzuführen. Sie verließ das Vorparlament in der Hoffnung auf Gefolgschaft der gesamten Linken. Doch entschied sich die gemäßigte Linke unter Robert Blum, den Mehrheitsbeschluß im Interesse der Geschlossenheit der Revolution hinzunehmen. In Konstanz rief Hecker am 12. April die Republik aus und nahm mit einer Truppe von einigen tausend Mann den Kampf auf, der jedoch eine Woche später nach dem von Märzministerien angeordneten Einsatz von Bundestruppen bei Rastatt ein schnelles Ende fand.

4. Die verfassungsgebenden Versammlungen

Mit der Bewilligung der Märzforderungen verlagerte die Revolution ihr Schwergewicht in die parlamentarischen Versammlungen, die die revolutionären Postulate und die monarchischen Zugeständnisse in dauerhafte verfassungsrechtliche Garantien umsetzen sollten. Am 1. Mai 1848 fanden gleichzeitig die Wahlen zur deutschen Nationalversammlung in Frankfurt und zur preußischen Nationalversammlung in Berlin statt. Am 18. Mai trat das Frankfurter, am 22. Mai das Berliner Parlament zusammen. Die österreichische Revolutionsbewegung gelangte erst nach einigen Umwegen an dieses Ziel. Die Staatskonferenz wollte die versprochene Verfassung nicht von einer Nationalversammlung, sondern einem Ausschuß der einzelnen Landtage beraten lassen. Als dieser nicht schnell genug zu Ergebnissen kam, oktroyierte der Kaiser kurzerhand am 25. April die nach dem federführenden Innenminister Pillersdorf benannte Verfassung. Die radikale Partei weigerte sich indessen, den Oktroi als Erfüllung des Verfassungsversprechens zu betrachten. Neue Aufstände brachen aus, die den Hof am 15. Mai zum Nachgeben zwangen. Einen Tag später setzte sich der Kaiser nach Innsbruck ab. Der im Juni gewählte Reichstag erhielt ausdrücklich die Aufgabe, eine neue Verfassung auszuarbeiten. Am 22. Juli trat er in Wien zusammen.

Bezüglich des Wahlrechts hatte das Vorparlament beschlossen, daß jeder volljährige selbständige Staatsangehörige aktives und passives Wahlrecht genießen sollte. Diesen Beschluß, in den auf ungeklärte Weise das einschränkende Merkmal der Selbständigkeit geraten war, übernahm der Bundestag am 7. April. Die nähere Ausgestaltung des Wahlrechts, insbesondere die Präzisierung des Selbständigkeitskriteriums und die Entscheidung über direkte oder indirekte, öffentliche oder geheime Wahl, überließ er den Einzelstaaten. Daher wurde nach unterschiedlichen Bedingungen gewählt. Die große Mehrzahl der Länder hielt an der indirekten Wahl fest. Das Selbständigkeitskriterium fand keine einheitliche Auslegung. In der Regel schieden diejenigen Personen aus, die Armenunterstützung bezogen, keinen eigenen Hausstand hatten oder zu Lohn und Kost in abhängigen Diensten standen. Viele Länder rechneten darunter auch das Gesinde und die beim Meister wohnenden Handwerksgesellen. Je nach Strenge der Wahlgesetze waren 5 bis 25% der volljährigen Männer ausgeschlossen. Das ergab aber immer noch eine für die damaligen Verhältnisse ungewöhnlich breite Wählerbasis, auf der die Paulskirchenversammlung beruhte.

Man kann für die konstituierenden Versammlungen keine »Wahlergebnisse« im heute geläufigen Sinn mitteilen, denn in der kurzen

Phase politischer Freiheit hatten sich Parteien nicht zu organisieren vermocht. Die Wahlen waren Persönlichkeitswahlen. Das heißt aber nicht, daß es an organisierter Wahlvorbereitung gefehlt hätte. Das politische Vereinswesen blühte vielmehr, von den vormärzlichen Fesseln befreit, auf und blieb keineswegs auf das Bürgertum beschränkt. Eine Reihe von Vereinen wurde gerade im Blick auf die Wahlen des Frühjahrs gegründet und diente der Förderung bestimmter Richtungen oder Kandidaten. In den politischen Zentren kann man auch bereits einen regelrechten Wahlkampf beobachten. Deutschland hatte allerdings 1848 noch vorwiegend agrarischen Charakter, und wenn auch das Vereinswesen keineswegs nur eine Sache der Städte war, so konnten sich auf dem Lande doch meist die örtlichen Honoratioren bei der Bestimmung der Wahlmänner durchsetzen und hatten es dann ihrerseits in der Hand, wen sie zum Abgeordneten wählten. Auf diese Weise hafteten auch der Paulskirche die Züge eines Honoratiorenparlaments an.

Die Sozialstruktur der Paulskirchenversammlung ist gut erforscht. Bei einer gesetzlichen Mitgliederzahl von 649, die aber nicht erreicht wurde, weil von den 68 böhmischen und mährischen Wahlkreisen 48 aus nationalen Vorbehalten die Wahl boykottierten, und bei zahlreichen nachrückenden Stellvertretern zählte die Versammlung während ihres dreizehnmonatigen Bestehens insgesamt 812 Abgeordnete. Durchschnittlich waren 400 bis 450 von ihnen anwesend, bei wichtigen Abstimmungen über 500. Im Parlament dominierte das Bürgertum und bei diesem wiederum der bildungsbürgerliche Teil. Die größte Gruppe stellten wie in den vormärzlichen Landtagen die Staatsdiener mit 436 Abgeordneten, davon waren 115 höhere Beamte und Landräte, 110 Richter und Staatsanwälte, 49 Hochschullehrer, 45 Gymnasiallehrer, 30 sonstige Lehrer. 149 Abgeordnete gehörten der freiberuflichen Intelligenz an, unter ihnen bildeten die Advokaten mit 106 die größte Gruppe, gefolgt von Ärzten und Schriftstellern. Das Wirtschaftsbürgertum war mit 56 Abgeordneten vertreten, Kaufleute häufiger als Fabrikanten. Aus der Landwirtschaft stammten 46 Abgeordnete, in der Mehrzahl Großgrundbesitzer, drei Bauern. Vier Handwerker saßen im Parlament. Kleinbürger, Kleinbauern und Arbeiter fehlten. 600 Abgeordnete waren Akademiker, davon 491 Juristen.

In seiner politischen Zusammensetzung war das Frankfurter Parlament, verglichen mit den vormärzlichen Landtagen, entschieden nach links gerückt. Eine Reihe von Abgeordneten brachte bereits eine feste, in der politischen Tätigkeit des Vormärz ausgebildete politische Einstellung in die Paulskirche mit. Bei anderen formte sie sich erst im Lauf der parlamentarischen Arbeit. Diese stützte sich auf Fraktionen, wie es bei einem Parlament, das nicht mehr nur Vetorechte wahrnahm, sondern selber Gestaltungsfunktionen ausübte, unausweichlich war. Die parlamentarische Arbeit wurde dadurch recht effektiv gestaltet. Von einem unbeholfenen Gelehrtenparlament kann entgegen einer verbreiteten Meinung keine Rede sein. Die Fraktionen benannten sich nach den Frankfurter Lokalen, in denen sie ihre Besprechungen abhielten. Im Oktober 1848 hatten sich acht Fraktionen herausgeschält, zwischen denen aber Mitgliederbewegungen vorkamen: eine konservative, die 6% der Abgeordneten umfaßte; drei rechtsliberale mit zusammen einem Drittel der Abgeordneten; zwei linksliberale mit 13% der Abgeordneten; zwei demokratische mit etwa 18% der Abgeordneten. Auf der rechten Seite waren die Beamten, Wirtschaftsbürger und Großgrundbesitzer, auf der linken die freiberufliche Intelligenz und der Mittelstand stärker vertreten. Ein knappes Drittel, rund 150 Abgeordnete, schlossen sich keiner Fraktion an.

Vergleicht man das Frankfurter Parlament mit den konstituierenden Versammlungen in Berlin und Wien, so verschiebt sich das soziale Spektrum nach unten, das politische in Berlin nach links, in Wien aufgrund des begrenzteren Wahlrechts und des Nationalitätenproblems eher nach rechts. In der Zusammensetzung glichen sich Frankfurt und Berlin nur in der Dominanz der Beamten. Von den 395 preußischen Abgeordneten kamen 186 aus dem Staatsdienst. Eine konservative Rechte gab es in Berlin nicht. Die Rechte bestand vielmehr aus der Opposition des Vereinigten Landtages: rheinisch-westfälische Industrielle, konstitutionelle Aristokraten und Katholiken. Mit 120 Abgeordneten war sie genauso stark wie die Linke. Das beherrschende Kennzeichen des Wiener Reichstags war neben der starken Vertretung der Bauern (ein Viertel der 383 Abgeordneten) sein Nationalitätsgemisch. Dieses bestimmte auch die politischen Fronten. Die nichtdeutschen Abgeordneten stützten als Gegner eines deutschen Nationalstaats, auch wenn sie innenpolitisch liberal dachten, den Kaiserstaat und verbanden sich so mit den deutschösterreichischen

Konservativen. Die deutschen Abgeordneten, die gegenüber den anderen Nationalitäten eine Minderheit bildeten, traten überwiegend für einen großdeutschen Nationalstaat ein und wurden dadurch politisch weiter nach links gedrängt, als es ihrer ursprünglichen Einstellung entsprach.

5. Der Beginn der Verfassungsberatungen

Nimmt man die Märzereignisse als Indiz dafür, daß sich das deutsche Bürgertum 1848 dem Stand des französischen von 1789 angenähert hatte, so waren die Erfolgsbedingungen für die deutsche Revolution doch weit ungünstiger als 60 Jahre zuvor für die Französische. Zwei Grunddifferenzen fallen auf. Erstens ging es in Deutschland nicht darum, einen bereits vorhandenen Nationalstaat zu konstitutionalisieren. Der Nationalstaat mußte vielmehr erst geschaffen werden. Die Revolution konnte daher auch nicht auf einen zentralen Staatsapparat in Gestalt von Heer, Bürokratie und Diplomatie zurückgreifen und diesen für ihre Ziele einsetzen. Sie war vielmehr auf die dezentralen Staatsapparate der Einzelstaaten angewiesen, von deren Folgebereitschaft das Schicksal der nationalen Pläne abhing. Dabei fiel erschwerend ins Gewicht, daß Österreich zum größeren Teil aus nichtdeutschen Territorien bestand, die in einem deutschen Nationalstaat keinen Platz hatten, nach dem Willen der meisten Deutschösterreicher der nationalen Einigung aber auch nicht geopfert werden sollten. Zweitens hatte das bürgerlich-liberale Sozialmodell 1848 schon seine soziale Kehrseite offenbart, so daß das deutsche liberale Bürgertum nicht mehr in demselben Maß wie 1789 das französische glaubhaft machen konnte, mit seinen Forderungen im Interesse der gesamten Gesellschaft aufzutreten.

Die deutsche Revolution traf unter diesen Umständen nicht nur auf erhebliche externe Schwierigkeiten. Sie barg auch einen Keim der Spaltung, der schon in den Beratungen des Vorparlaments und vollends in der Heckerschen Aktion sichtbar geworden war. Für den Erfolg der Revolution kam es unter diesen Umständen entscheidend darauf an, wieweit die Gemeinsamkeiten trugen, die zwischen den verschiedenen Gruppen bestanden. Als allen gemeinsam konnte man zum einen den Willen unterstellen, einen deutschen Staat zu gründen, wobei aber umstritten war, ob er eher föderalistisch oder eher unitarisch, eher großdeutsch oder eher kleindeutsch aussehen sollte. Zum anderen stand außer Frage, daß dieser Staat ein konstitutioneller sein sollte, in dem die Volksvertretung eine entscheidende, im einzelnen aber umstrittene Rolle zu spielen bestimmt war. Was den Inhalt der künftigen Verfassung anging, so lag ein gesicherter Grundbestand an Gemeinsamkeiten in den von allen erfahrenen Freiheitsbeschränkungen, polizeilichen Verfolgungen und Bevormundungen des Vormärz, deren Wiederholung für immer ausgeschlossen werden sollte. Jeder sechste Abgeordnete der Paulskirche war unmittelbar Opfer der Karlsbader Beschlüsse geworden. Nicht wenige hatten ihr Eintreten für den Verfassungsstaat mit dem Verlust des Amtes oder gar der Freiheit bezahlt.

Die Nationalversammlung zog aus den beiden Vorbelastungen Schlüsse. Sie richtete zu Beginn ihrer Arbeit eine provisorische Zentralgewalt ein, und sie begann die eigentlichen Verfassungsberatungen dort, wo eine relativ große Einigkeit vorausgesetzt werden konnte, nämlich bei den Grundrechten. Die Debatte über die Zentralgewalt wurde vom 17. bis 24. Juni geführt und kreiste um die Frage, welche Form diese erhalten und ob sie von der Versammlung in eigener Zuständigkeit geschaffen oder mit den Einzelstaaten vereinbart werden sollte. Die Frage wurde im Anschluß an die berühmte Aufforderung des liberalen Parlamentspräsidenten Heinrich v. Gagern, einen »kühnen Griff« zu tun und die Zentralgewalt selber einzusetzen[75], entschieden. Gagerns Vorschlag, dafür den österreichischen Erzherzog Johann zu wählen, war nicht ohne Geschick, denn er stellte sich als Akt der Volkssouveränität dar, der aber einem Fürsten zugute kam, und er verpflichtete das der nationalen Einigung am stärksten widerstrebende Österreich, ohne dadurch nachträglich das Metternichsche System zu sanktionieren. Im Gegenteil lehnte der Erzherzog dieses seit langem ab und besaß wegen seiner bürgerlichen Ehe viel Sympathie im Volk.

Gagern gewann für diesen Vorschlag eine breite parlamentarische Mehrheit. Er wurde mit 450 gegen 100 Stimmen angenommen. Nur die radikalen Demokraten protestierten in einem Aufruf, der mit der Erwartung schloß, daß »der entschieden ausgesprochene Wille des Volkes ... bald eine Wendung der Dinge herbeiführen« werde.[76] Das Abstimmungsergebnis signalisierte aber, daß ein auf die Volkssouveränität gegründetes System mehrheitsfähig war, wenn es an der Monarchie festhielt. Der zum Reichsverweser bestellte Erzherzog Johann akzeptierte durch die Annahme des Amtes die demokratische Basis. Dem Reichsverweser wurde die vollziehende Gewalt in allen Angelegenheiten der Sicherheit und Wohlfahrt der deutschen Bundesstaaten, die völkerrechtliche und handelspolitische Vertretung Deutschlands und vor allem der Oberbefehl über die gesamte bewaffnete Macht übertragen. Er bildete ein Ministerium, das aus dem Ministerpräsidenten und sechs Ressortministern bestand. Erster von insgesamt fünf Reichsministerpräsidenten wurde am 15. Juli 1848 Fürst Leiningen, der schon vor 1848 seine nationale und konstitutionelle Haltung bewiesen hatte. Die Minister rechneten politisch zur liberalen Mitte, wobei das rechte Zentrum ein leichtes Übergewicht hatte. Die Regierung besaß aber keinen administrativen Unterbau. Die vollziehende Reichsgewalt war also für den Vollzug ihrer Anordnungen weiterhin auf die Exekutive der Einzelstaaten angewiesen.

Als die Paulskirchenversammlung sich der eigentlichen Verfassungsfrage zuwandte, lag der Verfassungsentwurf der 17 Vertrauensmänner vor, die dem Bundestag auf seinen Beschluß vom 10. März benannt worden waren. Er hatte jedoch bereits entschiedene Ablehnung von den beiden Großmächten und Bayern erfahren, und auch die Nationalversammlung kam nicht auf diesen Entwurf zurück, sondern setzte am 24. Mai 1848 einen eigenen Verfassungsausschuß ein, in dem sich die bedeutendsten Vertreter des Konstitutionalismus mit einem spürbaren Übergewicht rechter Liberaler sammelten, darunter allerdings eine Reihe von Abgeordneten, die schon an dem Siebzehner-Entwurf beteiligt gewesen waren. Max v. Gagern und Bassermann, die dabei den Vorsitz innehatten, präsidierten auch dem Verfassungsausschuß. Am 19. Juni legte der Ausschuß dem Plenum den Entwurf eines Grundrechtskatalogs vor. Dieses nahm am 3. Juli die Beratungen auf. In seiner Einführungsrede erläuterte der Berichterstatter Beseler, daß der Entwurf von der Notwendigkeit geleitet sei, den Polizeistaat der letzten Jahrhunderte zu beenden. »Wir wollen den Rechtsstaat auch für Deutschland begründen.« Zugleich sei es aber auch notwendig, »daß bei der großen sozialen Bewegung, die ganz Deutschland ergriffen hat, von hier aus ein Wort darüber gesprochen werde, wo wir die Grenzen finden, über welche diese Bewegung nicht hinausgeführt werden soll.«[77]

In diesen Worten deutet sich bereits an, daß die Hoffnung, man werde sich über die Grundrechte schnell verständigen können, nicht zutreffend gewesen war. In der Tat bestand ein breites Einverständnis, soweit es um die persönliche Freiheit, den Schutz der Privatsphäre, die Abschaffung der Standesschranken und Feudalrechte und die Herstellung bürgerlicher Gleichheit, um die politischen Grundrechte der Meinungs-, Versammlungs- und Vereinigungsfreiheit sowie um die justiziellen Garantien ging. Wie sich schon bei Struves Antrag im Vorparlament angekündigt hatte, der unter Nr. 11 und 12 entschieden soziale Forderungen enthielt, traten aber beträchtliche Meinungsverschiedenheiten auf, soweit die rechtlichen Grundlagen des Wirtschaftslebens, namentlich die Eigentumsverfassung und die sozialen Ansprüche der unteren Klassen, betroffen waren. Ferner klafften die Ansichten in Kirchen- und Schulfragen weit auseinander. Die Grundrechte beschäftigten das Plenum deshalb wesentlich länger als vorausgesehen. Erst im Dezember 1848 konnte die Schlußabstimmung stattfinden. In der Zwischenzeit hatten sich Veränderungen zugetragen, die die Erfolgsaussichten der Paulskirche erheblich minderten.

6. Die Gegenrevolution in Wien und Berlin

In Frankreich brach die revolutionäre Gemeinsamkeit von bürgerlichem Mittelstand und Arbeiterschaft schon im Juni 1848 wieder auseinander. Das von den Sozialisten gewollte allgemeine Wahlrecht, das die Zahl der Wahlberechtigten von ca. 240000 auf neun Millionen gesteigert hatte, war nicht ihnen und den linken Demokraten, sondern den gemäßigten Republikanern zugute gekommen, die das bürgerlich-liberale Frankreich von 1789 repräsentierten. Besitzstandswahrung rangierte damit vor Sozialpolitik. Als die von der bürgerlichen Mehrheit der Nationalversammlung eingesetzte Regierung am 25. Juni die Nationalwerkstätten schloß, die die Revolutionsregierung zur Linderung der Arbeitslosigkeit eingerichtet hatte, kam es zum Aufstand der Arbeiter. Der von einem verängstigten Bürgertum beauftragte General Cavaignac schlug ihn blutig nieder und übernahm anschließend selber die vorläufige Exekutivgewalt. Dieser Vorgang wurde von den deutschen Höfen und der um sie gescharten reaktionären Partei aufmerksam registriert. Auch ihre Chance bestand, das ließ sich aus den französischen Juni-Ereignissen lernen, in Konflikten zwischen »Drittem« und »Viertem Stand«, die die revolutionäre Einheit sprengten.

An Konfliktstoff fehlte es nicht. Den unterbürgerlichen Schichten und den radikalen Demokraten war keineswegs entgangen, daß die Nationalversammlung und erst recht die Märzregierungen in den Einzelstaaten den bürgerlichen Besitzinteressen näherstanden als den proletarischen Nöten. Diese Erkenntnis löste im Spätsommer und Frühherbst 1848 eine neue Protestwelle aus, an der die inzwischen entstandenen Vereine der Arbeiterschaft erheblichen Anteil hatten. Diese Protestwelle schwoll durch neue Unruhen auf dem Land an, wo die Bauern sich nicht so schnell wie erwartet von den Feudallasten befreit sahen. In die Mißstimmung mischte sich schließlich ein nicht auf die unteren Schichten beschränkter nationaler Protest, der seine Ursache in der Schleswig-Frage hatte. Schleswig als deutschem, aber vom dänischen König in Personalunion regierten Land drohte damals die rechtswidrige Einverleibung in den dänischen Staatsverband. Um das zu verhindern, beauftragte die Zentralgewalt Preußen mit einer militärischen Aktion. Der Konflikt ließ sich indes nicht lokalisieren, sondern rief die Großmächte England und Rußland auf den Plan. Preußen zog unter diesen Umständen einen Waffenstillstand vor, mißachtete dabei aber die Weisungen der Zentralgewalt. Gleichwohl fügte diese sich.

In der großen nationalen Erregung, die der Schleswig-Konflikt in Deutschland entfacht hatte, fand die Nationalversammlung zunächst öffentlichen Beifall, als sie am 5. September beschloß, die Durchführung des Waffenstillstands zu sistieren. Die Regierung Leiningen trat daraufhin, parlamentarischen Gepflogenheiten entsprechend, zurück. Versuche einer Regierungsneubildung scheiterten an den Schwierigkeiten einer Konfliktlösung, und die Nationalversammlung geriet in Gefahr, entweder von Preußen brüskiert zu werden oder einen europäischen Krieg auszulösen. Sie revidierte daher ihren Entschluß und billigte den Waffenstillstand am 16. September. Die Lösung der außenpolitischen Krise, die auch eine Regierungsneubildung unter dem Österreicher Schmerling erlaubte, entfesselte jedoch eine innenpolitische Krise von großer Tragweite. Der Sinneswandel der Nationalversammlung rief tiefe Empörung hervor, und in Frankfurt sammelten sich mehr als 10000 Menschen, die die Befürworter des Waffenstillstands in einer Resolution »für Verräter des deutschen Volkes, der deutschen Freiheit und Ehre«[78] erklärten. Als eine Volksmenge die Frage in der Paulskirche selbst zur Sprache bringen wollte, setzte die Regierung Bundestruppen ein. Bei Barrikadenkämpfen kamen 80 Personen zu Tode; zwei konservative Abgeordnete wurden ermordet.

Die Entzweiung von Nationalversammlung und Bevölkerung und die Septemberbewegungen, denen das Bürgertum ferngestanden hatte, machten die Höfe hellhörig. Die weitere Entwicklung war der französischen nicht unähnlich. In Wien und Berlin prallten bürgerliche und proletarische Interessen bald heftig aufeinander. Den Anstoß gaben in Wien Lohnkürzungen für die 20000 Armen, meist sozial abgestiegene Handwerker, die durch öffentliche Arbeiten in Lohn und Brot gehalten wurden. Gegen ihre Protestaktion ging die in den ersten Revolutionstagen nach dem Zugeständnis der Volksbewaffnung gebildete bürgerliche Nationalgarde mit Waffengewalt vor. Die so gespaltete Revolution, die in Wien bisher ihre sicherste Bastion gehabt hatte, schien dem Hof und der reaktionären Partei eine leichtere Beute zu sein. Nachdem die alten Mächte sich schon bei der Niederschlagung des Prager Slawenaufstands vom Juni und des norditalienischen Aufstands im Juli der Loyalität des Heeres hatten versichern können, wurden aus Anlaß anhaltender Unruhen die Truppen gegen Wien geführt und nahmen die Hauptstadt nach fünftägigem Kampf, der weit mehr Opfer forderte als die Revolution, am 30. Oktober ein.

Auch in Berlin erleichterten Zerwürfnisse zwischen Bürgertum und Unterschichten dem König den Entschluß zum Eingreifen. Sein Widerstandswille war erwacht, als die preußische Nationalversammlung sich anschickte, das Heer an die Revolution zu binden. Aus Anlaß eines Vorfalls im schlesischen Schweidnitz verlangte sie von der Regierung, das Militär von reaktionären Bestrebungen fernzuhalten und zu aufrichtiger Hingabe an die konstitutionelle Erneuerung des Landes zu bewegen. Diesen sog. Antireaktionserlaß wies die Regierung Auerswald/Hansemann, die aus rechten und linken Liberalen gebildete Nachfolgerin des Märzministeriums, als Eingriff des Parlaments in Exekutivkompetenzen zurück und demissionierte, nachdem die Nationalversammlung am 7. September mit großer Mehrheit auf ihrem Beschluß beharrte. Den König bewog diese Entwicklung zur Formulierung eines »Kampfprogramms«, für dessen Ausführung die Revolution selbst den Anlaß lieferte. Noch unter dem Eindruck eines Arbeitersturms auf das Berliner Zeughaus vom Juni kam im Oktober ein Bürgerwehrgesetz zustande, das die Unterschichten von der allgemeinen Volksbewaffnung, die die Märzrevolution durchgesetzt hatte, wieder ausschloß. Das führte zu Unruhen im »Vierten Stand«, die Bürgerwehr und monarchisches Militär in vereintem Vorgehen unterdrückten.

Der Preis dafür, daß das Bürgertum sich von der revolutionären Basis entfernte und in seiner Furcht vor den Ansprüchen des »Vierten Standes« die Unterstützung der eben noch bekämpften Fürsten suchte, mußte alsbald entrichtet werden. In den anhaltenden Unruhen verlegte der König die preußische Nationalversammlung, die von der Regierung Maßnahmen zugunsten der österreichischen Revolution verlangt hatte, am 8. November 1848 nach Brandenburg und löste sie am 5. Dezember 1848 unter gleichzeitiger Oktroyierung einer Verfassung auf. Dieses Vorgehen fand in Österreich Nachahmung. Der österreichische Reichstag, dessen wichtigste Entscheidung bis dahin in der Auflösung des Feudalsystems bestanden hatte, war schon am 22. Oktober im Blick auf die Militäraktion gegen die Hauptstadt ins entlegene Kremsier verlegt worden, wo er nach dem Zusammenbruch der Wiener Revolution seine Arbeit wiederaufnahm und einen nach dem neuen Tagungsort benannten Entwurf fertigstellte. Ehe dieser verabschiedet werden konnte, löste der Kaiser den Reichstag jedoch am 4. März 1849 auf und oktroyierte gleichzeitig eine Verfassung. Während diese aber schon bald wieder zurückgenommen wurde, blieb die preußische in einer nach der Revolution revidierten Form bis 1918 in Kraft.[79]

7. Die Paulskirchen-Grundrechte

Man kann die Frage stellen, ob die Verfassungspläne der Paulskirche nicht schon im Dezember 1848, als der Grundrechtskatalog beschlossen wurde, gescheitert waren. Die Vorgänge in Wien und Berlin hatten die Machtlosigkeit der Zentralgewalt offenbart. Der Oberbefehl des Reichsverwesers über alle deutschen Truppen stand auf dem Papier. Schon die Anordnung des Reichskriegsministers, dem Reichsverweser auf einer gleichzeitig im ganzen Bund gehaltenen Parade zu huldigen, war an der Weigerung der Führungsmächte gescheitert. Der dänische Konflikt hatte die Grenzen der militärischen Macht des Reiches bestätigt. Die Zentralgewalt konnte auf die Bereitstellung von Militär rechnen, wenn es zur Unterdrückung revolutionärer Bestrebungen benötigt wurde, durfte aber nicht hoffen, es zur Bekämpfung der Gegenrevolution einsetzen zu können. Als die Gegenrevolution in Berlin und Wien nicht nur die demokratische Linke, sondern auch das konstitutionelle Bürgertum bedrohte, so daß der Reichsverweser starke Worte zu seiner Verteidigung fand und Reichskommissare mit Weisungsbefugnis gegenüber den Regierungen in die beiden Hauptstädte entsandte, mußten diese erleben, daß niemand sich um sie kümmerte. An der Machtverteilung konnte kein Zweifel bestehen.

Unterdessen fuhr die Nationalversammlung mit der Beratung der Grundrechte fort, verabschiedete sie am 20. Dezember 1848 und setzte sie am folgenden Tag, schon vor Vollendung der gesamten Verfassung, gesondert in Kraft. Der Katalog enthielt in 14 Artikeln 60 Bestimmungen. In Funktion und Inhalt gingen sie erheblich über den bis dahin in Deutschland erreichten Stand hinaus. Verglichen mit der französischen Rechteerklärung von 1789 fehlte ihnen aber das naturrechtliche Fundament. Die Naturrechtslehre überlebte zwar, wie sich gezeigt hat, noch in der konstitutionellen Staatsrechtslehre des Vormärz. Sonst war sie aber schon weitgehend von der Historischen Rechtsschule verdrängt, die sich gerade in Reaktion auf das Bündnis von Naturrecht und Revolution formiert hatte und das Recht nicht als universales Vernunftkonstrukt, sondern als Produkt des Volksgeistes begriff. Die Mehrheit der Paulskirchen-Juristen stand der Historischen Schule nahe, und die Furcht, den sozialen Ansprüchen des »Vierten Standes« eine naturrechtliche Plattform zu geben, unterstützte die antirationalistischen Tendenzen und die Beschränkung auf staatlich gesetztes Recht.

»Die Grundrechte des deutschen Volkes«, wie der Katalog überschrieben war, gewannen aber an positivrechtlicher Geltungskraft. Nachdem die vormärzlichen Liberalen ständig Klage über die Wirkungslosigkeit der frühkonstitutionellen Grundrechte geführt hatten, weil ihnen die Kraft fehlte, sich die Gesetze anzuverwandeln, stellte die Paulskirchenverfassung die Grundrechtsgeltung gegenüber dem Gesetzgeber ausdrücklich fest. In der

Eingangsbestimmung des § 130 hieß es, die Grundrechte sollten »den Verfassungen der deutschen Einzelstaaten zur Norm dienen, und keine Verfassung oder Gesetzgebung eines deutschen Einzelstaates soll dieselben je aufheben oder beschränken können«. Was der Reichsgesetzgeber zur Begrenzung der Grundrechte tun durfte oder zur Ausführung der Grundrechte tun mußte, war in den einzelnen Bestimmungen angeordnet. Man kann daher von diesen Grundrechten sagen, daß sie als objektive Prinzipien die Grundlage der Rechtsordnung bildeten, wie § 130 zeigt, und als subjektive Rechte den Einzelnen vor Übergriffen der Staatsgewalt schützten, wie sich aus § 126g ergibt, der jedem Staatsbürger die Verfassungsbeschwerde wegen Grundrechtsverletzungen vor dem Reichsgericht eröffnete.

Inhaltlich machten die Grundrechte gegenüber dem bisherigen Stand vor allem zwei Fortschritte. Der erste lag darin, daß sie die ständisch-feudale Gesellschaftsordnung endgültig und vorbehaltlos in die bürgerliche überführten. Darauf bezogen sich die ersten materiellen Bestimmungen, nachdem in Art. I klargestellt war, daß alle Deutschen Freizügigkeit und gleiche Rechte in allen Staaten genossen. Nach § 137 gab es keine rechtlichen Standesunterschiede mehr. »Der Adel als Stand ist aufgehoben.« Infolgedessen konnte die Rechtsgleichheit nunmehr unbedingt und nicht nur in der Staatsrichtung gewährleistet werden. Ebenso erstreckte sich die Eigentumsfreiheit nach den Vorschriften des Art. IX auch in die Horizontale und umfaßte die freie Teilbarkeit, Veräußerlichkeit und Vererblichkeit. Das Feudalsystem mit seinen Eigentumsbindungen wurde abgeschafft. Hoheitsrechte, die sich aus ihm ableiteten wie die Patrimonialgerichtsbarkeit und die grundherrliche Polizei, wurden entschädigungslos aufgehoben, die Grundlasten nach Maßgabe der einzelstaatlichen Gesetzgebung für ablösbar erklärt, neue nicht mehr zugelassen. Familienfideikommisse mußten aufgelöst werden.

Der zweite Fortschritt gegenüber dem bisher erreichten Rechtszustand lag in der Ausweitung der Freiheitsrechte, namentlich der politisch verwendbaren. In diesen vielfach schön formulierten Bestimmungen kehrt die ganze polizeistaatliche Erfahrung des Vormärz, nunmehr in Garantien für den Bürger verwandelt, wieder. Namentlich § 143 zählte bis ins einzelne auf, was mit der Pressefreiheit unvereinbar sei: »Zensur, Konzessionen, Sicherheitsbestellungen, Staatsauflagen, Beschränkungen der Druckereien oder des Buchhandels, Postverbote oder andere Hemmungen des freien Verkehrs.« Pressevergehen durften nur durch Schwurgerichte, also unter Beteiligung von Laienrichtern aus dem Volk, verfolgt werden. Die Sicherungen der persönlichen Freiheit und der Schutz der Privatsphäre wurden verstärkt. Hinzu traten die Garantien der Versammlungs- und Vereinigungsfreiheit in Art. VIII, die Freiheit von Wissenschaft und Lehre in Art. VI, § 152. Bei den justiziellen Grundrechten galt die Öffentlichkeit und Mündlichkeit des Gerichtsverfahrens, die Trennung von Ermittlung und Verurteilung, bei schweren und politischen Vergehen das Schwurgerichtsverfahren und die Überweisung aller Rechtsverletzungen, auch der vom Staat begangenen, an die ordentliche Gerichtsbarkeit.

Der Grundrechtskatalog enthielt aber keine Antwort auf die »soziale Frage«. An Anträgen hatte es nicht gefehlt. Im Februar 1849, schon nach Verabschiedung des Grundrechtskatalogs, fand sogar nochmals eine eigene Grundrechtsdebatte über das Recht auf Arbeit statt. Sie schlug sich nicht in der Verfassung nieder. Die liberale Mehrheit sah das Problem noch wie um die Jahrhundertwende durch die Herstellung individueller Freiheit gelöst. Diese war standesübergreifend formuliert und gab daher jedem die rechtliche Möglichkeit einer bürgerlichen Existenz. Daß dazu schon vor der Industriellen Revolution, aber ohne jeden Zweifel nach ihr mehr gehörte als das rechtliche Dürfen, fand in der Paulskirche nur in einem Ausschnitt Anerkennung: Art. VI stellte es nicht nur jedem frei, »seinen Beruf zu wählen und sich für denselben auszubilden, wie und wo er will«; es hieß auch, daß »Unbemittelten ... auf allen öffentlichen Unterrichtsanstalten freier Unterricht gewährt werden« solle. Im übrigen galt es als selbstverständlich, daß Arme von ihren Gemeinden unterstützt wurden. So glücklich also die eigene Erfahrung dem bürgerlichen Parlament bei der Formulierung der Freiheitsrechte die Hand geführt hatte, so sehr ließ sie es doch, was die soziale Bedingtheit der Freiheit angeht, im Stich.

8. Die verfassungspolitischen Grundprobleme

Während die Paulskirche bei den Grundrechten lediglich die frühkonstitutionellen Ansätze ausbaute, ging es bei der Staatsorganisation um einen völligen Neubau. Hier tauchten daher die eigentlichen Kontroversen und Schwierigkeiten auf. Daß ein deutscher Nationalstaat am Ende des Verfassungswerks stehen sollte, fand aber keinen Widerspruch, und gestritten wurde nur um seine Gestalt: monarchisch oder republikanisch, föderalistisch oder unitarisch. Es gehört indes zu den Hypotheken der deutschen Revolution, daß eben dort, wo subjektive Kontroversen keine Rolle spielten, die objektiven Schwierigkeiten am größten waren. Das Problem lag in den außerdeutschen Territorien Preußens und Österreichs. Auf preußischer Seite fielen sie nicht sehr ins Gewicht. Österreich mit seinen rund 30 Millionen Einwohnern bestand aber nur zu einem knappen Viertel aus Deutschen, dagegen zur Hälfte aus Slawen, zu einem Sechstel aus Ungarn, im übrigen aus Rumänen und Italienern. Die ungeteilte Zugehörigkeit Österreichs zum deutschen Reich hätte den Nationalstaat gesprengt, der völlige Verzicht auf Österreich hätte ihn unvollendet gelassen. Alles lief daher auf eine Teilung in einen deutschen und einen nichtdeutschen Teil hinaus, die nur noch in der Person des Kaisers verbunden blieben.

Es war diese Lösung (mit Böhmen und Mähren trotz ihrer tschechischen Mehrheit als Reichsteil), die der Verfassungsausschuß der Paulskirche in den §§ 1 bis 3 seines Entwurfs vorschlug. In der Plenarabstimmung vom 27. Oktober 1848 fand sie eine überwältigende Mehrheit, auch bei den österreichischen Abgeordneten. Der Entwurf datierte freilich noch aus jener Zeit, da die Wiener Regierung von der Revolution gelähmt war. Die Abstimmung erfolgte zeitgleich mit dem Sieg der Gegenrevolution. Die Erfolgsaussichten für die großdeutsche Lösung sanken dadurch beträchtlich. Von der neuen österreichischen Regierung unter Fürst Schwarzenberg, einem ebenbürtigen Nachfolger Metternichs, wurde sie abgelehnt. Er forderte die Einbeziehung des gesamten Staatsgebiets in das zu gründende deutsche Reich, was nichts anderes als die Rückkehr zum staatenbündischen System bedeutete. Die kleine Gruppe der Verfechter einer kleindeutschen Lösung in der Paulskirche erhielt dadurch Zulauf, während die Anhänger der großdeutschen Lösung an einen Doppelbund zu denken begannen, der aus einem engeren deutschen Staat bestehen sollte, welcher sich mit Österreich föderierte. Es war schließlich der österreichische Staatsstreich vom März 1849, der nur noch die kleindeutsche Lösung realisierbar erscheinen ließ.

Die Frage nach der großdeutschen oder kleindeutschen Lösung

hatte präjudizierende Wirkung für einige weitere Verfassungsprobleme, besonders für die Konstruktion der Reichsspitze. Als weitaus bestimmender für die entstehende Verfassung erwies sich indessen der Gegensatz von Monarchie und Republik. Während die nationale Frage die politische Grenze zwischen rechts und links durchbrach, neue Teilkoalitionen zusammenbrachte und ältere trennte, war die Frage nach Monarchie oder Republik für die Teilung des Parlaments in rechts und links konstitutiv, ohne daß damit die Binnendifferenzierung verwischt werden soll, die unterhalb der Frage nach Monarchie oder Republik in den beiden Lagern bestand. Insbesondere darf der Gegensatz von Monarchie und Republik nicht mit dem Unterschied von demokratischem und monarchischem Prinzip gleichgesetzt werden. Demokratie und Monarchie waren vereinbar, Monarchie und Republik nicht. Während die Rechtsliberalen sich mit dem monarchischen Prinzip abfinden konnten, hielt die linksliberale Fraktion es für änderungsbedürftig. Folglich beschränkten die Rechtsliberalen die Parlamentsbefugnisse strikt auf die Gesetzgebung, während die Linksliberalen sie auf die Regierungsbildung erstreckten. Im republikanischen Lager gab es dagegen Stimmen, die das parlamentarische System am liebsten durch ein plebiszitäres ersetzt hätten.

Die Frage nach Monarchie oder Republik gewann deshalb solches Gewicht in der Debatte, weil sie die Antworten auf die meisten anderen verfassungspolitischen Fragen vorwegnahm. Wer die Republik wollte, entschied sich damit zugleich in der heftig geführten Kontroverse um Unitarismus oder Föderalismus: Föderalismus war die Konsequenz des Fortbestehens der Dynastien, das Volk wurde dagegen als Einheit betrachtet, die national begründet war und alle territorialen Verschiedenheiten politisch überlagerte und nur kulturell bestehen ließ. Mit dieser Frage war weiter diejenige nach dem Ein- oder Zweikammersystem entschieden: Das als Einheit begriffene und die Staatsgewalt übernehmende Volk konnte nur in einer ungeteilten Vertretung politischen Ausdruck finden. Ebenso war mit der Entscheidung für die Republik die Frage des Vetorechts der Regierung gegen Parlamentsbeschlüsse ausgetragen: Wenn hinter der Regierung kein aus sich heraus legitimierter Monarch mehr stand, die Regierung also nur Vollstreckerin des Volkswillens war, wurde auch kein Veto benötigt. Schließlich lag im Votum für die Republik auch eine Entscheidung über das Wahlrecht: Es konnte für die Republikaner nur als allgemeines und gleiches in Frage kommen.

Der fundamentale Gegensatz zwischen Monarchie und Republik, der die Paulskirche durchzog, läßt sich nicht angemessen begreifen, solange man ihn nur unter politischem Blickwinkel betrachtet. In ihm kamen vielmehr auch die tieferliegenden sozialen Gegensätze zwischen »Drittem« und »Viertem Stand« zum Ausdruck. Das wird deutlich, wenn man bedenkt, daß die Liberalen ebensowenig bereit waren wie die Demokraten, den monarchischen Anspruch auf ein gottgewolltes, vom Volk unabhängiges Herrschaftsrecht anzuerkennen. Im Unterschied zu den Konservativen konnten sie daher die Monarchie nur aus sekundär-pragmatischen Überlegungen befürworten. Geht man diesen Überlegungen nach, so kommt zum Vorschein, daß der Monarch den Liberalen als Schutz vor einer Parlamentssouveränität nützlich schien, die in sich keine ausreichende Gewähr für die Wahrung der bürgerlichen Besitzinteressen trug. Zweikammersystem, monarchisches Veto, begrenztes Wahlrecht bildeten lediglich die organisatorischen Konsequenzen dieses Grundbedürfnisses. Umgekehrt erwarteten die Republikaner eine friedliche Lösung der »Sozialen Frage« und damit eine gelungene Integration der Gesellschaft allein von einer zwar grundrechtlich, aber nicht politisch gezügelten Volksherrschaft, die einen Interessenausgleich zwischen den Ständen erleichterte.

Immerhin erwiesen die Abstimmungen, daß in der durch die Gegenrevolution gekennzeichneten Situation des Frühjahrs 1849 zwischen den beiden Lagern der Nationalversammlung hinreichende Kompromißmöglichkeiten bestanden. Sie wurden durch förmliche Vereinbarungen zwischen gemäßigten Republikanern und Liberalen abgesichert. Die Linke ließ sich auf ein monarchisches System mit Erbkaiser ein, der nach der österreichischen Umorientierung im Frühjahr 1849 nur noch der preußische König sein konnte. Damit war zugleich die Teilung des Parlaments in ein Volkshaus und ein Staatenhaus verbunden. Die Liberalen verzichteten dafür auf das Zensuswahlrecht und nahmen das allgemeine und gleiche Wahlrecht in Kauf. Die Möglichkeit einer breiten Verfassungsmehrheit hing damit letztlich an der Frage des monarchischen Vetos gegen Parlamentsbeschlüsse. Auch dafür fand sich aber eine tragbare Formel im suspensiven Veto, das einen Parlamentsbeschluß lediglich aufhalten, aber nicht endgültig verhindern konnte. Am 27. März 1849 wurde die »Verfassung des deutschen Reiches« beschlossen und am 28. März 1849 im Reichsgesetzblatt verkündet.

9. Die Paulskirchen-Verfassung

Die Reichsverfassung von 1849 war ein Kompromiß zwischen den demokratischen und den liberalen Kräften des deutschen Bürgertums. Das äußerte sich im Fehlen einer klaren Entscheidung über das Legitimationsprinzip staatlicher Herrschaft. Eine vermittelnde Formel gab es hier nicht. Die Verfassung enthielt Elemente der beiden konkurrierenden Legitimationsprinzipien. Einerseits verdankte sie ihr Zustandekommen einem demokratischen Akt des souveränen Volkes, wie die Eingangsformel zeigte. Einer Vereinbarung mit den Monarchen oder auch nur ihrer Anerkennung bedurfte es danach nicht. Der Kaiser, den die Verfassung als Reichsoberhaupt vorsah, war ein Kaiser von Volkes Gnaden und empfing seine Stellung und seine Kompetenzen durch die Verfassung. Insofern empfand die äußerste Rechte die Verfassung als Verrat am monarchischen Prinzip. Andererseits war die Kaiserwürde aber erblich und verlieh ihrem Träger eine Reihe wichtiger Hoheitsrechte. Mit der Einsetzung des ersten Kaisers begab sich das Volk also des Einflusses auf das Reichsoberhaupt. Die weitere Besetzung des Amtes und die Ausfüllung des Kompetenzrahmens waren weder direkt noch indirekt Sache des Volkes. Insofern empfand die äußerste Linke die Verfassung als Verrat am demokratischen Prinzip.

Die Reichsverfassung schuf einen Bundesstaat. Die Mitgliedstaaten behielten nach § 5 ihre Selbständigkeit, soweit sie nicht durch die Reichsverfassung beschränkt war. Sie mußten aber eine Verfassung mit entscheidungsbefugter Volksvertretung und Ministerverantwortlichkeit besitzen. Veränderungen der Regierungsform bedurften der Zustimmung der Reichsgewalt. Ferner enthielt die Reichsverfassung eine lange Liste von Zuständigkeiten, die dem Reich übertragen waren. Zusammengefaßt betrafen sie zunächst die Außenpolitik sowie Krieg und Frieden. Dazu zählte auch die Verfügung über das Militär, das sich aber weiterhin aus einzelstaatlichen Heeren zusammensetzte. Sodann fiel der gesamte länderübergreifende Verkehr in die Zuständigkeit des Reiches, ebenso das

Post- und Fernmeldewesen. Ferner konnte das Reich die wichtigsten Fragen des Wirtschaftslebens regeln, dazu das Gesundheitswesen und das Vereinswesen. Schließlich gab es eine Gesetzgebungskompetenz für die Rechtsvereinheitlichung im bürgerlichen Recht, im Handelsrecht, im Strafrecht und im Prozeßrecht. Eine Subsidiärkompetenz erlaubte dem Reich, weitere Materien an sich zu ziehen, wenn es im Gesamtinteresse notwendig war und mit verfassungsändernder Mehrheit beschlossen wurde.

Die Organe des Reiches waren das Reichsoberhaupt mit dem Titel »Kaiser der Deutschen«, die aus Ministern bestehende Reichsregierung, der in ein Staatenhaus und ein Volkshaus geteilte Reichstag und das Reichsgericht. Der Kaiser hatte die Regierungsgewalt in allen Angelegenheiten inne, die nicht ausdrücklich dem Reichstag übertragen waren. Überdies nahm er an der Gesetzgebung teil. Er übte seine Befugnisse aber durch die Minister aus, die auch die staatsrechtliche Verantwortung übernahmen, während der Kaiser selber unverantwortlich blieb. Eine Regierungshandlung des Kaisers konnte jedoch nur Gültigkeit beanspruchen, wenn sie von einem Minister gegengezeichnet war. Die Bildung der Regierung oblag dem Kaiser. Doch war weder etwas über ihre innere Organisation noch über ihre Entlassung gesagt. Nach dem generellen Verteilungsprinzip des § 84 mußte man dieses Recht daher ebenfalls beim Kaiser vermuten. Eine Vorschrift, die die Regierung vom Vertrauen des Reichstages abhängig gemacht hätte, fehlte. Das parlamentarische System war mithin nicht vorgesehen, wohl aber ein Kontrollrecht des Parlaments über die Regierung mittels Interpellation sowie die Möglichkeit der Ministeranklage.

Der Reichstag war entsprechend der föderalistischen Struktur des Reiches in zwei Häuser geteilt, von denen das Staatenhaus aus Vertretern der Mitgliedsländer, das Volkshaus aus gewählten Abgeordneten der gesamten Nation gebildet wurde. Die Mitgliedstaaten entsandten je nach Größe einen bis 40 Vertreter in das Staatenhaus. Die Vertreter wurden je zur Hälfte von der Regierung bestimmt und von der Volksvertretung gewählt. War nur ein Vertreter vorgesehen, so hatte die Regierung das Vorschlags-, die Volksvertretung das Wahlrecht. Das Volkshaus wurde vom Volk beim ersten Mal auf vier Jahre, im weiteren auf drei Jahre gewählt. Das Nähere enthielt das am 12. April 1849 erlassene Reichswahlgesetz. Wahlberechtigt waren danach alle deutschen Männer von mindestens 25 Jahren, sofern sie nicht unter Vormundschaft standen, in Konkurs gefallen waren, Armenunterstützung bezogen oder bescholten waren. Die Wahl sollte öffentlich und direkt sein. Gewählt wurde in Einer-Wahlkreisen nach dem System des Mehrheitswahlrechts. Kam im ersten Wahlgang keine absolute Mehrheit zustande, fand ein zweiter und bei dessen Erfolglosigkeit ein dritter Wahlgang unter den beiden Kandidaten mit den meisten Stimmen statt.

Im Vergleich zu den vormärzlichen Verfassungen verstärkte die Reichsverfassung die Eigenständigkeit des Reichstags. Zwar wurde er vom Reichsoberhaupt einberufen, dieses war zur regelmäßigen Einberufung aber verpflichtet. Präsidentenwahl, Geschäftsordnung und Wahlprüfung waren Sache des Reichstags. Für die Abgeordneten galt das freie Mandat und die Sicherung vor Strafverfolgung. Waren sie Beamte, durfte ihnen der Urlaub nicht verweigert werden. Das Volkshaus konnte vom Reichsoberhaupt vorzeitig aufgelöst werden. Die wichtigsten Kompetenzen des Reichstags lagen in der Gesetzgebung und der Etatfeststellung. Er war aber nicht Alleingesetzgeber. Neben ihm besaß der Kaiser das Initiativrecht, zudem verfügte er über ein Vetorecht gegen die Beschlüsse des Reichstags, das dieser jedoch durch Beharrungsbeschlüsse überwinden konnte. Schließlich hatte der Kaiser ein selbständiges gesetzesakzessorisches Verordnungsrecht. Der Gesetzesvorbehalt erstreckte sich auf Gesetze und den Haushalt ohne Einschränkungen, auf völkerrechtliche Verträge, die das Reich belasteten, sowie eine Reihe sonstiger namentlich aufgeführter Angelegenheiten.

Zur Sicherung der Verfassung diente die Befugnis des Reichstags, die Minister wegen Verfassungsbruchs anzuklagen, ferner der Verfassungseid des Kaisers, der Beamten und des Heeres. Vor allem aber konnten Verfassungsstreitigkeiten rechtsförmig vor dem Reichsgericht ausgetragen werden, das in der Sache ein genuines Verfassungsgericht war. Es entschied über Föderalismusstreitigkeiten zwischen Reich und Ländern oder zwischen den einzelnen Ländern; über Organstreitigkeiten zwischen Reichsorganen, sofern sich diese auf die gerichtliche Klärung einigten, und zwischen Landesorganen ohne einen solchen Vorbehalt; über Verfassungsbeschwerden einzelner Bürger wegen Verletzung der Landesverfassung oder der Grundrechte der Reichsverfassung. Nicht vorgesehen war eine Normenkontrolle, sofern sie nicht mit den bereits genannten Rechtsbehelfen erreicht werden konnte. Dazu kam eine Reihe anderer in § 126 aufgeführter Zuständigkeiten. Einzelheiten, vor allem über Bildung und Zusammensetzung des Reichsgerichts, sollten gesetzlich bestimmt werden. Eine Änderung der Verfassung setzte übereinstimmende Beschlüsse von Kaiser und beiden Häusern des Reichstages voraus, wobei hier eine Zweidrittelmehrheit erforderlich war.

10. Das Scheitern der Paulskirche

Am 28. März 1849 wählte die Nationalversammlung mit 290 Stimmen bei 248 Enthaltungen Friedrich Wilhelm IV. zum deutschen Kaiser. Am Vortag hatten sich noch 255 Abgeordnete gegen eine monarchische Reichsspitze und 263 gegen die Erblichkeit der Kaiserwürde ausgesprochen. Nachdem die Entscheidung gefallen war, stimmte niemand gegen den preußischen König, selbst aus der radikalen linken Fraktion waren Ja-Stimmen gekommen. Das Schicksal des Verfassungswerks lag damit vorerst in seiner Hand. Wie auch eine Reihe anderer Monarchen nahm er jedoch den Standpunkt ein, daß die Reichsverfassung noch gar nicht in Kraft sei, sondern erst durch eine Vereinbarung mit den Mitgliedstaaten Geltung erlangen könne. Bis dahin betrachtete er die Verfassung lediglich als Entwurf. Dessenungeachtet wirkte die preußische Regierung darauf hin, daß der König die Krone und die Verfassung, eventuell unter der Bedingung einiger Modifikationen, annehme. Es gab aber auch eine starke und dem König nahestehende Gruppe konservativer Legitimisten, die zur Ablehnung riet und damit die geheimen Vorstellungen des Monarchen traf, der es bereits in einem Brief an Bunsen vom Dezember 1848 für undenkbar erklärt hatte, eine aus der Revolution hervorgegangene Krone, den »imaginären Reif, aus Dreck und Lettern gebacken«[80], zu tragen.

Am 3. April empfing der König die Deputation der Nationalversammlung, die ihn einlud, »die auf ihn gefallene Wahl auf Grundlage der Verfassung anzunehmen«.[81] Der Monarch drückte der Deputation seine Ergriffenheit und seinen Dank aus, fuhr dann aber fort, daß er sich einer »Verletzung heiliger Rechte« schuldig mache, wenn er ohne das Einverständnis der übrigen Landesfürsten eine Entscheidung treffe. »An den Regierungen der einzelnen deutschen Staaten wird es daher jetzt sein, in gemeinsamer Beratung zu prüfen, ob die Verfassung dem Einzelnen wie dem Ganzen frommt.« Er schloß mit den Worten: »Dessen aber möge Deutschland gewiß sein, und das, meine Herren, verkündigen Sie in allen Gauen: bedarf es des preußischen Schildes und Schwertes gegen äußere oder innere Feinde, so werde Ich auch ohne Ruf nicht fehlen.«[82] Was er damit meinte, enthüllte der König in einem Brief vom selben Tag an Bunsen, in dem es hieß: »Des Bescheides Sinn ist: Ich kann Euch weder ja noch nein antworten. Man nimmt nur an und schlägt nur aus eine Sache, die geboten werden *kann*, – und Ihr da habt gar nichts zu bieten: Das mach' ich mit meines Gleichen ab; jedoch zum Abschied die Wahrheit: Gegen Demokraten helfen nur Soldaten.«[83]

Die Deputation, der der drohende Unterton in den Schlußworten des Königs nicht entgangen war, hatte also recht, wenn sie die gewundene Antwort als Absage auslegte und dem preußischen Ministerium am folgenden Tag mitteilte, die Nationalversammlung habe zur Vollziehung eines Teiles der Verfassung, nämlich der Kaiserwahl, gar nicht schreiten können, ehe die Verfassung nicht beschlossen war. »Die Übertragung der erst in der Verfassung begründeten erblichen Kaiserwürde auf einen der regierenden deutschen Fürsten setzte das zu Recht Bestehen der Verfassung an sich voraus.«[84] Die Verfassung sei daher kein Gegenstand von Verhandlungen, sondern geltendes Recht. Die preußische Regierung versuchte gleichwohl, den Verhandlungsweg einzuschlagen, um ein deutsches Reich unter preußischer Führung zu ermöglichen, und lud die Regierungen der übrigen Staaten zu Beitrittsgesprächen nach Frankfurt ein. Diese Einladung wurde von Österreich und danach auch von den vier Königreichen rundheraus abgelehnt. Dagegen erklärten 28 Regierungen in einer Kollektivnote vom 14. April 1849 unter Zurückstellung ihrer Bedenken die unbedingte Annahme der Verfassung. Nachträglich schloß sich Württemberg unter dem Druck von Volk und Parlament an.

Die Anerkennung, die die Reichsverfassung bei der Mehrzahl der deutschen Staaten (29 von 39) fand, schien die Situation noch einmal zu öffnen. Die Nationalversammlung lehnte sich an die Kollektivnote an und forderte die noch abseits stehenden Regierungen am 26. April auf, die Anerkennung nunmehr unverzüglich auszusprechen. Zwei Tage danach lehnte die preußische Regierung die Verfassung endgültig ab, nachdem alle Bemühungen, den König umzustimmen, fehlgeschlagen waren. Sie hob in ihrer Erklärung auf den mangelnden Verständigungswillen der Nationalversammlung und die demokratische Wendung ab, die der Reichsverfassung in der zweiten Lesung gegeben worden war. Indessen kann es nach den heute bekannten vertraulichen Äußerungen des Königs nicht mehr zweifelhaft sein, daß nicht einzelne Bestimmungen der Verfasung ausschlaggebend für seine Absage waren. Seine tiefe Abscheu richtete sich vielmehr gegen ein Einigungswerk, das nicht von den Fürsten, sondern von der Souveränität beanspruchenden Nation ausging. In dieser fundamentalen Frage waren die Standpunkte zwischen der Volksvertretung und dem Monarchen in der Tat unüberbrückbar.

Durch Deutschland lief nach der preußischen Ablehnung die dritte Revolutionswelle, vorwiegend von Kleinbürgern und bürgerlichen Intellektuellen getragen, während sich der bürgerliche Mittelstand von der Revolution zurückzog und auch die Bauern nicht mehr in Aktion traten. Diese Revolutionswelle erfaßte auch die Throne. Fürsten, die die Verfassung nicht anerkennen wollten, mußten fliehen, Revolutionsregierungen kamen vorübergehend an die Macht. Die Nationalversammlung setzte auf diese Bewegung, als sie am 4. Mai die Regierungen, Parlamente und Gemeinden der Einzelstaaten und »das gesamte deutsche Volk« aufforderte, die Reichsverfassung zur Geltung zu bringen.[85] Gleichzeitig beraumte sie für den 15. Juli die erste Reichstagswahl an. Die Paulskirche bezahlte solche die Revolution anfeuernden Beschlüsse mit dem Auszug konservativer und gemäßigter Abgeordneter, darunter einiger ihrer bedeutendsten Mitglieder. Die Wiener Regierung hatte die österreichischen Abgeordneten schon am 5. April aus Frankfurt abberufen. Am 14. Mai erließ Preußen eine ähnliche Anordnung, der sich bald Sachsen, Hannover und Baden anschlossen. Die Befehle, wiewohl rechtlich ungegründet, blieben nicht erfolglos, weil sie Strafen und für Beamte überdies Disziplinarmaßnahmen androhten.

Wie sehr die Paulskirche sich geleert hatte, zeigt die Abstimmung vom 30. Mai 1849, mit der die Nationalversammlung ihren Sitz nach Stuttgart verlegte, nachdem Österreich und Preußen erklärt hatten, die Tätigkeit des Parlaments nicht mehr als legal zu betrachten. Für die Verlegung stimmten 71 Abgeordnete, 64 waren dagegen, und vier enthielten sich. Der Beschluß spaltete die Nationalversammlung letztmalig. Die noch nicht ausgetretenen großdeutsch-konservativen Abgeordneten blieben am Sitz der seit Gagerns Rücktritt ebenfalls konservativ bestimmten Reichszentralgewalt zurück. In Stuttgart fand sich nur ein Rumpfparlament von etwa 100 Abgeordneten ein. Ihr erster Beschluß betraf die Einsetzung einer provisorischen Reichsregentschaft aus fünf Abgeordneten, die die gesamte Exekutivgewalt ausüben sollten. Die Frankfurter Zentralgewalt und die Regierungen der größeren deutschen Staaten verlangten daraufhin von Württemberg ein Verbot des Parlaments und drohten im Weigerungsfall mit militärischer Intervention. Am 18. Juni 1849 sprengten württembergische Truppen das Parlament, als es sich auf dem Weg von seiner versperrten Tagungsstätte zu einem neuen Versammlungsort befand, mit Waffengewalt auseinander.

VII. Rückbildungs- und Fortbildungsversuche bis zur Auflösung des Deutschen Bundes

1. Die Folgen der gescheiterten Revolution

Die Revolution von 1848 war ein gemeineuropäisches Phänomen, ebenso wie ihr Scheitern. Insofern steht Deutschland keineswegs allein. Sie hinterließ im deutschen Konstitutionalismus jedoch besonders tiefe Spuren. Die in ihm angelegte Entwicklung auf Ausweitung der Bürgerrechte und Steigerung der politischen Partizipation, die die Revolution nach langer Drosselung freisetzen wollte, kam für längere Zeit zum Stillstand. Der monarchisch-bürokratische Staat behauptete seine von der Gesellschaft unabhängig gedachte Herrschaftsposition, die es ihm erlaubte, die eigenen Anschauungen mit dem Gemeinwohl zu identifizieren und die Gesellschaft lediglich als Summe partikularer Interessen zu betrachten. Im Verfassungsrecht führte dies zu einer Verfestigung des monarchischen Prinzips und einer Einschnürung des Parlamentarismus bis zum Ende des Ersten Weltkriegs 1918. Im Verfassungsdenken und in der Staatsrechtslehre, die sich anders als im Vormärz nun mit der Situation abfand, blieben die im Blick auf die konstitutionelle Monarchie entwickelten Leitbilder, Begriffe und Methoden sogar bis 1933 lebendig und unterliefen das inzwischen gewandelte Verfassungsrecht.

Damit ist nicht gesagt, daß von der Revolution am Ende nur retardierende Wirkungen ausgegangen wären. In ihr entlud sich eine Spannung, die aus dem unterschiedlichen Entwicklungsrhythmus von Sozialstruktur und rechtlich-politischen Institutionen resultierte. Das so entstandene Modernisierungsdefizit sollte, nachdem die Hoffnungen auf evolutionäre Angleichung im Vormärz enttäuscht worden waren, revolutionär gedeckt werden. Der soziale Wandel lag in der fortschreitenden Emanzipation des Bürgertums und der Entstehung des »Vierten Standes«. Gemessen an dieser Entwicklung schienen jene Reformen, die zu Beginn des 19. Jahrhunderts noch ein Vorgriff auf die sozialen Verhältnisse gewesen waren, inzwischen als zurückgeblieben. Die Gesellschaft war über den Stand der Agrar- und Gewerbereformen der Rheinbund-Zeit und der preußischen Reformära hinausgewachsen. Diese tiefere Ursache der Spannung wurde durch die Revolution zum Teil behoben. Ihr Erfolg lag in der Liquidierung der ständischen Gesellschaft und des Feudalsystems, das sich nur noch in kleinen Überresten hielt. Seit 1848 kann man für Deutschland von einer bürgerlichen Gesellschaft sprechen, allerdings einer, in der sich die ehedem privilegierten Stände eine günstige Startposition sichern konnten.

Dagegen blieb die aus der sozialen Frage resultierende Spannung ungelöst. Vor allem aber wurde das politische Ziel der Revolution, auch die Staatsgewalt in bezug auf Trägerschaft und Ausübungsmodalitäten der veränderten Struktur anzupassen, nicht erreicht, und zwar weil maßgebende Teile des Bürgertums dieses Ziel im Verlauf der Revolution aus Furcht, die Früchte mit dem »Vierten Stand« teilen zu müssen, selber wieder aufgaben. Politisch kam es daher nur zur Schließung jener Lücken, die auf der konstitutionellen Landkarte noch bestanden. Wo bis dahin der Absolutismus fortgelebt hatte, traten Verfassungen in Kraft, vor allem in Preußen und Österreich. Ohne moderne Verfassung blieb nach der Revolution lediglich Mecklenburg, während das sozial und ökonomisch weniger fortgeschrittene und national uneinheitliche Österreich 1851 noch einmal für ein Jahrzehnt in den vorkonstitutionellen Zustand zurückfiel. Auch wuchsen die Grundrechtskataloge um einige zusätzliche Freiheiten, und die Volksvertretungen verloren endgültig ihren halbständischen Charakter. Indessen setzte sich weder das parlamentarische System noch gar die Demokratie durch. Die ersehnte nationale Einheit blieb gänzlich auf der Strecke.

Aus dieser Aufspaltung des revolutionären Programms in einen weitgehend realisierten gesellschaftlich-privatrechtlichen Teil und einen weitgehend unerfüllten politisch-verfassungsrechtlichen Teil ergaben sich die nachhaltigsten Folgewirkungen der gescheiterten Revolution. Die bürgerliche Gesellschaft wandte sich nach ihrem Mißerfolg in die privaten Räume zurück. Diese waren aber in der zweiten Jahrhunderthälfte weniger kulturell als ökonomisch bestimmt. Der deutsche Liberalismus, der im Vormärz vorwiegend als politischer Liberalismus des Bildungsbürgertums in Erscheinung getreten war, stellte sich nach der Revolution eher als ökonomischer Liberalismus des Wirtschaftsbürgertums dar. Dadurch büßte er aber den universalen und emanzipatorischen Grundzug ein, der dem vorindustriellen Liberalismus noch eigen gewesen war. In politischer Hinsicht verlor der Liberalismus seine offensive, auf Ausdehnung von Freiheit und Herstellung von Gleichheit gerichtete Tendenz. In wirtschaftlicher und sozialer Hinsicht verhärtete er sich doktrinär und verteidigte die Privatautonomie, losgelöst von ihrem legitimierenden Sinn personaler Selbstbestimmung für alle, als Selbstzweck. Die rechtlich-politischen Vorstellungen des »Vierten Standes« mußten dadurch zwangsläufig in Widerspruch zum Liberalismus geraten.

Die verfassungsrechtlichen Konsequenzen des Wandlungsprozesses im Bürgertum lagen vor allem in der Ausbreitung eines staatsabgewandten Freiheitsverständnisses. Die Freiheit bestand nicht in der gleichberechtigten Teilnahme aller an der politischen Gestaltung einer freiheitlichen Sozialordnung, sondern in der beliebigen Ausfüllung abgezirkelter Räume staatsferner Privatheit. Dabei handelte es sich um das Freiheitsverständnis, welches hinter den von den Fürsten freiwillig gewährten Grundrechten des Vormärz gestanden hatte. Doch befanden sich der vormärzliche Liberalismus und die liberale Staatsrechtslehre immer in Opposition zu diesem Verständnis und hielten entgegen der Verfassungsrechtslage an der Einheit von öffentlicher und privater Freiheit fest. Nach 1848 schwenkte das liberale Bürgertum auf das fürstliche Freiheitsverständnis ein, und nun erst begann die Verengung des Grundrechtsdenkens auf die privatistischen Kategorien von Eingriffsschranken und subjektiven Abwehrrechten, von denen sich die Grundrechtstheorie noch immer nicht völlig befreit hat. Gleichzeitig wuchs mit dem Verzicht auf demokratische Freiheitssicherung die Bedeutung der rechtsstaatlichen Freiheitssicherung überdimensional an. Die Ersetzung politischer Konfliktaustragung durch justizförmige, wie sie für Deutschland bis heute bezeichnend ist, hat hier ihre Wurzeln.

Schließlich blieb der Staat auf diese Weise eine Instanz, die für sich in Anspruch nehmen konnte, über den gesellschaftlichen Interessen und den politischen Parteien zu stehen und den partikularen Kräften gegenüber das Gemeine Beste zur Geltung zu bringen. In diesem Sinn verstand der monarchische Staat sich als neutral. Der Pluralismus als System, das die Unterschiedlichkeit und Widersprüchlichkeit von Meinungen und Interessen als legitim akzeptiert und auf dieser Grundlage nach Wegen friedlicher Koexistenz und gerechten Interessenausgleichs sucht, blieb daher in Deutschland stets mit dem Verdacht von Zersetzung und Schwäche behaftet. Er hatte seinen Platz nur im gesellschaftlichprivaten, nicht im staatlich-politischen Bereich. Wo die Neutralität des pluralistischen Staates in seiner Offenheit für verschiedene Gemeinwohlvorstellungen besteht, wenn sie nur gleiche Wettbewerbschancen genießen und sich nicht absolut setzen, bezog der monarchische deutsche Staat seine Neutralität aus der inhaltlichen Gemeinwohlgewißheit, die ihn über alle gesellschaftlichen Kräfte erhob und von ihnen wesenhaft unterschied. In dieser lange nachwirkenden Einstellung lag eine der schwersten Vorbelastungen der Weimarer Demokratie.

2. Die Einigungsbestrebungen von oben

Der erste Anschein der nachrevolutionären Zeit deutete allerdings eher auf Kontinuität als auf Zäsur hin. Sowohl die Errichtung eines deutschen Nationalstaats als auch die Konstitutionalisierung der Einzelstaaten blieb auf der Tagesordnung. Nur ging die Initiative vom Volk auf den Staat über, und damit waren natürlich Inhaltsverschiebungen verbunden, die anfangs aber sehr moderat erschienen. In bezug auf die deutsche Einigung hatte die preußische Regierung ihrer endgültigen Absage an die Reichsverfassung eine Einladung an die anderen Regierungen folgen lassen, die deutsche Verfassungsfrage selber in die Hand zu nehmen und einen Regierungsentwurf vorzulegen, der dann mit neugewählten Repräsentanten des Volkes abgestimmt werden könnte. »Der Entwurf einer solchen Verfassung würde die Arbeit der Nationalversammlung wieder aufnehmen und nur die in dieselbe durch eine Verknüpfung unglücklicher Umstände eingedrungenen zerstörerischen Elemente beseitigen.«[86] Preußen machte damit nochmals klar, daß es keineswegs den nationalen Verfassungsstaat überhaupt ablehnte, sondern nur einen solchen, der mit »dem Ludergeruch der Revolution«[87] behaftet war, wie der König sich ausgedrückt hatte.

Preußens Plan, der am 9. Mai 1849 unterbreitet wurde, griff auf den in der Paulskirche entwickelten Gedanken eines engeren kleindeutschen und eines weiteren, Österreich einbeziehenden Bundes zurück. Als Österreich diesen Plan ablehnte, versuchte Preußen ihn im kleindeutschen Rahmen mit den vier anderen Königreichen zu verwirklichen, fand jedoch nur bei Sachsen und Hannover bedingte Gefolgschaft, die von dem Beitritt der anderen deutschen Staaten abhängig sein sollte. Daraus entstand das Dreikönigsbündnis vom 17. Mai 1849, dessen Ziel die Errichtung eines nationalen Bundesstaates ohne Österreich war. Der preußische Bundesplan fand nach dem endgültigen Scheitern der Paulskirchen-Verfassung durchaus Widerhall bei den Regierungen. Insgesamt 28 von den jetzt nur noch 36 deutschen Staaten erklärten ihren Beitritt. Einige zogen sich unter dem wachsenden Druck Österreichs, das in dem Bündnis einen Verstoß gegen die Bundesverfassung sah, aber nach kurzer Zeit wieder zurück. Zu diesen gehörten auch Sachsen und Hannover, die den gegen ihre Stimme gefaßten Beschluß, Wahlen für ein verfassungsberatendes Parlament auszuschreiben, zum Anlaß nahmen, ins österreichische Lager überzugehen, wo nun mit Württemberg und Bayern im Vierkönigsbündnis eigene Verfassungspläne entwickelt wurden.

Preußen hielt dessenungeachtet, wenn auch unter starken inneren Konflikten, an seinem Projekt fest, trug aber der neuen Situation Rechnung, indem der Verfassungsentwurf nicht mehr von einem deutschen Reich, sondern nur noch von einer Union sprach, die nach dem Tagungsort des Unionsparlaments als *Erfurter Union* bekannt geworden ist. Der Verfassungsentwurf für diese Union lehnte sich in Form und Inhalt eng an die Paulskirchen-Verfassung an, deren gemäßigte Befürworter für den neuen Plan gewonnen werden sollten, modifizierte sie aber in einigen wesentlichen Grundzügen. Vor allem beruhte er nicht auf dem demokratischen, sondern auf dem monarchischen Prinzip. Die Verfassung sollte daher auch nicht durch Parlamentsbeschluß, freilich ebensowenig durch monarchischen Oktroi, sondern durch Vereinbarung zustande kommen. Im übrigen verschoben sich die Gewichte von der Volksvertretung zur Exekutive und innerhalb der Volksvertretung zur besitzbürgerlichen Seite. Das kam vor allem in dem absoluten Veto des Staatsoberhaupts gegen die Beschlüsse der Volksvertretung und in der Ersetzung des allgemeinen Wahlrechts durch das Klassenwahlrecht zum Ausdruck. Dagegen wurde der Grundrechtskatalog der Paulskirche fast unverändert in den Entwurf übernommen.

Das Bürgertum bezog gegenüber diesem Verfassungsentwurf eine zwiespältige Haltung. Während die demokratische Linke ihn ablehnte, fand er im liberalen Lager nicht wenig Befürworter. Am 25. Juni 1849 trafen sich in Gotha jene Abgeordneten, die in der Paulskirche für ein Erbkaisertum und gegen die Republik eingetreten waren, um den Verfassungsentwurf zu diskutieren. Es handelte sich um dieselbe politische Gruppe, die den preußisch geführten Nationalstaat propagiert hatte und daher von der Absage des preußischen Königs am tiefsten getroffen worden war. Dieses Ereignis, das das Werk der Paulskirche zunichte gemacht hatte, lag bei dem Gothaer Treffen noch kein Vierteljahr zurück, die Sprengung der Nationalversammlung gerade eine Woche. Von den 270 eingeladenen Personen fanden sich 150 in Gotha ein, darunter einige der prominentesten Paulskirchen-Mitglieder. Von den neuen Gegebenheiten ausgehend, stellten sie, wie der Beschluß lautete, »die Zwecke, welche durch die Reichsverfassung vom 28. März erreicht werden sollten, höher als das starre Festhalten an der Form, unter der man das Ziel anstrebte«[88], und empfahlen die Unterstützung der Verfassung und die Beteiligung an den Wahlen.

Die Wahlen, die am 21. Januar 1850 nach dem Dreiklassenwahlrecht abgehalten wurden und unter relativ geringer Beteiligung vonstatten gingen, brachten die veränderten Verhältnisse bereits deutlich zum Ausdruck. In dem Unionsparlament, das am 20. März 1850 in Erfurt zusammentrat, lag die Mehrheit auf seiten der Linken. Allerdings handelte es sich um eine Linke, die mit derjenigen der Nationalversammlung nichts gemein hatte. Links war sie vielmehr nur im verengten Spektrum des Erfurter Parlaments, wo konservative Gruppen, die in der Paulskirche gar nicht vertreten gewesen waren, die Rechte bildeten. Diese blieben nun in der Opposition, weil ihnen der Verfassungsentwurf noch zu viele Zugeständnisse an die Reichsverfassung machte, während die Erfurter Mehrheit aus dem linken Flügel der Konservativen und der ehemaligen liberalen Mitte, vorwiegend ihrem rechten Flügel, bestand. Dieses Parlament beschloß, den Verfassungsentwurf der Regierung zunächst en bloc anzunehmen und erst danach Revisionsvorschläge auszuarbeiten, die nicht an den Fundamenten der Vorlage rüttelten und schon zwei Wochen später verabschiedet wurden.

Indessen endete die Kooperationsbereitschaft für die Liberalen abermals mit einer Enttäuschung. Österreich hatte in der Zwischenzeit die Wiederbelebung des Deutschen Bundes betrieben, der während der Revolution nicht förmlich aufgelöst worden war. Der von Preußen und seinen Verbündeten noch nicht wieder beschickte Bundestag fand seine ersten Aktionsmöglichkeiten bei Verfassungskonflikten, die 1850 in Holstein und in Kurhessen ausbrachen und zu Hilfeersuchen der Landesfürsten an den Bundestag führten. Dieser gab ihnen gegen den entschiedenen Widerspruch Preußens statt. Dabei mußte Preußen insbesondere das Einschreiten österreichischen Militärs in Kurhessen als Bedrohung empfinden, weil sich Kurhessen als territorialer Riegel zwischen die östlichen und westlichen preußischen Landesteile schob. Preußen mobilisierte daher ebenfalls seine Truppen. Nur in letzter Minute konnte ein Zusammenstoß zwischen den beiden Führungsmächten abgewendet werden. Der Preis, den Preußen in der Olmützer Punktation vom 29. November 1850 für Österreichs Verzicht auf einseitige Intervention in den beiden Krisengebieten bezahlte, war die Bereitschaft zur Wiederherstellung des Bundes und die Aufgabe der Unionspläne, die dem König wegen ihrer immer noch erkennbaren Anlehnung an die Paulskirche mittlerweile ohnehin nicht mehr gefielen.

3. Die preußische Verfassung

Auch innerhalb Preußens war anfangs noch das Bestreben erkennbar, den Keil zwischen dem rechten und dem linken Flügel der Revolution durch liberale Zugeständnisse tiefer zu treiben. Aus diesem Grunde hatte es der König nicht bei der Auflösung der preußischen Nationalversammlung bewenden lassen, sondern zugleich eine Verfassung oktroyiert, die sich gemessen an dem vormärzlichen Standard äußerst fortschrittlich ausnahm. Überdies verwies sie in ihren Schlußbestimmungen auf eine alsbaldige Revision »auf dem Wege der Gesetzgebung«, also unter Beteiligung einer neugewählten Volksvertretung. Zusammen mit der Verfassung ergingen daher Wahlgesetze für zwei Kammern auf der Grundlage des allgemeinen Wahlrechts. Als die so gewählte Zweite Kammer jedoch am 21. April 1849 beschloß, die Paulskirchen-Verfassung anzuerkennen, löste der König sie unverzüglich auf und oktroyierte im Wege der Notverordnung ein Dreiklassenwahlrecht, das zwar dem Art. 67 der oktroyierten Verfassung Rechnung trug, indem es alle selbständigen Preußen zur Wahl zuließ, ihr Stimmengewicht aber nach der Steuerleistung abstufte. Die erste Klasse umfaßte damals 4,7% aller Wahlberechtigten, die zweite 12,6% und die dritte 82,7%. Da jede Klasse die gleiche Zahl von Wahlmännern stellte, lief das System auf eine Abart des Zensuswahlrechts hinaus.

Eine Wahlrechtsverkürzung hatte 1830 in Frankreich die Juli-Revolution ausgelöst. Im postrevolutionären Deutschland war mit einer solchen Antwort nicht zu rechnen. Zwar rief die Linke zum Wahlboykott auf. Die bürgerliche Mitte, die schon in der Paulskirche ein Zensuswahlrecht angestrebt und diese Forderung erst gegen die Zustimmung der Linken zum Erbkaisertum fallen gelassen hatte, sah in der Wahlrechtsfrage jedoch keinen Anlaß zum Protest. Die Wahlen vom 17. Juli 1849 erbrachten eine Zweite Kammer in der vom Staat erwünschten Zusammensetzung. Nicht einmal ein Drittel der Wahlberechtigten hatte an der Wahl teilgenommen (verläßliche Vergleichszahlen für die beiden vorangegangenen preußischen Wahlen fehlen); in der ersten Klasse waren es 55,4%, in der zweiten 44,7% und in der dritten 28,6%. Sozial gesehen war der Anteil der adeligen und bürgerlichen Großgrundbesitzer auf das Doppelte gestiegen, der der Kleinbürger zurückgegangen. Der eigentlichen Bourgeoisie hatte das neue Wahlrecht keinen nennenswerten Gewinn gebracht. Politisch bildete die liberale Mitte des vorangegangenen Parlaments nun die Linke mit einem Sitzanteil von etwa einem Fünftel, die restlichen vier Fünftel teilten sich die Rechtsliberalen und die Konservativen.

Die zur Revision anstehende oktroyierte Verfassung vom Dezember 1848 war in aller Eile dem Entwurf der preußischen Nationalversammlung, der sog. »Charte Waldeck«, nachgebildet und nur von einigen demokratischen Einflüssen wie vor allem dem suspensiven Veto gereinigt worden. Die Kammern fanden daher nicht viel an ihr auszusetzen. Gegenstand heftigen Streits waren nur das jährliche Steuerbewilligungsrecht der Kammern, hinter dem sich für die Konservativen die »Souveränität der Bourgeoisie«[89] versteckte, während die Liberalen in einem Zensuswahlrecht hinreichenden Schutz vor Mißbräuchen des Budgetrechts sahen, ferner das fast ganz unbegrenzte Notverordnungsrecht der Regierung und schließlich die Zusammensetzung der Ersten Kammer. Da eine Revision des Textes Übereinstimmung in beiden Kammern voraussetzte, kamen nur vergleichsweise wenige Vorschläge zustande. Vor allem das Notverordnungsrecht erfuhr eine Einschränkung. An der von den Kammern revidierten Fassung wünschte der König in einer Proposition vom 7. Januar 1850 nochmals 15 Änderungen, darunter vor allem die ständische Zusammensetzung der Ersten Kammer, und obwohl er sich in den meisten Punkten durchsetzte, ließ er sich nur mühsam zur endgültigen Sanktionierung der Verfassung bewegen, die schließlich am 31. Januar 1850 in Kraft trat.

Die preußische Verfassung von 1850 beruhte auf dem monarchischen Prinzip. Der Herrscher führte wieder das Attribut »von Gottes Gnaden«, das die »Charte Waldeck« zur tiefsten Empörung des Königs gestrichen hatte. Auch sonst verstärkte die revidierte Verfassung die staatsrechtliche Position des Monarchen. Die Stützen des monarchischen Systems, Heer, Bürokratie und Diplomatie, wurden dem Einfluß des Parlaments entzogen. Die Regierung hing nur vom königlichen Vertrauen, nicht auch von der parlamentarischen Billigung ab. Allerdings bedurfte der Monarch für seine Handlungen der ministeriellen Gegenzeichnung. Davon war jedoch die sog. Kommandogewalt, ohne daß dies eindeutig aus der Verfassung hervorging, ausgenommen. Den Verfassungseid des Heeres schloß Art. 108 ausdrücklich aus. Eine Erstreckung des Gesetzesvorbehalts auf auswärtige Verträge gab es nicht. Recht wurde »im Namen des Königs« gesprochen, die Unabhängigkeit der Richter war aber garantiert. An der gesetzgebenden Gewalt hatte der König zusammen mit den beiden Kammern Anteil. Darüber hinaus stand ihm ein gesetzesabhängiges Verordnungsrecht und ein gesetzesvertretendes Notverordnungsrecht für Ausnahmesituationen zu. Der Versuch der aufgelösten Kammern, dieses spürbar einzugrenzen, war von den nach Dreiklassenwahlrecht zustande gekommenen Kammern nicht mehr mit demselben Nachdruck verfolgt worden.

Die Volksvertretung setzte sich aus zwei Kammern zusammen, dem seit 1855 sog. Herrenhaus und dem Abgeordnetenhaus. An der Bildung des Herrenhauses lassen sich die restaurativen Tendenzen der nachrevolutionären Zeit am besten ablesen. In der oktroyierten Verfassung war auch die Erste Kammer ein Wahlkörper. Nur wählten nicht die Bürger direkt, sondern die Provinzial-, Kreis- und Gemeindevertretungen. Es handelte sich also nicht um eine Standesvertretung. Demgegenüber verstärkte die revidierte Verfassung, die in diesem umstrittenen Punkt erst 1854 durch königliche Verordnung ihre definitive Gestalt erhielt, das ständische Element wieder. Das Herrenhaus setzte sich danach aus geborenen, vom König ernannten und von einigen privilegierten Körperschaften entsandten Mitgliedern zusammen. Noch 1911 hatte der Adel einen Anteil von drei Vierteln der Sitze. Die bürgerlichen Vertreter kamen durchweg aus der hohen Beamtenschaft und aus der Wirtschaft. Das Abgeordnetenhaus wurde nach dem Dreiklassenwahlrecht gewählt, und zwar trotz aller Angriffe bis 1918. Die Kammern hatten das Gesetzgebungs- und das Budgetrecht sowie das Recht der Regierungskontrolle und der Ministeranklage. Der König berief und vertagte die Kammern und durfte sie auflösen, das Herrenhaus freilich nur, soweit es auf Wahlen beruhte.

Auch im Grundrechtskatalog, der nicht nur die Rechtsstellung der Individuen gegenüber dem Staat bestimmte, sondern auch die öffentlichen Institutionen von Kirche, Schule und Armee regelte, gab es Rückschritte. Zwar blieb es bei den Grundlagen der bürgerlichen Gesellschaft, der Rechtsgleichheit und der Eigentumsfreiheit. Es bestanden aber Ausnahmen, etwa bei der Privilegierung des Adels in der Ersten Kammer oder der Aufrechterhaltung des gebundenen Eigentums für bestimmte hochadlige Kreise. Entschädigungslos aufgehoben waren die Patrimonialgerichtsbarkeit und sonstige grundherrliche Hoheitsrechte. Gerade das Eigentumsrecht unterlag in der Reaktionszeit der fünfziger Jahre aber nochmals einer Refeudalisierung, die auch Verfassungsänderungen, vor allem des Art. 42, nach sich zog. Erhebliche Rückbildungen fanden bei den politischen Grundrechten statt. Von dem Katalog unzulässiger Beschränkungen der Pressefreiheit, den die oktroyierte Verfassung noch, der Paulskirchen-Verfassung folgend, enthalten hatte, blieb nur das Zensurverbot und das Verbot eines Sonderstrafrechts für die Presse. Alle anderen Beschränkungen konnten gesetzlich angeordnet werden. Das Versammlungsrecht bezog sich nur auf Versammlungen in geschlossenen Räumen. Die Vereinigungsfreiheit durfte den sog. politischen Vereinen vorenthalten werden.

4. Die Reaktionspolitik des Bundes

Verglichen mit den vormärzlichen Verfassungen enthielt auch die revidierte preußische Verfassung noch eine Reihe konstitutioneller Fortschritte. Gemessen an der im Dezember 1848 oktroyierten oder gar der revolutionären »Charte Waldeck« war aber Anfang 1850 bereits wieder der Rückschritt eingeleitet. Die Regierungen hatten schnell erkannt, daß die anfängliche Rücksicht auf die bürgerlichen Forderungen, die 1848 revolutionär zum Ausdruck gekommen waren, sich erübrigte. Nachdem Preußen 1850 in Olmütz die Verfolgung seiner Nationalstaatspläne aufgegeben hatte und wenig später auch mit dem Versuch, zumindest den Deutschen Bund zu reformieren, gescheitert war, vereinigten sich die beiden Großmächte seit dem Sommer 1851 wieder zu einer unverhohlenen Reaktionspolitik in Deutschland, der sich die kleinen Staaten nur schwer entziehen konnten. Wie im Vormärz diente der Deutsche Bund als Instrument der Reaktion. Seine Grundgesetze von 1815 und 1820 und die dazu ergangenen Ergänzungen und Interpretationen hatten nach dem Scheitern der Paulskirchen-Verfassung wieder unbestrittene Geltung, und auf die hier vorgezeichneten Grundsätze sollte das gesamte öffentliche Recht, das in der Revolution in Bewegung geraten war, zurückgeführt werden.

Um keinen Zweifel an der vollständigen Ausmerzung des Verfassungswerks der Nationalversammlung zu lassen, hob der Bundestag die Paulskirchen-Grundrechte am 23. August 1851 förmlich auf. Das Hauptziel der Führungsmächte bestand freilich darin, mit Hilfe des Bundes auch die verfassungsrechtlichen Errungenschaften in den Mitgliedstaaten zu beseitigen. In dieser Absicht erging am selben Tag der sog. Bundesreaktionsbeschluß. Darin machte es sich der Bundestag zur Pflicht, dafür zu sorgen, daß in keinem Mitgliedstaat Zustände erhalten blieben, die die Sicherheit und Ordnung in Deutschland bedrohten. Alle Mitgliedsländer sollten deswegen ihre Verfassungen und Gesetze auf Vereinbarkeit mit dem Bundesrecht überprüfen und erforderlichenfalls Veränderungen vornehmen. Für den Fall, daß sie dabei auf Hindernisse stießen, womit nur das Zustimmungserfordernis der Volksvertretungen gemeint sein konnte, drohte der Bundestag mit der Bundesintervention gemäß Art. 26 der Wiener Schlußakte. Zusätzlich wurde für die Prüfung des Landesrechts ein bald als Reaktionsausschuß bekanntes Gremium eingesetzt, das aus Vertretern Österreichs, Preußens, Bayerns, Sachsens und Hessen-Darmstadts bestand. Schließlich sollte ein Bundesgesetz zur Verhinderung von Pressemißbräuchen ergehen.

Der Reaktionsausschuß nahm seine Tätigkeit im Oktober 1851 auf und durchmusterte systematisch alle Landesverfassungen, Wahlgesetze und Pressegesetze auf demokratische und liberale Inhalte, die ihm mit der Bundesakte und der Wiener Schlußakte unvereinbar erschienen. Zehn Mitgliedstaaten erhielten Weisungen des Bundes, bestimmte Vorschriften ihrer Verfassungen oder

Gesetze aufzuheben oder abzuändern. Bisweilen mußten Bundesinterventionen dem Verlangen Nachdruck verleihen, so gegenüber Bremen. Aber auch in denjenigen Ländern, denen keine ausdrückliche Weisung aus Frankfurt zuging (Bayern ausgenommen), fanden Verfassungs- und Gesetzesrevisionen statt, für die gewöhnlich die Zustimmung der von revolutionären Abgeordneten gereinigten Kammern erreicht werden konnte. Im allgemeinen fielen die politischen Errungenschaften der Revolution dieser Überprüfung zum Opfer. Fast alle Länder bildeten ihre Verfassung auf den vormärzlichen Stand zurück. Auch die Wahlgesetze ließen in aller Regel das allgemeine Wahlrecht fallen und setzten das Zensuswahlrecht wieder in Kraft. Verfassungsrechtlich, nicht privatrechtlich, war die Revolution bald ungeschehen gemacht.

Noch empfindlicher griff die Erneuerung des polizeilichen Überwachungssystems, gegen das die Paulskirchen-Grundrechte in erster Linie gerichtet waren, in das politische Leben ein. Österreich, Preußen, Hannover und Sachsen gründeten eine geheime Polizeiorganisation, den »Polizeiverein der bedeutenderen deutschen Staaten«, der sich 1852 noch um Bayern, Württemberg und Baden erweiterte. Dieser betrieb eine systematische Überwachung aller politischen Aktivitäten und eine konsequente Verfolgung aller in der Revolution hervorgetretenen Personen, von der selbst Emigranten nicht verschont waren. Sogar die Mitglieder der Gothaer Liberalen-Versammlung, die den preußischen Unionsplänen von 1849 ihre Unterstützung geliehen hatten, waren Gegenstand der geheimen Kontrolle. In ungezählten Prozessen wurden Revolutionsteilnehmer strafrechtlich verurteilt und Beamte disziplinarrechtlich gemaßregelt. Die politische Emigration trat zeitweilig vor die armutsbedingte Auswanderung. Allein aus Baden, wo die Revolution besonders starken Rückhalt gehabt hatte und die Reaktion für eine kurze Zeitspanne besonders unerbittlich vorging, emigrierten damals 80000 Personen, jeder achtzehnte Einwohner.

Die Reaktionspolitik wurde rechtlich durch zwei Bundesgesetze abgesichert, die im Juli 1854 ergingen: ein Pressegesetz und ein Vereinsgesetz. Schon die offiziellen Überschriften gaben die Tendenz an: das Pressegesetz diente zur »Verhinderung des Mißbrauchs der Preßfreiheit«, das Vereinsgesetz zur »Aufrechterhaltung der gesetzlichen Ordnung und Ruhe im Deutschen Bunde, insbesondere das Vereinswesen betreffend«. Das Pressegesetz kehrte zwar nicht zur Vorzensur der Karlsbader Beschlüsse zurück, deren endgültige Abschaffung eine der wenigen politischen Errungenschaften der Revolution blieb, machte aber die Tätigkeit der Drucker, Buchhändler, Zeitungsverkäufer, selbst der Antiquare von einer Konzession abhängig, deren Erteilung und Widerruf im Ermessen der Behörden lag. Wer eine periodische Druckschrift herausgeben wollte, erhielt die Konzession nur bei Hinterlegung einer Kaution in beträchtlicher Höhe. Pressevergehen sollten den in der Revolution eingerichteten Schwurgerichten wieder entzogen werden. Das Vereinsgesetz legte den Ländern das Verbot politischer Vereine nahe, ordnete jedenfalls aber eine strikte öffentliche Kontrolle an und verbot jede Verbindung zwischen einzelnen Vereinen.

Der Verfassungsstaat, der jetzt mit Ausnahme Österreichs und Mecklenburgs überall bestand, wurde dadurch wieder eingeschnürt. Soweit er nicht nur private Freiräume ausgrenzte, sondern die Gesellschaft durch Volksvertretungen an politischen Entscheidungen partizipieren ließ, war er auf freie Meinungsbildung und ungehinderte Interessenartikulation angewiesen, die die Reaktionspolitik unterband. Da zudem das Wahlrecht wieder Diskriminierungen begründete und die politische Kontrolle nicht einmal den gemäßigt liberalen Gruppen freie Werbung gestattete, von den demokratischen und sozialistischen ganz zu schweigen, spiegelten sich in den Volksvertretungen weder die Überzeugungen und Bedürfnisse der Bevölkerung insgesamt noch auch nur diejenigen des Bürgertums zuverlässig wider. Schon diese auf dem politischen Leben lastende Hypothek beeinträchtigte das Funktionieren des Verfassungsstaats schwer und brachte das System an den Rand des Scheinkonstitutionalismus. Wo das nicht auszureichen schien, hatten die Regierungen keine Bedenken, sich den verfassungsrechtlichen Anforderungen kurzerhand zu entziehen. Die meisten Verfassungsaufträge blieben unausgeführt, hinderliche Verfassungsbestimmungen wurden umgangen oder mit Hilfe einer von oppositionellen Abgeordneten weitgehend gereinigten Volksvertretung geändert. Die von der Verfassung erwartete Limitierung der Staatsgewalt blieb nach 1848 vielfach aus.

5. Der kurhessische Verfassungskonflikt

Wie wenig der Bund in seiner Reaktionspolitik das Recht achtete, wenn es sich um Verfassungsrecht handelte, offenbart besonders deutlich der kurhessische Verfassungskonflikt, der sich durch das ganze nachrevolutionäre Jahrzehnt zog. Auch hier ging es um die Frage, welches Maß an politischem Einfluß dem Bürgertum nach der gescheiterten Revolution und der Restituierung der monarchischen Vorherrschaft noch bleiben sollte. Das war die typische Verfassungsfrage der Zeit – wo eine Verfassung erst ausgearbeitet wurde, eine Frage der Verfassungspolitik, wo sie bereits bestand, eine Frage der Verfassungsinterpretation, und wenn die Konflikte unlösbar schienen, eine Frage der Machtverteilung. Der kurhessische Verfassungskonflikt entstand als Rechtskonflikt, denn das Land hatte seit 1831 eine Verfassung, und zwar unter den vormärzlichen Verfassungen die liberalste. Die von den Großmächten gestützte Reaktion bot dem Kurfürsten indessen eine gute Gelegenheit, die Verhältnisse im monarchischen Sinn zu verändern. Er berief den hochkonservativen Minister Hassenpflug wieder an die Spitze der Regierung, der schon im Vormärz mehrfach wegen Verfassungsverletzungen angeklagt worden war. Die Volksvertreter wehrten sich gegen sein Reaktionsprogramm durch Budgetverweigerung. Der Kurfürst antwortete mit der Auflösung der Kammer.

Das alles war verfassungsrechtlich vorgesehen, nicht aber, wie ein solcher Konflikt aufgelöst werden konnte. Zum Verfassungskonflikt wurde er dadurch, daß der Kurfürst die Lösung in einer Verordnung über die Forterhebung der Steuern, auch ohne budgetrechtliche oder gesetzliche Grundlage, suchte. Dieser Weg war freilich von der Verfassung eindeutig versperrt. Die Gegner beriefen sich daher auf die Verfassung, und um sich ihres Widerstands erwehren zu können, verhängte der Kurfürst den Kriegszustand. In dieser Situation schaltete sich das Kasseler Oberappellationsgericht ein und erklärte die kurfürstliche Verordnung für verfassungswidrig und daher nichtig. Das Oberappellationsgericht war kein Verfassungsgericht. Es konnte also die Gültigkeit einer Norm nur als Vorfrage eines konkreten Rechtsstreits klären. Solchen Vorfragen begegneten die Gerichte häufiger. Ganz ungewöhnlich war es aber noch, die Verfassung zum Prüfungsmaßstab für einen legislatorischen Akt heranzuziehen. Das Oberappellationsgericht, bei dem niemand gegen die Verordnung geklagt hatte und auch gar nicht hätte klagen können, fand eine Handhabe, weil es nach der Verordnung verpflichtet war, für jede richterliche Entscheidung eine Stempelsteuer zu erheben, und über dieses Detail hob es die gesamte Verordnung als verfassungswidrig aus den Angeln.

Der Spruch des Oberappellationsgerichtes wiederum erleichterte es dem Militär, die Exekution des Kriegsrechts zu verweigern, das der Fürst verhängt hatte. Die kurhessische Verfassung kannte den Verfassungseid des Heeres, und sowohl der Oberbefehlshaber als auch die Mehrzahl der Offiziere beriefen sich auf diesen Eid und baten um ihren Abschied. Der Vorgang hat in der deutschen Verfassungsgeschichte des 19. Jahrhunderts keine Parallele und hätte den Kurfürsten, wenn er nur auf sich gestellt gewesen wäre, zum Nachgeben zwingen müssen. Dieser rechtfertigte sein Vorgehen indessen bundesrechtlich und stützte sich dabei auf einen Bundesbeschluß von 1832, wonach die Steuerverweigerung der Landstände als Anwendungsfall der Bundesintervention nach Art. 26 der Wiener Schlußakte zu betrachten sei. Diese Intervention erbat der Kurfürst gegen sein renitentes Land. Indessen lagen die Voraussetzung einer bejahenden Antwort nicht vor, denn die Rechtswidrigkeit ging im vorliegenden Fall vom Monarchen aus, und die Stände protestierten gegen sein rechtswidriges Verhalten. Der Bundestag hätte also zu ihren Gunsten intervenieren müssen. Er tat jedoch das Gegenteil und stellte dem Kurfürsten militärische Hilfe in Aussicht, wenn er sich nicht alsbald selbst durchzusetzen vermöchte.

Der Widerstand im Land hielt trotz dieser Drohung an, weil er Rückhalt in Preußen fand, das, damals noch nicht in den Bundestag zurückgekehrt, gegen die Bundesintervention protestierte und seinerseits mobil machte. Preußen, das im eigenen Land zur selben Zeit alle politische Opposition auszulöschen versuchte, stützte in seinem Machtkampf mit Österreich also die Opposition eines anderen deutschen Staates. Der Machtkampf fand indessen durch die Olmützer Punktation vom 29. November 1850 sein Ende, und damit rückte auch in Preußen das Reaktionsinteresse wieder vor die Führungsansprüche in Kleindeutschland. Bayerische Truppen besetzten im Auftrag des Bundes Kurhessen, und österreichische und preußische Kommissare begannen auf die Opposition einzuwirken. Dabei setzten sie auch das Oberappellationsgericht unter Druck und erlaubten ihm nur, nach einem Rückzug zu suchen, bei dem es das Gesicht wahren konnte. Einen solchen Weg fand das Gericht in der Unterscheidung zwischen Rechtsprechung und Justizverwaltung. Die Stempelsteuer sollte zur letzteren gehören, so daß man ohne Preisgabe der richterlichen Unabhängigkeit hier nachgeben und einer Anordnung der Regierung folgen durfte.

So gestärkt, begann der Kurfürst die störenden Bestimmungen der Verfassung im Verordnungswege zu entschärfen oder auszuhöhlen. Er ließ zwar den Verfassungseid zunächst bestehen, verbot dem Militär aber, Befehle auf ihre Verfassungsmäßigkeit zu prüfen. Ein halbes Jahr später schaffte er den Verfassungseid vollständig ab und entband alle Offiziere von dem geleisteten Eid. Dann wurde durch eine Erläuterung zur Verfassung auch allen Gerichten und Behörden das Recht zur Prüfung der Verfassungsmäßigkeit von Verordnungen genommen. Schließlich suspendierte er die von der Verfassung geforderten Neuwahlen der Ständeversammlung. Der Bundestag wollte dagegen die anstößige Verfassung von 1831 ganz beseitigt haben und ließ deswegen durch die Bundeskommissare eine neue Verfassung entwerfen. Der Kurfürst wurde angewiesen, diese ungeachtet des Art. 56 der Wiener Schlußakte, der Verfassungsänderungen in den Mitgliedstaaten auf den verfassungsmäßig vorgesehenen Weg verwies, in Kraft zu setzen. Der Kurfürst kam dem am 13. April 1852 nach. Die Verfassung ersetzte das Einkammer- durch das Zweikammersystem; das Initiativrecht der Kammern entfiel, die Ministeranklage wurde abgeschafft, der Zensus angehoben, die Schlichtung von Verfassungsstreitigkeiten dem Bundestag übertragen, der Verfassungseid des Heeres abgeschafft, der Grundrechtskatalog eingeschränkt.

Für dieses Vorgehen ließ sich weder aus kurhessischem Recht noch aus Bundesrecht eine Rechtfertigung finden. Die Auseinandersetzung hielt daher an. Die aufgrund des veränderten Wahlrechts 1852 gewählte Kammer, in der die Linke gar nicht mehr und die liberale Mitte nur noch schwach vertreten war, erkannte zwar die Aufhebung der Verfassung von 1831 als rechtmäßig an, verweigerte aber der oktroyierten Verfassung die Zustimmung. Erst 1857 gelang es, die Kammern zur Zustimmung zu bewegen. Doch schon die 1858 neugewählte Kammer, in der die allenthalben wiedererstarkende liberale Bewegung an Sitzen gewonnen hatte, widerrief 1859 die Zustimmung. Dieser Beschluß mobilisierte erneut den Bundestag. Unterdessen hatten sich aber durch den Thronwechsel in Preußen, von dem sogleich zu reden ist, die Verhältnisse geändert. Preußen bezeichnete den Verfassungsoktroi von 1852 nun als rechtswidrig und verlangte die Rückkehr zur Verfassung von 1831. Das war, nach einem Zwischenschritt der Revision der oktroyierten Verfassung im Jahre 1860, schließlich unter dem Druck der öffentlichen Meinung das 1862 erreichte Endergebnis des Streits. 1862 also, darin erscheint Kurhessen symptomatisch, war man verfassungsrechtlich wieder soweit wie 30 Jahre zuvor schon einmal.

6. Die postrevolutionäre Staatsrechtslehre

Die Staatsrechtslehre bewahrte auch in der illiberalen Umgebung der Reaktionszeit ihren liberalen Grundton. Dabei konnte sie sich auf die allenthalben durchgesetzten Verfassungen stützen, deren Grundrechtskataloge stark von dem Paulskirchen-Vorbild geprägt waren. Es ist bezeichnend, daß Zoepfl die Grundrechte in seinem Allgemeinen Staatsrecht noch 1863 anhand der juristisch nicht geltenden Paulskirchen-Artikel behandelte, weil sie als Ausdruck des gemeindeutschen Rechtszustandes »fortwährende Gültigkeit« behaupteten.[90] Umgekehrt zwang die allgemeine Verbreitung des Verfassungsstaats, namentlich Preußens Übergang zum Konstitutionalismus, auch die konservative Staatslehre, sich den modernen Konstitutionen zuzuwenden. Beide Richtungen teilten so den Gegenstand ihrer wissenschaftlichen Bemühung und rückten einander schon dadurch näher. Die verschiedenen Ausgangspositionen blieben aber erkennbar und leiteten die Interpretation der einzelnen Verfassungsbestimmungen an. Während die konservative Staatsrechtslehre vom Staat und den Monarchenrechten ausging und von daher die Bürgerrechte bestimmte, setzte die liberale bei der Gesellschaft und den Bürgerrechten an, um von daher die Monarchenrechte zu definieren.

Allerdings ließen die Ereignisse des Jahres 1848 das liberale Grundrechtsverständnis nicht unberührt. Für den vormärzlichen Liberalismus bildeten die Grundrechte die dem Einzelnen kraft des Naturrechts zustehenden Urrechte, deren Gewährleistung die einzige Legitimation des Staates war und von denen das positive Recht Ziel und Grenze empfing. Die verfassungsrechtlich anerkannten Grundrechte wurden unter diesen Umständen zu einer in die Rechtsordnung selbst eingebauten Reformverheißung und einer dauernden Anspruchsgrundlage und Kritikbasis gegenüber der Politik. Gerade aus Furcht vor diesen Wirkungen hatte sich aber die liberale Mehrheit der Paulskirche vom Naturrecht distanziert. Gleichwohl unterzog der bedeutendste konservative Staatsrechtslehrer, Friedrich Julius Stahl, den Paulskirchen-Katalog einer scharfen Polemik. In Abkehr von der vormärzlichen Position des Konservativismus billigte er zwar die Aufnahme von Grundrechten in die Reichsverfassung, tadelte aber, daß sie sich nicht damit begnügt habe, einen bereits gesetzlich begründeten Rechtsstatus des Bürgers gegen staatliche Übergriffe verfassungsrechtlich zu schützen, sondern abstrakte Freiheitszusicherungen gegeben habe, die ohne gesetzliche Ausformung juristisch noch gar nichts nützten, aber zu »mißbräuchlicher Berufung«[91] einlüden und den Rechtsfrieden aufs schwerste bedrohten.

Obwohl damit die Prämissen des liberalen Grundrechtsverständnisses berührt waren, fanden ähnliche Vorstellungen nach 1848 auch in die liberale Staatsrechtslehre Eingang. Bluntschli, dessen 1852 erstmals erschienenes *Allgemeines Staatsrecht* für das nachrevolutionäre liberale Bürgertum eine ähnliche Bedeutung erlangte wie das Rotteck-Welckersche *Staatslexikon* für das vormärzliche, begann seine Darstellung der Grundrechte mit Warnungen vor falsch verstandener Freiheit. Gesicherte Freiheit habe den Staat zur Voraussetzung, und im Staat gebe es Freiheit nur aufgrund positiven Rechts und daher immer schon gesetzlich beschränkt. Nicht mehr die Freiheitsherstellung, sondern die richtige Schrankenbestimmung wurde danach zum Hauptproblem der Grundrechte. Bluntschli und andere liberale Staatsrechtslehrer griffen zu diesem Zweck die schon im Vormärz geläufige Unterscheidung zwischen privaten Grundrechten, die ohne den Staat denkbar seien, und politischen, die erst mit ihm entstünden, auf. Die Folge sollte sein, daß der Staat die politischen Grundrechte stärker einschränken dürfe als die privaten. Held meinte sogar, da von der Wahrnehmung der politischen Rechte das Funktionieren des Staates abhänge, könne ihre Ausübung nicht im Belieben des Trägers stehen. Sie seien daher »ihrem Wesen nach nicht Rechte, sondern Pflichten«.[92]

In dieser veränderten Einstellung der liberalen Staatsrechtslehre zu den Grundrechten spiegelt sich die Situation des Bürgertums nach der Revolution wider. Das bürgerliche Freiheitsverlangen war, soweit es persönliche Sicherheit, Eigentumsfreiheit und Rechtsgleichheit betraf, grundsätzlich gestillt, das politische Ziel der Herstellung von Volkssouveränität angesichts der noch unbefriedigten Forderungen des »Vierten Standes« aufgegeben, die monarchische Staatsgewalt als Schutz bürgerlicher Freiheit vor den Ansprüchen der Nichtbesitzenden akzeptiert worden. All das förderte die tendenzielle Konvergenz von liberaler und konservativer Staatsrechtslehre. Die Verfassungsinterpretation nahm dadurch insgesamt einen etatistischen Zug an, hinter dem aber auch auf konservativer Seite nicht mehr die ältere patrimoniale, sondern die moderne anstaltliche Staatsauffassung stand, die dem Monarchen nur eine Organstellung zubilligte. Auch der Geltungsumfang der Grundrechte wurde von dem Bedürfnis nach einer starken Staatsmacht relativiert. Zugleich verschaffte sich die verfestigte Trennung von Staat und Gesellschaft, die aus der Preisgabe des Demokratiepostulats und aus dem Rückzug des Bürgertums in die vorwiegend wirtschaftlich genutzte Privatsphäre resultierte, dogmatischen Ausdruck in der verschiedenen Eingriffsfestigkeit der beiden Grundrechtsarten.

Zugleich trat mit der Preisgabe des politischen Gestaltungsanspruchs, dessen verfassungsrechtlicher Ausdruck das Demokratieprinzip war, die rechtsstaatliche Freiheitssicherung in den Vordergrund. Dabei unterlag auch der Rechtsstaatsbegriff einem Bedeutungswandel. War der Rechtsstaat in der vormärzlichen Staatsrechtslehre, wie bei Kant vorgezeichnet, derjenige Staat gewesen, dessen Zweck und Einrichtung sich mit den Prinzipien des Vernunftrechts in Übereinstimmung befand, so wurde er nun zu einem Staat verengt, der seine Beziehungen zu den Bürgern auf gesetzliche Grundlage stellte und Willkür unterließ. Auch dieses Rechtsstaatsverständnis hatte sich schon vor der Revolution bei Stahl angekündigt. Aber erst nach der Revolution, die den politischen Gestaltungswillen des Bürgertums brach und den aus sich heraus legitimierten Staat fortbestehen ließ, wurde es von der liberalen Staatsrechtslehre übernommen. In der gleichzeitigen Inhaltsverengung und Bedeutungssteigerung des Rechtsstaats kommt zum Ausdruck, daß es ihr nicht mehr primär um Mitgestaltung, sondern um Sicherheit ging. Das große rechtspolitische Thema der postrevolutionären Epoche war daher der gerichtliche Rechtsschutz gegenüber dem Staat, der in den Augen seines wichtigsten Protagonisten Bähr die rechtliche Bindung der Staatsgewalt erst in Wirkung setzte.

All diese nachrevolutionären Veränderungen betrafen den Inhalt der Verfassungsinterpretation, berührten aber nicht das methodische Grundeinverständnis der Staatsrechtslehre. Gerade dieses wurde jedoch bald nach der Revolution Gegenstand einer scharfen Kritik durch Gerber. Der Privatrechtler Gerber sah seine Aufgabe darin, den Gewinn an juristischer Autonomie und wissenschaftlicher Präzision, den die aus der Historischen Schule hervorgegangene Begriffsjurisprudenz dem Privatrecht verschafft hatte, auch dem öffentlichen Recht zuzuführen. Daher ging er in seiner 1852 erschienenen Schrift *Über öffentliche Rechte* mit der Staatsrechtslehre gleich welcher inhaltlichen Ausrichtung scharf ins Gericht und warf ihr vor, unwissenschaftlich und unjuristisch zu sein. Unwissenschaftlich sei sie, weil sie nicht streng zwischen ihren politischen Grundanschauungen und der objektiven Bedeutung der Rechtsnormen trenne; unjuristisch, weil sie es bei einer bloßen Schilderung äußerer Verfassungszustände bewenden lasse. Statt dessen forderte Gerber, wie das im Privatrecht längst geläufig und durch Jhering zur höchsten Virtuosität entwickelt war, ein von allen sozialen und politischen Bezügen abstrahierendes, rein auf den positiven Rechtsstoff bezogenes Vorgehen, merkte aber sogleich resignierend an, daß in einer Phase, in der sich politisch alles im Fluß befinde, dafür die Zeit wohl noch nicht reif sei.

7. Das Ende der Reaktion

Als Gerbers Schrift erschien, verlief die Bewegung allerdings gegenläufig, und eine Richtungsänderung trat erst einige Jahre später ein. Im Oktober 1858 übernahm in Preußen Kronprinz Wilhelm für seinen geisteskranken Bruder Friedrich Wilhelm IV. die Regentschaft und bestieg nach dessen Tod 1861 den preußischen Thron. Der Thronwechsel wurde nicht weniger erwartungsvoll aufgenommen als derjenige von 1840, und in der Tat war mit ihm die Reaktionsphase abgeschlossen und der »Scheinkonstitutionalismus«, wie Lasker die ersten zehn Jahre preußischen Verfassungslebens charakterisierte[93], überwunden. Lasker erwähnt auch die Mechanismen, mit denen die vom Monarchen eher aus taktischen Rücksichten als aus innerer Überzeugung gegebene Verfassung nach der Konsolidierung der politischen Verhältnisse entwertet wurde. Zum einen bestritt man der Verfassung den Vorrang vor dem Gesetz und brachte sie so um ihre inhaltliche Maßstabsfunktion für den Gesetzgeber. Zum anderen wurden die Verfassungsaufträge ihrer juristischen Verbindlichkeit entkleidet und als bloße Absichtserklärungen hingestellt. Während die Verfassung klare zukunftsweisende Entscheidungen getroffen und deren Durchsetzung bindend angeordnet habe, sehe man in der politischen Praxis nichts als »Hemmung und Zerstörung«, dazu ein dauerndes Ausspielen des vorkonstitutionellen Staatsrechts gegen das neue, »und immer der Sieg auf derselben Seite«.[94]

Kronprinz Wilhelm, der unter dem Namen »Kartätschenprinz« als einer der schärfsten Revolutionsfeinde bekannt gewesen war, hatte sich aus Protest gegen die Olmützer Punktation schon zu Beginn der fünfziger Jahre in Distanz zur offiziellen preußischen Politik begeben und dem Liberalismus angenähert. Der Verfassung von 1850 stand er ohne Vorbehalt, aber auch ohne weitere Konzessionsbereitschaft gegenüber. Daher leistete er bei Antritt der Regentschaft ohne Zögern den Verfassungseid, obgleich ihn der König ausdrücklich zur Eidesverweigerung aufgefordert hatte. Unmittelbar danach wechselte er die konservative Regierung gegen eine liberal-konservative aus, der er bei der ersten Kabinettssitzung erklärte, daß sich unter der Regierung seines Bruders »Willkürliches und gegen die Bedürfnisse der Zeit Laufendes« ereignet habe. Aus diesem Grund sei die Bewegung, die sich seit kurzem im öffentlichen Leben bemerkbar mache, »teilweise verständlich«, wenn auch »Spuren von absichtlich überspannten Ideen« sichtbar würden. Die Rede gipfelte in der Forderung, Preußen müsse in Deutschland »moralische Eroberungen« machen, und zwar »durch eine weise Gesetzgebung bei sich, durch Hebung aller sittlichen Elemente und durch Ergreifung von Einigungselementen«. Die Welt müsse wissen, daß Preußen bereit sei, überall das Recht zu schützen.[95]

Was in Preußen bald als die »Neue Ära« begrüßt wurde, hatte auch in anderen Staaten Auswirkungen oder Parallelen. Der kurhessische Fall ist bereits erwähnt worden. Baden erhielt wieder eine liberale Regierung. Bayern wurde durch die neue preußische Politik vor einer Spätreaktion bewahrt. Das Land hatte sich nach 1848 an der allgemeinen Rückbildung des Verfassungsrechts nicht beteiligt und auch das Wahlgesetz von 1848 bestehen lassen.

Wohl aber breiteten sich im Zuge der allgemeinen Reaktionspolitik in der bayerischen Verwaltung polizeistaatliche Praktiken aus. Das führte zu Dauerkonflikten mit der Volksvertretung, in der, begünstigt durch das Wahlrecht, die Liberalen eine vergleichsweise starke Stellung behielten. Als die liberale Kammermehrheit 1858 sogar den Rücktritt der Regierung forderte, entschloß diese sich, mit der Auflösung des Landtags und der Oktroyierung eines Zensuswahlrechts zu antworten. Da Preußen jedoch gerade zu diesem Zeitpunkt von der Reaktionspolitik abrückte und damit einen Klimawechsel herbeiführte, in dem staatsstreichartiges Vorgehen nicht mehr toleriert wurde, ließ die Regierung ihren Plan fallen und trat zurück. Ein gemäßigtes Kabinett nahm ihre Stelle ein.

Nicht durch das preußische Beispiel, sondern durch das eigene Scheitern von 1859 bedingt, belebte sich zur selben Zeit auch die Verfassungsdiskussion in Österreich von neuem. Die Niederlage gegen die von Napoleon III. unterstützte italienische Nationalbewegung, die Österreich die Lombardei kostete, wurde auch als Niederlage des neoabsolutistischen und zentralistischen Systems der Reaktionszeit empfunden. Der Kaiser erweiterte zunächst den Reichsrat und verlangte von ihm Vorschläge zur inneren Reform. 1860 setzte er dann das sog. Oktoberdiplom in Kraft, das den Begriff Verfassung oder Konstitution absichtsvoll vermied und sich in Anknüpfung an die ältere Terminologie als »beständiges und unwiderrufliches Staatsgrundgesetz« verstand. Dessenungeachtet wurde es bereits im folgenden Jahr durch das sog. Februarpatent ersetzt, weil es mit seinen zaghaften Ansätzen die liberalen Hoffnungen und den Selbständigkeitsdrang der nichtdeutschen Nationen keineswegs befriedigen konnte. Auch das Februarpatent fiel aber noch weit hinter den inzwischen üblichen Standard zurück. Als Volksvertretung sah es ein allein vom Kaiser berufenes Herrenhaus und ein nicht vom Volk direkt, sondern von den einzelnen Landtagen gewähltes Abgeordnetenhaus vor, dem zudem das Budgetrecht fehlte. Grundrechte enthielt die Februarverfassung gar nicht.

Diese Anzeichen einer politischen Wende belebten die öffentliche Meinung in Deutschland. Das Publikationswesen expandierte wieder. Emigranten kehrten zurück. Politische Vereine wurden gegründet. Im Zentrum des Interesses stand dabei die nationale Frage, um die es nach dem Fehlschlag der Revolution für zehn Jahre still gewesen war. Nun sorgten die Lockerung der Reaktion, die italienische Einigung und die außenpolitischen Fährnisse für ihre Wiederaufnahme. Wie 1848 wurde sie als Verfassungsfrage verstanden. Aus einem Treffen liberaler und demokratischer Politiker im Sommer 1859 in Eisenach ging der »Deutsche Nationalverein« hervor, der den Krisenherd in einer fehlerhaften Gesamtverfassung Deutschlands erblickte und sich die Herbeiführung einer einheitlichen deutschen Verfassung zum Ziel setzte. Im September 1860 veröffentlichte er seine Vorschläge, die auf eine kleindeutsche Lösung unter preußischer Führung hinausliefen. Dem trat der 1862 gegründete »Deutsche Reformverein« entgegen, der ebenfalls von der Notwendigkeit eines engeren Zusammenschlusses der deutschen Staaten überzeugt war, diesen aber auf großdeutscher Basis durch eine Reform des Bundes anstrebte.

Durch diese Initiativen angefacht und durch die außenpolitische Krisenlage gefördert, wurde die Bundesreform für vier Jahre zum großen politischen Thema. Das Ziel war ein dreifaches. Erstens sollte der Bund seine bis dahin rein defensive Position verlassen, zweitens einen eigenen administrativen Unterbau erhalten und drittens um ein Volksorgan erweitert werden. Das größte Realisierungshindernis lag jedoch nach wie vor in der österreichisch-preußischen Rivalität. Österreich versuchte daher, im Verein mit den übrigen deutschen Staaten einen Reformplan zu verabschieden, der Preußen, wenn es nicht isoliert dastehen wollte, keine andere Wahl als den nachträglichen Beitritt ließ. Der österreichische Plan überschritt zwar die Bundesakte von 1815 beträchtlich, erreichte aber bei weitem nicht die Paulskirchen-Verfassung von 1849. Auf dem Frankfurter Fürstenkongreß vom August 1863 wurde die Reformakte beraten. Die glänzende Tagung war aber durch die preußische Absage überschattet, und die Mehrzahl der Fürsten machte die Inkraftsetzung der Reformakte vom preußischen Beitritt abhängig. An dessen hartnäckiger Weigerung, die von den Liberalen publizistisch unterstützt wurde, scheiterte der letzte Versuch, den Bund für die Bedürfnisse des letzten Jahrhundertdrittels auszurüsten.

8. Der preußische Heereskonflikt

Als in Frankfurt die Bundesreform beraten wurde, waren in Preußen die bürgerlichen Hoffnungen bereits wieder der Enttäuschung gewichen. Den Anlaß hatten Meinungsverschiedenheiten zwischen Monarch und Liberalen über die Heeresreform gegeben. Die Notwendigkeit einer solchen Reform stand für beide Seiten außer Frage. Seit der preußischen Reformära, in der die allgemeine Wehrpflicht begründet worden war, erhielten jährlich rund 40 000 Wehrpflichtige den Einberufungsbefehl. Die preußische Bevölkerung war unterdessen jedoch um die Hälfte gewachsen. Dadurch entstand ein beträchtliches Mißverhältnis. Nur zwei Neuntel der Wehrpflichtigen mußten tatsächlich dienen und wurden auch später noch jahrelang durch Übungen aus dem Berufsleben gerissen. Sieben Neuntel kamen ohne Wehrdienst davon. An größerer Wehrgerechtigkeit und Truppenverstärkung war daher allen gelegen. Die Pläne des Königs beschränkten sich aber nicht auf diese Maßnahme. Vielmehr wollte er außerdem die dreijährige Dienstzeit, die während der Revolutionsphase gesenkt worden war, wieder ausschöpfen. Endlich lag ihm daran, die Landwehr durch Eingliederung von drei Jahrgängen in die Linientruppe zu verkleinern.

Diese beiden Vorhaben waren nicht mehr vom Gedanken der Wehrgerechtigkeit getragen, sondern durch andere Überlegungen inspiriert. Sie sollten in erster Linie dazu dienen, die Loyalität des Heeres gegenüber dem Monarchen zu festigen. Die dreijährige Dienstzeit war selbst nach Auffassung der Heeresführung für eine effektive Rekrutenausbildung nicht erforderlich. Sie schien aber nötig, um die Jugend über eine hinreichend lange Zeit mit preußisch-soldatischem Geist zu erfüllen, ehe sie ins bürgerliche Leben trat. Wie zur Zeit Scharnhorsts ging es also um die Verbindung von Volk und Staat. Im Unterschied zur Reformära war 50 Jahre später aber nicht mehr an eine Öffnung des Staates gedacht, die ihn für die Bedürfnisse des Volkes sensibel machte, sondern an einen Defensivakt des Staates, der viele Bedürfnisse des Volkes übergangen hatte. Noch deutlicher wurde der Hintersinn bei der Landwehr. Die Landwehr bildete neben den Wehrpflichtigen und dem Reserveheer einen eigenen Truppenteil, in dem die altgedienten, aber noch wehrtauglichen, also schon fest im bürgerlichen Leben verankerten Bürger unter der Führung eigener Offiziere zusammengefaßt waren. Seit es die Landwehr gebe, hatte Kriegsminister Roon geäußert, sei man nicht mehr Herr im eigenen Hause und müsse ständig damit rechnen, daß ihr bürgerliche Interessen höher stünden als staatliche.

Angesichts solcher für das Bürgertum durchaus erkennbarer Motive konnte es nicht überraschen, daß die königlichen Reformvorhaben, soweit sie Dienstzeit und Landwehr betrafen, auf Ablehnung stießen. Das liberale Bürgertum hatte ja seit den Anfängen des Verfassungsstaats das Ziel verfolgt, die Armee zu konstitutionalisieren, und nicht umsonst spielte der Verfassungseid in den Kammerdebatten und den Märzforderungen eine so große Rolle. Wie zuletzt das kurhessische Beispiel gelehrt hatte, war die Verfassung im Ernstfall ohne verfassungstreue Soldaten gegen einen zum Staatsstreich entschlossenen Monarchen nicht zu verteidigen. Umgekehrt konnte 1848 die Gegenrevolution nur unternommen und schließlich zum Sieg geführt werden, weil es der Revolution nicht gelungen war, das Militär auf ihre Seite zu ziehen. Gerade aus dieser Erfahrung erklärt sich der anhaltende Widerstand der Fürsten gegen den Verfassungseid und ihr Bemühen, die Kommandogewalt von dem verfassungsrechtlich eingeführten Gegenzeichnungsrecht der Minister auszunehmen. Der Kampf um die politische Ordnung war immer auch ein Kampf um das Heer.

Die Regierung war allerdings durch den Protest des Bürgertums, das in den liberalen Fraktionen des Abgeordnetenhauses sein Sprachrohr hatte, an einer Verwirklichung ihrer Pläne nicht gehindert, denn die Einziehung von Rekruten und die dreijährige Dienstzeit bedurften als Eingriffe in Freiheit und Eigentum zwar einer gesetzlichen Grundlage, aber diese war vorhanden, auch bezüglich der Länge der Dienstzeit, die 1848 unter Beibehaltung der gesetzlichen Grundlage im Verordnungswege gesenkt worden war und auf demselben Wege ohne Parlamentszustimmung auch wieder erhöht werden konnte. Die Verkleinerung der Landwehr benötigte als innerdienstlicher Organisationsakt ohne Außenwirkung auf Freiheit und Eigentum gar keine gesetzliche Basis. Indessen kostete die Reform Geld, und über die Etatbewilligung vermochte sich das Parlament, in dem es seit der »Neuen Ära« trotz des Klassenwahlrechts wieder eine liberale Mehrheit gab, Einfluß auch auf diejenigen Pläne zu verschaffen, die sie mittels ihres Gesetzgebungsrechts nicht verhindern konnte. Mit Rücksicht darauf gab sich die Regierung verständigungsbereit, und in der Erwartung einer Verständigung billigte das Parlament den erhöhten Heeresetat 1860 und 1861 provisorisch.

In Wahrheit bestand die Kompromißbereitschaft bei dem Monarchen nicht. So sehr er im übrigen zum Ausgleich bereit war, so wenig dachte er in Militärfragen daran, dem liberalen Bürgertum entgegenzukommen. Deswegen war bereits der verständigungswillige Kriegsminister Bonin zurückgetreten und durch den konservativen Roon ersetzt worden. Nach der zweiten provisorischen Bewilligung erfolgte der Thronwechsel, und in seiner Thronrede vom 14. Januar 1861 sprach der neue König offen aus, daß die Heeresreform als endgültig zu betrachten sei. Das enttäuschte Bürgertum bereitete den Konservativen in den Parlamentswahlen vom Dezember 1861 eine vernichtende Niederlage. Mit nur 14 Abgeordneten statt zuvor 47 kehrten sie in das Abgeordnetenhaus zurück. Mehr als 100 Sitze verloren auch die Rechts- oder Altliberalen, die nur noch 91 Abgeordnete stellten. Stärkste Fraktion wurde mit 109 Sitzen auf Anhieb die Fortschrittspartei, die erst in der Konfliktzeit gegründet worden war und sich vor allem aus den Demokraten der Revolutionsbewegung rekrutierte, die zwischen 1850 und 1860 verschwunden waren. Zusammen mit den Linksliberalen verfügten sie über 159 von 302 Sitzen. Dazu kamen noch Katholiken, Polen und Sonstige.

Mit dem so zusammengesetzten Abgeordnetenhaus war ein Kompromiß nicht mehr zu erreichen. Der König löste es daher schon nach kurzer Zeit wieder auf und entließ die liberale Regierung, um ein konservatives Kabinett zu bilden. In den Neuwahlen vom Mai 1862 fielen die Konservativen auf elf Sitze zurück, die Altliberalen von 91 auf 65, was zu ihrer Spaltung führte, während die Linksliberalen ihren Anteil fast verdoppelten und die Fortschrittspartei auf 133 Sitze anwuchs. Von den 352 Abgeordneten waren 230 gegen die Heeresreform eingestellt. Der König, der darauf die Heeresreform ohne die Etatbewilligung durchführen wollte, ließ sich von seinem konservativen Kabinett einschließlich des Kriegsministers Roon belehren, daß ein solcher Schritt verfassungswidrig sei, und entschloß sich zum Thronverzicht. Es war diese Situation vom September 1862, in der Roon umschwenkte und den König bewog, Bismarck an die Spitze der Regierung zu berufen, der als einziger preußischer Politiker in der Lage schien, die Krise im Sinne des Monarchen zu lösen. Nachdem Bismarcks Verständigungsversuch mit der liberalen Mehrheit fehlgeschlagen war und das Abgeordnetenhaus gegen nur zehn Stimmen die Heeresreformausgaben aus dem Etat gestrichen hatte, erklärte die Regierung am 13. Oktober 1862, daß sie die Staatsgeschäfte vorläufig ohne Etat weiterführen werde.

9. Die Ausweitung zum Verfassungskonflikt

Der preußische Heereskonflikt wurde deswegen so unerbittlich ausgetragen, weil es dabei nur vordergründig um militärorganisatorische Fragen, in Wahrheit aber um das Grundsatzproblem ging, ob der monarchische Staat im Heer eine der Verfassung entzogene und nur ihm verfügbare Machtbasis behalten oder ob das Militär in die konstitutionellen Bindungen der Staatsgewalt eingegliedert werden sollte. Im Ernstfall war es die Position des Heeres, die über den Ausgang eines Konflikts entschied, und diese Position hing nicht allein von der politischen Parteinahme, sondern auch von der geltenden Rechtslage ab. Gerade wegen dieser fundamentalen Bedeutung ließ sich der Konflikt aber nicht auf die Heeresfrage beschränken. Das Abgeordnetenhaus, dem der direkte Einfluß versperrt war, griff vielmehr zu dem indirekten, aber desto wirksameren Mittel der Budgetverweigerung. Dadurch weitete sich der Streit zum Budgetkonflikt und durch die Proklamation des budgetlosen Regiments schließlich zum Verfassungskonflikt aus. Für diesen war der Heereskonflikt nur noch der Auslöser, und in den Mittelpunkt trat die Frage, ob die Regierung, nachdem kein Etat zustande gekommen war, etatlos regieren durfte oder sich dadurch des Verfassungsbruchs schuldig machte.

Befragt man die preußische Verfassung zu diesem Problem, ergibt sich folgende Rechtslage: Laut Art. 100 durften Steuern und Abgaben nur erhoben werden, wenn sie in den Staatshaushaltsetat aufgenommen oder durch besondere Gesetze angeordnet worden waren. Über das Zustandekommen des Etats sagte Art. 99, daß er jährlich durch ein Gesetz festgestellt werde. Hinsichtlich der Gesetzgebung wiederum bestimmte Art. 62, daß die gesetzgebende Gewalt gemeinschaftlich durch den König und die beiden Kammern ausgeübt werde, und fuhr dann fort: »Die Übereinstimmung des Königs und beider Kammern ist zu jedem Gesetz erforderlich.« Verweigerte einer der drei Beteiligten die Zustimmung, war das Gesetz nicht zustande gekommen, mit der Folge, daß ohne das von den Initiatoren für nötig gehaltene Gesetz regiert werden mußte. Das mochte zwar nachteilig, womöglich sogar schädlich sein, bedrohte den Staat aber nicht in seiner Existenz. Dagegen spitzte sich die Lage in Haushaltssachen insofern zu, als bei fehlgeschlagener Etatfeststellung die Steuern versiegten und also nach kurzer Zeit überhaupt nicht mehr regiert werden konnte. Budgetkrisen waren daher Staatskrisen.

An dieser Konsequenz enthüllt sich nochmals die Eigenart des deutschen Konstitutionalismus im 19. Jahrhundert. Ungeachtet der Prämisse vom monarchischen Alleinbesitz der Staatsgewalt hatten die Verfassungen, wie aus der näheren Analyse hervorgegangen ist, in Wahrheit ein dualistisches System errichtet, in dem der Monarch zwar ein Übergewicht besaß, an entscheidender Stelle aber auf die Kooperation der Volksvertretung angewiesen war, ohne diese erzwingen zu können. Es waren also Konflikte möglich, für welche die Verfassung gerade wegen der dualistischen Struktur keine Lösung bereithielt. Konflikte dieser Art hatten bei kleineren Staaten stets durch die Intervention der Großmächte entschärft werden können. Bei der Großmacht Preußen selber versagte dieses Mittel, nachdem wegen der verfassungsrechtlich zugelassenen Unnachgiebigkeit beider Seiten eine Lösung im verfassungsrechtlichen Rahmen nicht mehr möglich war. Die grundsätzliche Bedeutung des preußischen Verfassungskonflikts für die deutsche Verfassungsentwicklung im 19. Jahrhundert liegt darin, daß sich hier entscheiden mußte, ob der Weg aus der Krise hinter die konstitutionelle Monarchie zurück in den Absolutismus oder über die konstitutionelle Monarchie hinaus ins parlamentarische System führte.

Daß eben diese Frage auf dem Spiel stand, erkannte Bismarck klar. In einer Rede vor dem Abgeordnetenhaus vom 27. Januar 1863 wies er auf den Unterschied zwischen dem englischen und dem preußischen Verfassungsrecht hin und erklärte: »Ein englisches Ministerium, es mag sich nennen wie es will, ist ein parlamentarisches, ein Ministerium der Majorität des Parlamentes; wir aber sind Minister seiner Majestät des Königs.« Durch die Haltung, die das Abgeordnetenhaus in dem Konflikt einnehme, würden »dem Königlichen Hause der Hohenzollern seine verfassungsmäßigen Regierungsrechte abgefordert, um sie der Majorität dieses Hauses zu übertragen«.[96] In der Tat gab das Abgeordnetenhaus, das sich bis dahin stets auf die Rüge eines Verfassungsverstoßes der Regierung beschränkt hatte, Bismarcks Behauptung bald recht. In einer mit 239 gegen 61 Stimmen beschlossenen Adresse an den König vom 22. Mai 1863 erklärte es: »Das Haus der Abgeordneten hat kein Mittel der Verständigung mehr mit diesem Ministerium ... Jede weitere Verhandlung befestigt uns nur in der Überzeugung, daß zwischen den Ratgebern der Krone und dem Lande eine Kluft besteht, welche nicht anders, als durch einen Wechsel der Personen, und mehr noch, durch einen Wechsel des Systems ausgefüllt werden wird.«[97]

Während Bismarck dem Abgeordnetenhaus verfassungswidrige Absichten vorwarf, ließ er den gegen die Regierung gerichteten Vorwurf der Verfassungsverletzung nicht gelten. Darin unterschied er sich von seinen Vorgängern. Das Ministerium Hohenlohe-Ingelfingen war noch am 9. September 1862 nach »wiederholter reiflicher Erwägung« zu der Auffassung gelangt, daß die Regierung nach der Verwerfung der Etatvorlage die Staatsverwaltung nicht ohne weiteres fortführen könne. Sie würde, hieß es in ihrem Immediatbericht, »sonst gänzlich den Boden der Verfassung aufgeben, weil sie sich damit die Befugnis beilegen würde, gegen den ausdrücklichen Beschluß der bestehenden Landesvertretung und ohne gesetzlichen Etat die Staatsausgaben zu bestreiten«.[98] Sie regte deswegen beim König die Auflösung des Landtags und Neuwahlen an, ließ aber offen, was geschehen solle, wenn auch der neue Landtag die Etatvorlage ablehne. Vom Boden der Rechtsauffassung, die dem Immediatbericht zugrunde lag, blieb freilich nur die Konsequenz, der parlamentarischen Mehrheit nachzugeben, damit der Staat weiter funktionieren könne. Wie der Abdankungswille des Königs indiziert, wäre dieser Weg ohne Bismarcks Intervention wohl in der Tat beschritten worden.

Bismarck zog wenig später gerade den gegenteiligen Schluß. Nachdem er in seiner schon erwähnten Parlamentsrede vom 27. Januar 1863 die Rechtsansicht des Abgeordnetenhauses als verfassungswidrige Anmaßung der Parlamentssouveränität hingestellt hatte, führte er zur preußischen Rechtslage aus, die Verfassung fordere zwar für die Feststellung des Etats die Übereinstimmung aller drei Gewalten, sage aber nicht, wer nachgeben müsse, wenn keine Übereinstimmung erzielt werde. Vielmehr halte die Verfassung an dem Gleichgewicht der drei Gewalten auch in der Budgetgesetzgebung fest. Daher könne keine der drei Gewalten die andere zum Nachgeben zwingen. Die Verfassung verweise sie auf den Weg des Kompromisses. Er fuhr dann fort: »Wird der Kompromiß dadurch vereitelt, daß eine der beteiligten Gewalten ihre eigene Ansicht mit doktrinärem Absolutismus durchführen will, so wird die Reihe der Kompromisse unterbrochen und an ihrer Stelle treten Konflikte, und Konflikte, da das Staatsleben nicht stillzustehen vermag, werden zu Machtfragen. Wer die Macht in den Händen hat, geht dann in seinem Sinne vor, weil das Staatsleben auch nicht einen Augenblick stillstehen kann.«[99]

10. Die Erhaltung des Verfassungskompromisses und die Auflösung des Deutschen Bundes

Während im Inneren Preußens der Verfassungskonflikt schwelte, ließ es sich nach außen auf zwei Kriege ein, deren siegreicher Abschluß den innerpreußischen Verfassungskonflikt löste und zugleich die Verfassung ganz Deutschlands neu begründete. Der erste Krieg wurde gegen Dänemark geführt und sollte den Streit um Schleswig-Holstein endgültig beilegen, der bereits die Nationalversammlung in der Paulskirche beschäftigt hatte. Nach einem Thronwechsel im Jahre 1863 wiederholte Dänemark den Versuch, sich das deutsche Herzogtum Schleswig, das vom dänischen König in Personalunion regiert wurde, einzuverleiben. Diese Gefahr fachte das Nationalgefühl in Deutschland abermals an, und Bismarck verstand es, diese Stimmung für seine Pläne zu nutzen. Er gewann Österreich für ein Vorgehen gegen Dänemark, neutralisierte durch eine geschickte Diplomatie die Drittmächte und stellte Dänemark ein Ultimatum, das dieses 1864 mit der Kriegserklärung beantwortete. War Preußen im Jahre 1848 noch im Auftrage des Bundes gegen Dänemark vorangegangen und dann vor dem Druck der europäischen Mächte zurückgewichen, so handelte es sich nun um ein selbständiges Vorgehen der beiden Großmächte, das nach Bismarcks vorsorglicher Außenpolitik mit dem Verzicht Dänemarks auf Schleswig und auf das mit ihm zusammengehörige dänische Holstein endete.

Indessen war damit der Keim eines neuen und folgenreicheren Zerwürfnisses gelegt. Vorerst blieb nämlich der künftige Status Schleswig-Holsteins unentschieden; fest stand lediglich, daß Preußen und Österreich das Land provisorisch als Kondominium verwalteten. Nachdem es über das künftige Schicksal Schleswig-

Holsteins 1865 beinahe zum Bruch zwischen den Großmächten gekommen wäre, einigte man sich unter Beibehaltung des Kondominiums auf eine räumlich getrennte Verwaltung: Österreich übernahm die Herrschaft in Holstein, Preußen die in Schleswig. Die Entscheidung war damit jedoch nur vertagt und löste bald neue Kontroversen aus. Österreich versuchte deswegen, den Streit durch einen Beschluß des Bundestages zu beenden. Preußen interpretierte diesen Schritt indes als Bruch der bilateralen Vereinbarungen und nahm ihn zum Vorwand einer Annexion Holsteins. Gleichzeitig reichte Preußen, das schon vorher – in Reaktion auf das von Österreich ausgehende Bundesreformprojekt, das Preußen zu isolieren drohte – die Wahl einer Nationalversammlung zum Zweck der Bundesreform gefordert hatte, die »Grundzüge einer neuen Bundesverfassung« ein, nach denen Österreich in dem Bund keinen Platz mehr hatte.

Österreich seinerseits beantragte beim Deutschen Bund, die preußische Aktion in Holstein als verbotene Selbsthilfe gemäß Art. 11 der Bundesakte und Art. 19 der Wiener Schlußakte zu verurteilen und Bundestruppen mobil zu machen. Der Bundestag entsprach diesem Antrag mit neun zu sechs Stimmen. Das war für Bismarck der willkommene Anlaß, den Bundestag des Bundesbruchs zu zeihen und den Bundesvertrag für erloschen zu erklären. Ein solches Erlöschen sah das Bundesrecht nicht vor, und auch ein einseitiger Austritt war nach Art. 5 der Wiener Schlußakte unstatthaft. Daher betrachtete Österreich die militärische Auseinandersetzung als Bundesexekution gegen das renitente Bundesmitglied Preußen, während Preußen den Bund für aufgelöst hielt und sich in einem Krieg zwischen souveränen Völkerrechtssubjekten fühlte. Die Auseinandersetzung der Großmächte spaltete auch das Dritte Deutschland. Der Frontenverlauf glich demjenigen von 1849/50, als Preußen nach Ablehnung der Kaiserkrone den Einigungsversuch der Erfurter Union unternommen hatte. An der Bundesaktion beteiligten sich auf seiten Österreichs 13 Staaten, darunter alle Königreiche sowie Baden und beide Hessen. Dem preußischen Schritt folgten 18 überwiegend norddeutsche Staaten, unter denen Mecklenburg-Schwerin der größte war.

Die kriegerische Auseinandersetzung um die Vorherrschaft in Deutschland wurde am 3. Juli 1866 in der Schlacht von Königgrätz entschieden, die mit einer österreichischen Niederlage endete. Am selben Tag fanden Neuwahlen zum preußischen Abgeordnetenhaus statt. Nachdem bereits bei den Wahlen vom Oktober 1863 die Konservativen dank der massiven Wahlbeeinflussung durch die Regierung und sogar durch den König leichte Stimmengewinne zu verzeichnen hatten, aber auch Linksliberale und Fortschritt ihre Mandatszahl nochmals steigern konnten, schwenkten am Tag von Königgrätz große Teile des Bürgertums ins Bismarcksche Lager über und machten die Konservativen mit 136 Sitzen zur stärksten Partei. Der Zusammenhang ist offensichtlich. Das Bürgertum sah sich durch Bismarcks Machtpolitik der Erfüllung seiner nationalen Wünsche nahe, die es aus eigener Kraft nicht hatte befriedigen können. War dafür auch in erster Linie die Spaltung der revolutionären Bewegung verantwortlich gewesen, so herrschte mittlerweile doch die Auffassung vor, der Mißerfolg der Paulskirche beruhe auf einer Vernachlässigung der Machtfragen. Eben darin bestärkte Bismarck das Bürgertum mit den berühmten Worten, nicht durch Reden und Majoritätsbeschlüsse würden die großen Fragen der Zeit entschieden – das sei der große Fehler von 1848 und 1849 gewesen –, »sondern durch Eisen und Blut«.[100]

Lieferte Königgrätz dem Bürgertum den Beweis für die Richtigkeit des Bismarckschen Weges, so bezeugte es im Wahlergebnis seine Anerkennung des Obrigkeitsstaats. Bismarck nutzte indessen beide Siege nicht aus. Vielmehr behandelte er sowohl den innenpolitischen wie den außenpolitischen Gegner versöhnlich. Österreich behielt seinen gesamten Besitzstand außer Venezien, das als Lohn für die Rückendeckung Preußens an Italien abgetreten werden mußte. Österreich stimmte ferner der Auflösung des Deutschen Bundes zu und erklärte sich mit der Regelung der deutschen Frage ohne seine Beteiligung einverstanden. Dagegen wurden diejenigen norddeutschen Staaten, die sich auf die Seite Österreichs geschlagen hatten, von Preußen annektiert: Hannover, Kurhessen, Nassau und Frankfurt, aus außenpolitischen Rücksichten aber nicht Sachsen und Hessen-Darmstadt. Diese waren ohne das einigende Dach des Deutschen Bundes nun wie die süddeutschen Territorien souveräne deutsche Einzelstaaten. Im Innern erbat Bismarck von dem neugewählten Landtag zur Enttäuschung seiner Anhänger, die eine Demütigung der Liberalen wünschten, sofort die nachträgliche Bewilligung des Etats, die dieser nach dreitägiger, erbittert geführter Debatte mit 230 gegen 75 Stimmen erteilte.

Bilanziert man die Veränderungen der zuletzt turbulenten sechziger Jahre in verfassungsrechtlicher Hinsicht, so zeigt sich in der konstitutionellen Frage eine Festigung des Status quo. Während die Konservativen meinten, Bismarck habe sich durch die Indemnitätsvorlage der Rechtsauffassung des Abgeordnetenhauses gebeugt, und die Radikalen annahmen, das Parlament habe den Verfassungsbruch Bismarcks gebilligt, hatte Bismarck gegenüber den Konservativen die Aufrechterhaltung des Verfassungsstaats und gegenüber den Radikalen die Fortgeltung des monarchischen Prinzips verteidigt. Der für Deutschland charakteristische Verfassungszustand wurde danach bis zum Ersten Weltkrieg nicht mehr grundsätzlich in Frage gestellt. Im Bürgertum bildete sich keine neue und aktionsbereite Mehrheit für radikale politische Veränderungen, und wie ernst der Veränderungswille der erst allmählich erstarkenden Sozialdemokratie zu nehmen war, blieb zunächst fraglich. Die politischen Fronten gruppierten sich vielmehr neu. Der bürgerliche Liberalismus zerfiel endgültig in einen rechten und einen linken Flügel, aber dasselbe geschah den Konservativen, bei denen sich ein neues Bündnis von Großindustrie und Großagrariern ankündigte. In der nationalen Verfassungsfrage waren dagegen die Tore nach über fünfzigjähriger Beharrungspolitik des Deutschen Bundes für neue Lösungen offen.

Zeittafel

1776 Amerikanische Unabhängigkeitserklärung
Verfassungen von New Hampshire, South Carolina, Virginia, Delaware, Pennsylvania, Maryland
Adam Smith, *Wealth of Nations*
1777 Verfassungen von Georgia, New York
1779 Toskanisches Verfassungsprojekt Leopolds II.
1780 Verfassung von Massachusetts
Abschluß der 34bändigen *Encyclopédie* von Diderot und d'Alembert
Tod Maria Theresias von Österreich
Nachfolger Joseph II.
Josephinische Reformen
1786 Tod Friedrichs II. von Preußen
Nachfolger Friedrich Wilhelm II.
1787 Amerikanische Bundesverfassung
1788 Einberufung der französischen Generalstände
1789 Emanuel Sieyès, *Qu'est-ce que le Tiers-Etat?*
Französische Revolution
Déclaration des droits de l'homme et du citoyen
1790 Tod Josephs II. von Österreich
Nachfolger Leopold II.
1791 Polnische Verfassung
Französische Verfassung
Amerikanische *Bill of Rights*
1792 Tod Leopolds II. von Österreich
Nachfolger Franz II.
1793 Französische Jakobiner-Verfassung
1794 Preußisches *Allgemeines Landrecht*
1795 Französische Direktorial-Verfassung
1796 Tod Katharinas d. Gr. von Rußland
Beginn des französischen Verfassungsexports
1797 Immanuel Kant, *Metaphysik der Sitten*
Tod Friedrich Wilhelms II. von Preußen
Nachfolger Friedrich Wilhelm III.
1799 Staatsstreich Napoleons
Französische Konsular-Verfassung
1803 Reichsdeputationshauptschluß
1804 Französische Empire-Verfassung
Code civil
1806 Gründung des Rheinbunds
Auflösung des »Heiligen Römischen Reiches«

Niederlage Preußens
1807 Beginn der preußischen Reformen
Verfassung des Königreichs Westfalen
1808 Bayerische Verfassung
1809 Verfassung von Sachsen-Weimar
1810 Verfassung von Frankfurt
Verfassung von Anhalt-Köthen
1811 Österreichisches *Allgemeines Bürgerliches Gesetzbuch*
1813 Völkerschlacht bei Leipzig
Zusammenbruch des napoleonischen Systems
Auflösung des Rheinbunds
1814 Abdankung Napoleons
Französische *Charte constitutionnelle*
Wiener Kongreß
Erste deutsche Verfassungswelle, beginnend mit der nassauischen Verfassung
1815 Rückkehr und endgültige Niederwerfung Napoleons
Gründung des Deutschen Bundes
1817 Wartburgfest
1818 Bayerische Verfassung
Badische Verfassung
1819 Karlsbader Beschlüsse
Württembergische Verfassung
1820 Wiener Schlußakte
1821 G. W. F. Hegel, *Grundlinien der Philosophie des Rechtes*
Verfassung von Hessen-Darmstadt
1822 Tod Hardenbergs
Ende der preußischen Verfassungspläne
1823 Provinzialstände in Preußen
1829 R. v. Mohl, *Württembergisches Staatsrecht*
1830 Französische Juli-Revolution
Französische Verfassung
Revolution in Mitteldeutschland
Zweite deutsche Verfassungswelle
1831 Kurhessische Verfassung
Belgische Verfassung
Sächsische Verfassung
1832 Gründung des »Preß- und Vaterlandsvereins«
Hambacher Fest
1833 Hannoversche Verfassung
1834 Deutscher Zollverein
Erster Band des Rotteck-Welckerschen *Staatslexikons*
1835 Tod Franz' II. von Österreich
Nachfolger Ferdinand I.

Erste deutsche Eisenbahn
Anfänge der Industrialisierung
1837 Hannoverscher Staatsstreich
Protest der Göttinger Sieben
1840 Hannoversche Verfassung
Tod Friedrich Wilhelms III. von Preußen
Nachfolger Friedrich Wilhelm IV.
1845 F. J. Stahl, *Über das monarchische Prinzip*
1847 Berufung des Vereinigten Landtags in Preußen
Offenburger Programm der süd- und westdeutschen Demokraten
Heppenheimer Programm der süd- und westdeutschen Liberalen
1848 K. Marx/F. Engels, *Kommunistisches Manifest*
Februarrevolution in Frankreich
Märzrevolution in Deutschland
Nationalversammlung in der Paulskirche
Verfassungsgebende Versammlungen in Preußen und Österreich
Pillersdorfsche Verfassung in Österreich
Gegenrevolution in Österreich und Preußen
Abdankung Ferdinands I. von Österreich
Nachfolger Franz Joseph I.
Grundrechte des deutschen Volkes
Oktroyierte preußische Verfassung
1849 Österreichische Märzverfassung
Paulskirchen-Verfassung
Ablehnung der Kaiserkrone durch Friedrich Wilhelm IV. von Preußen
Scheitern der Reichsverfassung
Preußisches Dreiklassenwahlrecht
Auflösung des Paulskirchen-Parlaments
1850 Revidierte preußische Verfassung
Erfurter Union
Wiedererrichtung des Bundestages
Olmützer Punktation
1851 Rückkehr Preußens in den Bundestag
Aufhebung der Paulskirchen-Grundrechte
Bundesreaktionsbeschluß
1852 J.K. Bluntschli, *Allgemeines Staatsrecht*
C. F. Gerber, *Über öffentliche Rechte*
1853 Erneuerung des Zollvereins
1858 Regentschaft Wilhelms I. in Preußen
»Neue Ära«

1859 Italienischer Krieg
1860 Österreichisches Oktoberdiplom
Preußischer Heereskonflikt
1861 Österreichisches Februarpatent
Tod Friedrich Wilhelms IV. von Preußen
Nachfolger Wilhelm I.
1862 Bismarck preußischer Ministerpräsident
Preußischer Verfassungskonflikt
1863 Frankfurter Fürstentag zur Bundesreform
1864 Deutsch-dänischer Krieg
1866 Deutscher Krieg
Beilegung des preußischen Verfassungskonflikts
Auflösung des Deutschen Bundes

Anmerkungen

1 E. J. Sieyès, Was ist der Dritte Stand? in: E. Schmitt u. R. Reichardt Hg., Emmanuel Joseph Sieyès, Politische Schriften 1788–1790, Neuwied 1975, S. 180.
2 Erklärung der Communes zur Nationalversammlung vom 17. Juni 1789, Archives parlementaires de 1787 à 1799, Bd. 8, Paris 1875, S. 127. Deutsche Übersetzung in: Sieyès, Politische Schriften, S. 237.
3 Ebd.
4 Sieyès, Was ist der Dritte Stand?, S. 166.
5 Erklärung der Communes.
6 Ballhausschwur vom 20. 6. 1789, Archives parlementaires, Bd. 8, S. 138. Deutsche Übersetzung in: W. Grab Hg., Die Französische Revolution. Eine Dokumentation, München 1973, S. 32.
7 J. Habermas, Strukturwandel der Öffentlichkeit, Neuwied 1962/1979[10], S. 108.
8 Text bei S. Gardiner Hg., The Constitutional Documents of the Puritan Revolution, Nd. London 1968, S. 405.
9 Th. Young, To the Inhabitants of Vermont, 1777, zit. bei W. P. Adams, Republikanische Verfassung u. bürgerliche Freiheit, Neuwied 1973, S. 70.
10 M. Weber, Wirtschaft u. Gesellschaft, Tübingen 1980[5], S. 398.
11 P. v. Harrasowsky Hg., Der Codex Theresianus u. seine Umarbeitungen, Bd. 5, Wien 1886, S. 15.
12 Bei O. Hintze, Die Hohenzollern u. ihr Werk, Berlin 1915[4], S. 427.
13 Brief vom 15. November 1807, in: H. Plon u. Y. Dumaine Hg., Correspondance de Napoléon Ier, Bd. 16, Paris 1914, S. 166f.
14 Abgedruckt bei: E. Weis, Montgelas' innenpolitisches Reformprogramm: Das Ansbacher Mémoire für den Herzog vom 30. 9. 1796, Zeitschrift für bayerische Landesgeschichte 33. 1970, S. 244ff.
15 Kalischer Proklamation vom 25. März 1813, bei E. R. Huber Hg., Dokumente zur deutschen Verfassungsgeschichte, Bd. 1, Stuttgart 1978[3], S. 81f.
16 J. L. Klüber Hg., Acten des Wiener Congresses in den Jahren 1814 u. 1815, Bd. 2, 1815, Nd. Osnabrück 1966, S. 16.
17 Ebd., S. 311f.
18 Ebd., S. 318.
19 Rigaer Denkschrift, bei G. Winter Hg., Die Reorganisation des Preußischen Staates unter Stein u. Hardenberg, Bd. 1, Leipzig 1931, S. 306.
20 Preußische Gesetz-Sammlung 1806–1810, S. 170. Huber Hg., Dokumente, I, S. 41ff.

21 E. v. Meier, Die Reform der Verwaltungsorganisation unter Stein u. Hardenberg, München 1912², S. 202.
22 E. v. Bodelschwingh, Leben des Oberpräsidenten Freiherr v. Vincke, Berlin 1853, S. 379.
23 Ebd.
24 Preußische Gesetz-Sammlung 1806–1810, S. 361.
25 Bei M. Lehmann, Scharnhorst, Bd. 2, Leipzig 1887, S. 339.
26 G. J. D. v. Scharnhorst, Vorläufiger Entwurf der Verfassung der Reservearmee, bei R. Vaupel Hg., Die Reorganisation des Preußischen Staates unter Stein u. Hardenberg, Teil 2, Bd. 1, Leipzig 1938, S. 82.
27 W. v. Humboldt, Gesammelte Schriften, Bd. 10, Berlin 1903, S. 255.
28 E. Weis, Absolute Monarchie u. Reform im Deutschland des späten 18. u. frühen 19. Jahrhunderts, in: F. Kopitzsch Hg., Aufklärung, Absolutismus u. Bürgertum in Deutschland, München 1976, S. 209.
29 E. R. Huber, Deutsche Verfassungsgeschichte seit 1789, Bd. 1, Stuttgart 1975², S. 290.
30 F. Meusel Hg., Friedrich August v. d. Marwitz, Bd. II/1, Berlin 1913, S. 229.
31 R. Koselleck, Preußen zwischen Reform u. Revolution, Stuttgart 1975², S. 163 ff.
32 Preußische Gesetz-Sammlung 1810, S. 25; Huber Hg., Dokumente, I, S. 44 ff.
33 Preußische Gesetz-Sammlung 1816, S. 3.
34 Bei Koselleck, Preußen, S. 212.
35 Preußische Gesetz-Sammlung 1815, S. 103; Huber Hg., Dokumente, I, S. 61 ff.
36 Über Preußens ständische Verfassung, in: W. v. Humboldt, Gesammelte Schriften, Bd. 12, Berlin 1904, S. 225 ff.
37 Näheres s. Kap. IV, S. 146.
38 Bei H. v. Treitschke, Deutsche Geschichte im neunzehnten Jahrhundert, Bd. 2, Leipzig 1912⁷, S. 636.
39 Ebd., S. 637 ff.
40 Näheres s. Kap. IV, S. 147.
41 Preußische Gesetz-Sammlung 1820, S. 9; Huber Hg., Dokumente, I, S. 72.
42 Bei Huber, Verfassungsgeschichte, I, S. 313.
43 Verfassungsurkunde für das Königreich Württemberg vom 25. September 1819, Präambel; bei Huber Hg., Dokumente, I, S. 187.
44 Württembergische Verfassung, § 88.
45 Verfassungsurkunde für das Großherzogtum Baden vom 22. August 1818; bei Huber Hg., Dokumente, I, § 67.

46 Verfassungsurkunde für das Königreich Bayern vom 26. Mai 1818, Tit. VII, § 2; bei Huber Hg., Dokumente, I, S. 166.
47 Badische Verfassung, § 53.
48 Bayerische Verfassung, Tit. VIII, § 3.
49 Badische Verfassung, §§ 69, 48.
50 J. L. Klüber, Quellensammlung zu dem Öffentlichen Recht des teutschen Bundes, Erlangen 1830[3], S. 237.
51 Bei H. Ehrentreich, H. Luden u. sein Einfluß auf die Burschenschaft, in: H. Haupt Hg., Quellen u. Darstellungen zur Geschichte der Burschenschaft u. der deutschen Einheitsbewegung, Bd. 4, Heidelberg 1913, S. 113 ff.
52 Brief an F. v. Gentz vom 23. April 1819, in: F. K. Wittichen Hg., Briefe von u. an Gentz, Bd. 3, Teil 1, München 1913, S. 408.
53 Bei J. L. Klüber u. C. T. Welcker Hg., Wichtige Urkunden für den Rechtszustand der deutschen Nation, Mannheim 1844, S. 213 ff.
54 Ebd., S. 246.
55 J. C. v. Aretin u. C. v. Rotteck, Staatsrecht der constitutionellen Monarchie, Bd. 3, Tübingen 1840[2], S. 236.
56 Abgedruckt bei Huber Hg., Dokumente, I, S. 100–105.
57 Regierungsblatt für das Königreich Bayern v. 20. 10. 1819, Sp. 1045 f.
58 Bei F. Kapp, Die preußische Preßgesetzgebung unter Friedrich Wilhelm III., in: Archiv für Geschichte des deutschen Buchhandels 6. 1881, S. 210 ff.
59 Karlsruher Zeitung v. 8. 3. 1842.
60 Bei V. Valentin, Das Hambacher Nationalfest, Berlin 1932, S. 146 ff.
61 Brief an Wittgenstein vom 10. Juni 1832, bei Valentin, Nationalfest, S. 146 ff.
62 Bei Treitschke, Deutsche Geschichte, Bd. 5, Leipzig 1914[6], S. 45.
63 Ebd., S. 686.
64 Bei E. Bleich Hg., Der Erste Vereinigte Landtag in Berlin 1847, Bd. 1, Berlin 1847, S. 22.
65 H. A. Zachariä, Deutsches Staats- u. Bundesrecht, 3 Bde., Göttingen 1841–1845, 2 Bde., Göttingen 1865–1867[3]; H. Zoepfl, Grundsätze des allgemeinen u. des constitutionell-monarchischen Staatsrechts, Heidelberg 1841, in der 5. Aufl. als Grundsätze des gemeinen deutschen Staatsrechts, 2 Bde., Leipzig 1863.
66 B. Hildebrand, Die Nationalökonomie der Gegenwart u. Zukunft, Frankfurt 1848, Nd. Jena 1922, S. 137 ff. F. Engels, Die Lage der arbeitenden Klasse in England (1845), in: Marx/Engels Werke, Bd. 2, Berlin 1970[6], S. 225–506.
67 Protokolle der Bundesversammlung, 10. Sitzung, § 108.
68 Ebd., 15. Sitzung, § 133.

69 Ebd., 17. Sitzung, § 140; Huber Hg., Dokumente, I, S. 330.
70 Protokolle der Bundesversammlung, 16. Sitzung, § 137; Huber Hg., Dokumente, I, S. 329.
71 Bei F. Löhner, Die Märzkatastrophe in Österreich, in: Die Gegenwart 5. 1850, S. 735.
72 Bei Huber Hg., Dokumente, I, S. 447f.
73 Ebd., S. 448f.
74 Ebd., S. 450.
75 Verhandlungen der deutschen Nationalversammlung, Bd. 1, Frankfurt 1848, S. 521.
76 Bei W. Grab Hg., Die Revolution von 1848/49. Eine Dokumentation, München 1980, S. 127ff.
77 F. Wigard Hg., Stenographischer Bericht über die Verhandlungen der deutschen constituierenden Nationalversammlung, Bd. 1, Frankfurt 1848, S. 700f.
78 Bei Grab Hg., Revolution, S. 162.
79 Zur preußischen Verfassung näher s. Kap. VII, S. 214ff.
80 Bei Huber Hg., Dokumente, I, S. 402f.
81 Ebd., S. 404f.
82 Ebd., S. 405f.
83 Bei L. v. Ranke Hg., Aus dem Briefwechsel Friedrich Wilhelms IV. mit Bunsen, Leipzig 1873, S. 272.
84 Bei Huber Hg., Dokumente, I, S. 406f.
85 Ebd., S. 418f.
86 Ebd., S. 417.
87 Ebd., S. 402.
88 Ebd., S. 547f.
89 Stenographischer Bericht der Zweiten Kammer 1849/50, S. 1125.
90 Zoepfl, Grundsätze, II, 1863^5, S. 22.
91 F. J. Stahl, Die deutsche Reichsverfassung, Berlin 1849, S. 61.
92 J. v. Held, System des Verfassungsrechts der monarchischen Staaten Deutschlands, Bd. 1, Würzburg 1856, S. 256.
93 E. Lasker, Wie ist die Verfassung in Preußen gehandhabt worden? (1861), in: ders., Zur Verfassungsgeschichte Preußens, Leipzig 1874, S. 16.
94 Ebd., S. 8.
95 Bei Huber Hg., Dokumente, II, 1986^3, S. 35ff.
96 Ebd., S. 56.
97 Ebd., S. 70.
98 Ebd., S. 43.
99 Ebd., S. 57.
100 Ebd., S. 50.

Auswahlbibliographie

Abkürzungen

AfS	Archiv für Sozialgeschichte
Fs	Festschrift
GG	Geschichte und Gesellschaft
JuS	Juristische Schulung
JZ	Juristenzeitung
HRG	Handwörterbuch zur deutschen Rechtsgeschichte
HZ	Historische Zeitschrift
ZHF	Zeitschrift für Historische Forschung
ZStW	Zeitschrift für die gesamte Staatswissenschaft

Allgemeine Verfassungsgeschichte

E.-W. Böckenförde Hg., Moderne deutsche Verfassungsgeschichte, Königstein 1981^2.

H. Boldt, Deutsche Verfassungsgeschichte, I: Von den Anfängen bis zum Ende des älteren deutschen Reiches 1806, München 1984.

W. Brauneder u. F. Lachmayer, Österreichische Verfassungsgeschichte, Wien 1983^3.

O. Brunner, Land u. Herrschaft, Wien 1970^6.

H. Conrad, Der deutsche Staat. Epochen seiner Verfassungsentwicklung 843–1945, Frankfurt 1974^7.

H. E. Feine, Deutsche Verfassungsgeschichte der Neuzeit, Tübingen 1943^3.

H. Fenske, Deutsche Verfassungsgeschichte (Vom Norddeutschen Bund bis heute), Berlin 1984^2.

E. Forsthoff, Deutsche Verfassungsgeschichte der Neuzeit, Stuttgart 1972^4.

D. Grimm, Die verfassungsrechtlichen Grundlagen der Privatrechtsgesetzgebung, in: H. Coing Hg., Handbuch der Quellen u. Literatur der neueren europäischen Privatrechtsgeschichte, Bd. 3/1, München 1982, 17–173.

Ders., Recht u. Staat der bürgerlichen Gesellschaft, Frankfurt 1987.

F. Hartung, Deutsche Verfassungsgeschichte vom 15. Jh. bis zur Gegenwart, Stuttgart 1969^9.

E. C. Hellbling, Österreichische Verfassungs- und Verwaltungsgeschichte, Wien 1974^2.

H. H. Hofmann Hg., Die Entstehung des modernen souveränen Staates, Köln 1967.

E. R. Huber, Deutsche Verfassungsgeschichte seit 1789, 7 Bde., Stuttgart 1957ff. (Bd. 1: Reform und Restauration 1789–1830, 1975^2; Bd. 2: Der

Kampf um Einheit und Freiheit 1830–1850, 1968²; Bd. 3: Bismarck und das Reich, 1970²).
K. Jeserich u. a. Hg., Deutsche Verwaltungsgeschichte, 5 Bde., Stuttgart 1983 ff.
O. Kimminich, Deutsche Verfassungsgeschichte, Frankfurt 1970.
C.-F. Menger, Deutsche Verfassungsgeschichte der Neuzeit, Heidelberg 1986⁵.
H. Mitteis, Der Staat des hohen Mittelalters, Weimar 1955⁵.
W. Näf, Epochen der neueren Geschichte. Staat u. Staatengemeinschaft vom Ausgang des Mittelalters bis zur Gegenwart, 2 Bde., 1957/1964, Nd. München 1970.
R. Scheyhing, Deutsche Verfassungsgeschichte der Neuzeit, Köln 1968.
R. Sprandel, Verfassung u. Gesellschaft im Mittelalter, Paderborn 1978².
F. Walter, Österreichische Verfassungs- und Verwaltungsgeschichte 1500–1955, Wien 1972.
D. Wyduckel, Ius publicum. Grundlagen u. Entwicklung des Öffentlichen Rechts u. der deutschen Staatsrechtswissenschaft, Berlin 1984.

Allgemeine Geschichte, Wirtschafts- u. Sozialgeschichte

K. O. Frhr. v. Aretin, Vom deutschen Reich zum deutschen Bund, Göttingen 1980.
H. Aubin u. W. Zorn Hg., Handbuch der deutschen Wirtschafts- u. Sozialgeschichte, 2 Bde., Stuttgart 1971/1976.
O. Brunner, W. Conze u. R. Koselleck Hg., Geschichtliche Grundbegriffe, 6 Bde., Stuttgart 1978 ff.
K.-G. Faber, Deutsche Geschichte im 19. Jh. Restauration und Revolution 1815–1851, Wiesbaden 1979.
E. Fehrenbach, Vom Ancien Régime zum Wiener Kongreß, München 1981.
L. Gall, Europa auf dem Weg in die Moderne: 1850–1890, München 1984.
B. Gebhardt Hg., Handbuch der deutschen Geschichte, 4 Bde., Stuttgart 1970–1976⁹.
F.-W. Henning, Wirtschafts- u. Sozialgeschichte, 3 Bde., Paderborn 1973/74.
L. Just Hg., Handbuch der deutschen Geschichte, 6 Bde., Konstanz 1957 ff.
R. A. Kann, Geschichte des Habsburgerreiches 1526–1918, Wien 1977.
H. Kellenbenz Hg., Handbuch der europäischen Wirtschafts- u. Sozialgeschichte, Bd. V, Stuttgart 1985.
D. Langewiesche, Europa zwischen Restauration und Revolution, München 1984.
F. Lütge, Deutsche Sozial- u. Wirtschaftsgeschichte, Berlin 1979³.
T. Nipperdey, Deutsche Geschichte 1800–1866, Bürgerwelt u. starker Staat, München 1983.

R. Rürup, Deutschland im 19. Jh., 1815–1871, Göttingen 1986.
T. Schieder Hg., Handbuch der europäischen Geschichte, 7 Bde., Stuttgart 1968 ff.
F. Schnabel, Deutsche Geschichte im 19. Jh., 4 Bde., 1929 ff., Nd. Freiburg 1964/65.
H. v. Treitschke, Deutsche Geschichte im 19. Jh., 5 Bde., 1897–1903, Nd. Königstein 1981.
F. Tremel, Wirtschafts- u. Sozialgeschichte Österreichs, Wien 1969.
H.-U. Wehler Hg., Moderne deutsche Sozialgeschichte, Köln 1976[5].
Ders., Deutsche Gesellschaftsgeschichte, Bd. 1: 1700–1815; Bd. 2: 1815–1845/49, München 1987.
E. Zöllner, Geschichte Österreichs: von den Anfängen bis zur Gegenwart, München 1979[6].

Allgemeine Quellensammlungen

W. Baumgart Hg., Quellenkunde zur deutschen Geschichte der Neuzeit von 1500 bis zur Gegenwart, Bd. 3: Absolutismus u. Zeitalter der Französischen Revolution (1715–1815), bearb. v. K. Müller, Darmstadt 1982; Bd. 4: Restauration, Liberalismus und nationale Bewegung (1815–1870), bearb. v. W. Siemann, Darmstadt 1982.
H. Boldt Hg., Reich und Länder. Texte zur Verfassungsgeschichte im 19. u. 20. Jh., München 1987.
R. Buchner u. R. Baumgart Hg., Quellen zum politischen Denken der Deutschen im 19. und 20. Jh., Bd. 3: Restauration und Frühliberalismus, hg. v. H. Brandt, Darmstadt 1979; Bd. 4: Vormärz und Revolution 1840–1849, hg. v. H. Fenske, Darmstadt 1976; Bd. 5: Der Weg zur Reichsgründung 1850–1870, hg. v. H. Fenske, Darmstadt 1977.
A. Buschmann Hg., Kaiser u. Reich. Klassische Texte u. Dokumente zur Verfassungsgeschichte des Heiligen Römischen Reiches Deutscher Nation, München 1984.
H. Duchhardt Hg., Quellen zur Verfassungsentwicklung des Heiligen Römischen Reiches Deutscher Nation (1495–1806), Darmstadt 1983.
G. Dürig u. W. Rudolf Hg.,Texte zur deutschen Verfassungsgeschichte 1806–1949, München 1979[2].
H. Fischer u. G. Silvestri Hg., Texte zur österreichischen Verfassungs-Geschichte. Von der Pragmatischen Sanktion zur Bundesverfassung, Wien 1970.
W. Fischer u. a. Hg., Sozialgeschichtliches Arbeitsbuch I. Materialien zur Statistik des Deutschen Bundes 1815–1870, München 1982.
F. Hartung Hg., Die Entwicklung der Menschen- u. Bürgerrechte von 1776 bis zur Gegenwart, Göttingen 1972[4].

H. H. Hofmann Hg., Quellen zum Verfassungsorganismus des Heiligen Römischen Reiches Deutscher Nation 1495–1815, Darmstadt 1976.
E. R. Huber Hg., Dokumente zur deutschen Verfassungsgeschichte, 3 Bde., Bd. 1: Stuttgart 1978[3]; Bd. 2: 1986[3]; Bd. 3: 1966.
E. Menzel u. a. Hg., Verfassungsregister, Teil I: Deutschland, Frankfurt 1954; Teil II: Europa, Frankfurt 1956.
P. Sander u. H. Spangenberg Hg., Urkunden zur Geschichte der Territorialverfassung, Stuttgart 1922/1926.
K. Zeumer Hg., Quellensammlung zur Geschichte der deutschen Reichsverfassung in Mittelalter u. Neuzeit, Tübingen 1913[2].

I. Die Entstehung des modernen Konstitutionalismus

Quellen

A. u. W. P. Adams Hg., Die Amerikanische Revolution u. die Verfassung 1754–1791, München 1987.
Archives parlementaires de 1789 à 1860. Recueil des débats législatifs et politiques des chambres françaises. Ière série: 1787 à 1799, 89 Bde., Paris 1890–1968, Bde. 1–35 (Zusammentreten der Generalstände bis zur Verabschiedung der Verfassung von 1791).
B. Baylin Hg., Pamphlets of the American Revolution, Cambridge/Mass. 1965.
P. J. B. Buchez u. P. C. Roux Hg., Histoire Parlementaire de la Révolution Française, ou Journal des Assemblées Nationales depuis 1789 jusqu'en 1815, 40 Bde., Paris 1834–1838.
L. Duguit u. H. Monnier Hg., Les constitutions et les principales lois politiques de la France depuis 1789, Paris 1915[3].
J. Elliot Hg., The Debates in the Several State Conventions on the Adoption of the Federal Constitution, Washington 1854.
M. Farrand Hg., The Records of the Federal Convention of 1787, 3 Bde., New Haven/Conn. 1911.
S. R. Gardiner Hg., The Constitutional Documents of the Puritan Revolution, Oxford 1906[3], Nd. 1968.
A. Hamilton u. a., The Federalist, New York 1788 u. ö.
O. u. M. F. Handlin Hg., The Popular Sources of Authority. Documents on the Massachusetts Constitution of 1780, Cambridge/Mass. 1966.
M. Jensen Hg., The Documentary History of the Ratification of the Constitution, Bd. 1 ff., Madison/Wisc. 1976 ff.
S. E. Morison Hg., Sources and Documents Illustrating the American Revolution and the Formation of the Federal Constitution, Oxford 1929[2], Nd. 1962.
E. Schmitt u. R. Reichardt Hg., Emmanuel Joseph Sieyès. Politische Schriften 1788–1790, Darmstadt 1975.

W. F. Swindler Hg., Sources and Documents of United States Constitutions, 10 Bde., Dobbs Ferry/N.Y. 1972–1979.
F. N. Thorpe Hg., The Federal and State Constitutions, Colonial Charters and other Organic Laws of the States, Territories, and Colonies, Now or Heretofore Forming the United States of America, 7 Bde., Washington 1909.

Literatur

W. P. Adams, Republikanische Verfassung u. bürgerliche Freiheit: Die Verfassungen u. politischen Ideen der amerikanischen Revolution, Neuwied 1973.
P. Bastid, Sieyès et sa pensée, Paris 1970².
E.-W. Böckenförde, Geschichtliche Entwicklung u. Bedeutungswandel der Verfassung, in: Fs. R. Gmür, Bielefeld 1983, 7 ff.
O. Brunner, Moderner Verfassungsbegriff u. mittelalterliche Verfassungsgeschichte, in: H. Kämpf Hg., Herrschaft u. Staat im Mittelalter, Darmstadt 1956.
M. Deslandres, Histoire constitutionnelle de la France, de 1789 à 1870, 3 Bde., Paris 1932 ff., Nd. Vaduz 1977.
P. Duclos, La notion de constitution dans l'œuvre de l'Assemblée constituante de 1789, Paris 1932.
J. W. Gough, Fundamental Law in English Constitutional History, Oxford 1961, Nd. 1971.
D. Grimm, Europäisches Naturrecht und amerikanische Revolution, Ius Commune III (1970), 120 ff.
Ders., Grundrechte u. Privatrecht in der bürgerlichen Sozialordnung, in: G. Birtsch Hg., Grund- und Freiheitsrechte im Wandel von Gesellschaft u. Geschichte, Göttingen 1981, 359–375.
Ders., Entstehungs- u. Wirkungsbedingungen des modernen Konstitutionalismus, Akten des 26. Deutschen Rechtshistorikertages, Frankfurt 1987, 45–76.
J. Habermas, Strukturwandel der Öffentlichkeit, Neuwied 1962.
Ders., Naturrecht u. Revolution, in: ders., Theorie u. Praxis, Neuwied 1969³, 52–88.
W. A. Harbison, The American Constitution: its Origins and Development, New York 1970⁴.
H. Hofmann, Zur Idee des Staatsgrundgesetzes, in: ders., Recht – Politik – Verfassung, Frankfurt 1986, 261 ff.
D. Klippel, Politische Freiheit u. Freiheitsrechte im deutschen Naturrecht des 18. Jhs., Paderborn 1976.
M. Kriele, Die Herausforderung des Verfassungsstaates. Hobbes und englische Juristen, Neuwied 1970.
C. Link, Herrschaftsordnung u. bürgerliche Freiheit, Wien 1979.

K. Löwenstein, Volk u. Parlament nach der Staatstheorie der Französischen Nationalversammlung von 1789, München 1922, Nd. Aalen 1964.
N. Luhmann, Politische Verfassungen im Kontext des Gesellschaftssystems, in: Der Staat 1973, 1 ff., 155 ff.
C. H. McIlwain, Some Illustrations of the Influence of Unchanged Names for Changing Institutions, in: P. Sayre Hg., Interpretations of Modern Legal Philosophies, Essays in Honor of Roscoe Pound, New York 1947, Nd. Littleton/Col. 1981, 484–497.
Ders., Constitutionalism. Ancient and Modern, Ithaca/N.Y. 1966.
A. C. McLaughlin, The Foundations of American Constitutionalism, New York 1932.
H. Mohnhaupt, Die Lehre von der »Lex fundamentalis« u. die Hausgesetzgebung europäischer Dynastien, in: J. Kunisch Hg., Der dynastische Fürstenstaat, Berlin 1982, 3 ff.
H. Mohnhaupt u. D. Grimm, Verfassung, in: O. Brunner u.a. Hg., Geschichtliche Grundbegriffe, Bd. VI, Stuttgart (im Druck).
W. Näf, Der Durchbruch des Verfassungsgedankens im 18. Jh., in: ders. Hg., Schweizer Beiträge zur Allgemeinen Geschichte, Bd. 11, Aarau 1953, 108–120.
G. Oestreich, Geschichte der Menschenrechte u. Grundfreiheiten im Umriß, Berlin 1968.
Ders., Vom Herrschaftsvertrag zur Verfassungsurkunde. Die »Regierungsformen« des 17. Jhs. als konstitutionelle Instrumente, in: R. Vierhaus Hg., Herrschaftsverträge, Wahlkapitulationen, Fundamentalgesetze, Göttingen 1977, 45 ff.
H. Rausch Hg., Die geschichtlichen Grundlagen der modernen Volksvertretung, Bd. 1, Darmstadt 1980.
R. Redslob, Die Staatstheorien der französischen Nationalversammlung von 1789, ihre Grundlagen in der Staatslehre der Aufklärungszeit u. in den englischen und amerikanischen Verfassungsgedanken, Leipzig 1912.
J. Roels, Le concept de représentation politique au dix-huitième siècle français, Louvain 1969.
S. J. Samwer, Die französische Erklärung der Menschen- und Bürgerrechte von 1789/91, Hamburg 1970.
J. Sandweg, Rationales Naturrecht als revolutionäre Praxis, Berlin 1972.
W. Schmale, Rechtskultur im Frankreich des Ancien Régime u. die Erklärung der Menschen- u. Bürgerrechte von 1789, in: Francia 14. 1986, 509–525.
E. Schmidt-Assmann, Der Verfassungsbegriff in der deutschen Staatslehre der Aufklärung und des Historismus, Berlin 1967.
C. Schmitt, Verfassungslehre, Berlin 1970^{5}.
E. Schmitt, Repräsentation u. Revolution, München 1969.
Ders., Zur Zäsurideologie der französischen Revolution von 1789, in:

K. Bosl Hg., Der moderne Parlamentarismus u. seine Grundlagen in der ständischen Repräsentation, Berlin 1977, 195 ff.
R. Schnur Hg., Zur Geschichte der Erklärung der Menschenrechte, Darmstadt 1964.
L. G. Schwoerer, The Declaration of Rights 1689, Baltimore 1981.
K. Stern, Die Verbindung von Verfassungsidee u. Grundrechtsidee zur modernen Verfassung, in: Staatsorganisation u. Staatsfunktion im Wandel. Fs. K. Eichenberger, Basel 1982, 197–207.
G. Stourzh, Vom aristotelischen zum liberalen Verfassungsbegriff, in: F. Engel-Janosi u. a. Hg., Fürst, Bürger, Mensch, München 1975, 97 ff.
Ders., Die Konstitutionalisierung der Individualrechte, in: JZ 31. 1976, S. 397–402.
Ders., Staatsformenlehre u. Fundamentalgesetze in England u. Nordamerika im 17. Jh., in: R. Vierhaus Hg., Herrschaftsverträge, Wahlkapitulationen, Fundamentalgesetze, Göttingen 1977.
Ders., Fundamental Laws and Individual Rights in the 18th Century Constitution, Claremont/Cal. 1984.
F. N. Thorpe, The Constitutional History of the United States 1765–1895, Chicago 1901, Nd. New York 1970.
R. Vierhaus Hg., Herrschaftsverträge, Wahlkapitulationen, Fundamentalgesetze, Göttingen 1977.
B. F. Wright, The Early History of Written Constitutions in America, in: Essays in History and Political Theory in Honor of C. H. McIlwain, Cambridge/Mass. 1936.
J. Zimmermann, Das Verfassungsprojekt des Großherzogs Peter Leopold von Toscana, Heidelberg 1901.
E. Zweig, Die Lehre vom Pouvoir constituant, Tübingen 1909.

II. Die Anfänge des Konstitutionalismus in Deutschland

Quellen

W. Altmann Hg., Ausgewählte Urkunden zur deutschen Verfassungsgeschichte seit 1806, 2 Bde., Berlin 1898.
A. Buschmann Hg., Kaiser u. Reich. Klassische Texte u. Dokumente zur Verfassungsgeschichte des Heiligen Römischen Reiches Deutscher Nation vom Beginn des 12. Jhs. bis zum Jahre 1806, München 1984.
J. Garber Hg., Revolutionäre Vernunft. Texte zur jakobinischen u. liberalen Revolutionsrezeption in Deutschland 1780–1810, Kronberg/Ts. 1974.
J. Hansen Hg., Quellen zur Geschichte des Rheinlandes im Zeitalter der französischen Revolution 1780–1801, Bonn 1938.
H. H. Hofmann, Quellen zum Verfassungsorganismus des Heiligen Römischen Reiches, Darmstadt 1976.

J. L. Klüber, Acten des Wiener Kongresses, 8 Bde., 1815–1818, Erg. Bd. 1835, Nd. Osnabrück 1966.
Ders., Öffentliches Recht des Teutschen Bundes u. der Bundesstaaten, Frankfurt 1822[2].
P. A. G. Meier, Corpus Juris Confoederationis Germanicae, Frankfurt 1858–1869[3].
K. H. Pölitz u. F. Bülau Hg., Die Verfassungen des Teutschen Staatenbundes seit dem Jahre 1789 bis auf die neueste Zeit, 3 Abt., Leipzig 1847.
P. A. Winkopp Hg., Der Rheinische Bund. Eine Zeitschrift historischen, politischen, statistischen u. geographischen Inhalts, 23 Bde., Frankfurt 1807ff.
Ders., Die Rheinische Konföderations-Akte, Frankfurt 1808.
K. Zeumer, Quellensammlung zur Geschichte der deutschen Reichsverfassung in Mittelalter u. Neuzeit, Tübingen 1913[2].

Literatur

W. Andreas, Geschichte der badischen Verwaltungsorganisation u. Verfassung in den Jahren 1801–1818, Bd. 1, Leipzig 1913.
K. O. Frhr. v. Aretin Hg., Der Aufgeklärte Absolutismus, Köln 1974.
Ders., Bayerns Weg zum souveränen Staat. Landstände u. konstitutionelle Monarchie 1714–1818, München 1976.
Ders., Heiliges Römisches Reich 1776–1806. Reichsverfassung u. Staatssouveränität, 2 Bde., Wiesbaden 1967.
H. Berding, Napoleonische Herrschafts- u. Gesellschaftspolitik im Königreich Westfalen 1807–1813, Göttingen 1973.
Ders. Hg., Staatsfinanzen u. Reformpolitik im Deutschland der napoleonischen Zeit, Ostfildern 1980.
Ders. u. H.-P. Ullmann Hg., Deutschland zwischen Revolution u. Restauration, Königstein/Ts. 1981.
G. Birtsch, Zum konstitutionellen Charakter des preußischen Allgemeinen Landrechts von 1794, in: Fs. Th. Schieder, 1968, 98–115.
Ders., Freiheit u. Eigentum. Zur Erörterung von Verfassungsfragen in der deutschen Publizistik im Zeichen der Französischen Revolution, in: R. Vierhaus Hg., Eigentum und Verfassung, Göttingen 1972, 179–192.
H. Conrad, Rechtsstaatliche Bestrebungen im Absolutismus Preußens u. Österreichs am Ende des 18. Jhs., Köln 1961.
Ders., Staatsgedanke u. Staatspraxis des aufgeklärten Absolutismus, Opladen 1971.
W. Conze u. J. Kocka Hg., Bildungsbürgertum im 19. Jh., Stuttgart 1985.
H. Dippel, Deutschland u. die amerikanische Revolution, Wiesbaden 1978.
J. Droz, Le romantisme allemand et l'état: Résistance et collaboration dans l'Allemagne napoléonienne, Paris 1966.

E. Fehrenbach, Traditionelle Gesellschaft u. revolutionäres Recht. Die Einführung des Code Napoléon in den Rheinbundstaaten, Göttingen 1978[2].
H. Gollwitzer, Die Standesherren. Die politische u. gesellschaftliche Stellung der Mediatisierten 1815–1918, Göttingen 1964[2].
W. Grab, Norddeutsche Jakobiner. Demokratische Bestrebungen zur Zeit der französischen Revolution, Frankfurt 1967.
K. Griewank, Der Wiener Kongreß u. die europäische Restauration 1814/15, Leipzig 1954[2].
W. v. Groote Hg., Napoleon I. u. die Staatenwelt seiner Zeit, Freiburg 1969.
F. Hartung, Herrschaftsverträge und ständischer Dualismus in den deutschen Territorien, in: ders., Staatsbildende Kräfte der Neuzeit, Berlin 1961, 62–77.
E. Hinrichs Hg., Absolutismus, Frankfurt 1986.
E. Hölzle, Das Alte Recht u. die Revolution. Eine politische Geschichte Württembergs in der Revolutionszeit 1789–1805, München 1931.
Ders., Württemberg im Zeitalter Napoleons u. die deutsche Erhebung, Stuttgart 1937.
Ders., Das napoleonische Staatensystem in Deutschland, in: HZ 148. 1933, 277–293.
K. D. Hömig, Der Reichsdeputationshauptschluß vom 25. Febr. 1803 u. seine Bedeutung für Staat u. Kirche, Tübingen 1969.
H. H. Hofmann, Adelige Herrschaft u. souveräner Staat. Studien über Staat und Gesellschaft in Franken u. Bayern im 18. und 19. Jh., München 1962.
D. Klippel, Politische Freiheit und Freiheitsrechte im deutschen Naturrecht des 18. Jhs., Paderborn 1976.
R. Koselleck, Preußen zwischen Reform u. Revolution, Stuttgart 1975[2].
Ders., Kritik u. Krise. Eine Studie zur Pathogenese der bürgerlichen Welt, Frankfurt 1973.
E. Kraehe, Metternich's German Policy, Bd. 2: The Congress of Vienna 1814/15, Princeton 1983.
A. Langner Hg., Säkularisation u. Säkularisierung im 19. Jh., München 1978.
W. Mager, Das Problem der landständischen Verfassungen auf dem Wiener Kongreß 1814/15, in: HZ 217. 1973, 296–346.
K. Möckl, Der moderne bayerische Staat. Eine Verfassungsgeschichte vom aufgeklärten Absolutismus bis zum Ende der Reformepoche, München 1979.
H. Obenaus, Finanzkrise u. Verfassungsgebung. Zu den sozialen Bedingungen des frühen deutschen Konstitutionalismus, in: G. A. Ritter Hg., Gesellschaft, Parlament u. Regierung, Düsseldorf 1974, 57–75.
H. Quaritsch, Staat u. Souveränität, Frankfurt 1970.

W. Quint, Souveränitätsbegriff u. Souveränitätspolitik in Bayern von der Mitte des 17. bis zur ersten Hälfte des 19. Jhs., Berlin 1971.
H. Scheel, Deutscher Jakobinismus u. Deutsche Nation. Ein Beitrag zur nationalen Frage im Zeitalter der großen Französischen Revolution, Berlin 1966.
R. Schier, Standesherren. Zur Auflösung der Adelsherrschaft in Deutschland, Karlsruhe 1978.
W. A. Schmidt, Geschichte der Deutschen Verfassungsfrage während der Befreiungskriege u. des Wiener Kongresses 1812–1815, Stuttgart 1890.
A. Siebert, Über Entstehung u. Entwicklung des Öffentlichen Credits im Großherzogtum Baden, Leipzig 1919.
H.-O. Sieburg Hg., Napoleon u. Europa, Köln 1971.
H. P. Ullmann, Staatsschulden u. Reformpolitik, 2 Bde., Göttingen 1986.
F. Valjavec, Die Entstehung der politischen Strömungen in Deutschland, 1770–1815, 1951, Nd. Königstein/Ts. 1978.
J. Voss Hg., Deutschland u. die Französische Revolution, München 1983.
G. Walter, Der Zusammenbruch des Heiligen Römischen Reiches Deutscher Nation u. die Problematik seiner Restauration 1814/15, Heidelberg 1980.
A. Wandruszka, Leopold II., 2 Bde., München 1963/64.
E. Weis, Montgelas, 1759–1799, München 1971.
Ders., Absolute Monarchie u. Reform im Deutschland des späten 18. u. frühen 19. Jhs., in: Geschichte in der Gesellschaft, Fs. K. Bosl, Stuttgart 1974, 111, 435–461.
Ders., Zur Entstehungsgeschichte der bayerischen Verfassung von 1818. Die Debatten in der Verfassungskommission von 1814/15, in: Zeitschrift f. bayerische Landesgeschichte 39. 1976, 413–444.
Ders. Hg., Reformen im rheinbündischen Deutschland, München 1984.
B. Wunder, Landstände u. Rechtsstaat. Entstehung u. Verwirklichung des Art. 13 Deutsche Bundesakte, in: ZHF 5. 1978, 139–185.
F. Zimmermann, Bayerische Verfassungsgeschichte, Teil 1: Vorgeschichte und Entstehung der Konstitution von 1808, München 1940, Nd. Aalen 1973.

III. Die Verfassungskämpfe in Preußen

Quellen

W. Altmann Hg., Ausgewählte Urkunden zur brandenburgisch-preußischen Verfassungs- und Verwaltungsgeschichte, Bd. 2, Berlin 1925².

E. Botzenhardt u. W. Hubatsch Hg., Frhr. vom Stein, Briefe u. amtliche Schriften, 10 Bde., Stuttgart 1957ff.
W. Conze Hg., Quellen zur Geschichte der deutschen Bauernbefreiung, Göttingen 1957.
Gesetz-Sammlung für die preußischen Staaten, Berlin 1810ff.
H. Scheel u. D. Schmidt Hg., Das Reformministerium Stein. Akten zur Verfassungs- u. Verwaltungsgeschichte aus den Jahren 1807/08, 3 Bde., Berlin 1966–1968.
G. Winter Hg., Die Reorganisation des preußischen Staates unter Stein u. Hardenberg, Bd. 1, Leipzig 1931.

Literatur

C. Dipper, Die Bauernbefreiung in Deutschland 1790–1850, Stuttgart 1980.
K. G. Faber, Recht u. Verfassung. Die politische Funktion des rheinischen Rechts im 19. Jh., Köln 1970.
P. Haake, Der preußische Verfassungskampf vor hundert Jahren, München und Berlin 1921.
H. Haußherr, Die Stunde Hardenbergs, Hamburg 1943.
O. Hintze, Preußische Reformbestrebungen vor 1806, in: ders., Regierung u. Verwaltung. Gesammelte Abhandlungen, Bd. 3, Göttingen 1967^2, 504–529.
W. Hubatsch, Stein-Studien. Die preußischen Reformen des Reichsfreiherrn vom Stein zwischen Revolution und Restauration, Köln 1975.
Ders., Die Stein-Hardenbergschen Reformen, Darmstadt 1977.
E. Klein, Von der Reform zur Restauration. Finanzpolitik u. Reformgesetzgebung des preußischen Staatskanzlers Karl August von Hardenberg, Berlin 1965.
G. F. Knapp, Die Bauernbefreiung u. der Ursprung der Landarbeiter in den älteren Teilen Preußens, 2 Bde., München und Leipzig 1907^2.
F. L. Knemeyer, Regierungs- u. Verwaltungsreformen in Deutschland zu Beginn des 19. Jhs., Köln 1970.
R. Koselleck, Preußen zwischen Reform und Revolution, Stuttgart 1975^2.
L. Krug, Geschichte der preußischen Staatsschulden, Breslau 1861.
E. v. Meier, Französische Einflüsse auf die Staats- und Rechtsentwicklung Preußens im 19. Jh., 2 Bde., Leipzig 1907/1908.
F. Meusel, Friedrich August Ludwig v. der Marwitz, 3 Bde., Berlin 1908–1913.
I. Mieck, Preußische Gewerbepolitik in Berlin 1806–1844. Staatshilfe u. Privatinitiative zwischen Merkantilismus und Liberalismus, Berlin 1965.
H. Obenaus, Finanzkrise u. Verfassungsgebung. Zu den sozialen Bedingungen des frühen deutschen Konstitutionalismus, in: G. A. Ritter

Hg., Gesellschaft, Parlament u. Regierung in Deutschland, Düsseldorf 1974, 57–76.
Ders., Anfänge des Parlamentarismus in Preußen bis 1848, Düsseldorf 1984.
H.-J. Puhle u. H.-U. Wehler Hg., Preußen im Rückblick, Göttingen 1980.
G. Ritter, Stein, Stuttgart 1981[4].
H. Rosenberg, Bureaucracy, Aristocracy and Autocracy. The Prussian Experience 1660–1815, Cambridge 1958.
M. Schlenke Hg., Preußen – Ploetz, Freiburg 1983.
G. Schmoller, Preußische Verfassungs-, Verwaltungs- und Finanzgeschichte, Berlin 1921.
R. Schütz, Preußen u. die Rheinlande. Studien zur preußischen Integrationspolitik im Vormärz, Wiesbaden 1979.
W. M. Simon, The Failure of the Prussian Reform Movement 1807–1819, New York 1971.
A. Stern, Abhandlungen u. Aktenstücke zur Geschichte der preußischen Reformzeit, Leipzig 1885.
H. v. Treitschke, Der erste Verfassungskampf in Preußen, in: Preußische Jahrbücher 29. 1872, 313–360, 409–473.
B. Vogel Hg., Preußische Reformen 1807–1820, Königstein/Ts. 1980.
Dies., Allgemeine Gewerbefreiheit. Die Reformpolitik des preußischen Staatskanzlers Hardenberg 1810–1820, Göttingen 1983.
Dies., »Revolution von oben« – Der »deutsche Weg« in die bürgerliche Gesellschaft? in: Sozialwissenschaftliche Informationen für Unterricht und Studium 8. 1979, 67–74.
E. W. Zeeden, Hardenberg und der Gedanke einer Volksvertretung in Preußen 1807–1812, Berlin 1940.

IV. Die Struktur der deutschen Verfassungen

Quellen

E. R. Huber Hg., Dokumente zur deutschen Verfassungsgeschichte, Bd. 1, Stuttgart 1978[3].
K. H. L. v. Pölitz Hg., Die europäischen Verfassungen seit dem Jahre 1789 bis auf die neueste Zeit, 4 Bde., Leipzig 1832–1847[2].
Ders. Hg., Die Verfassungen des Teutschen Staatenbundes seit dem Jahre 1789 bis auf die neueste Zeit, fortgesetzt von F. Bülau, 3 Abt., Leipzig 1847.

E. Angermann, Der deutsche Frühkonstitutionalismus u. das amerikanische Vorbild, in: HZ 219. 1974, 1–32.
G. Birtsch Hg., Grund- und Freiheitsrechte im Wandel von Gesellschaft und Geschichte, Göttingen 1981.
Ders. Hg., Grund- und Freiheitsrechte von der ständischen zur spätbürgerlichen Gesellschaft, Göttingen 1987.
H. Boberach, Wahlrechtsfragen im Vormärz, Düsseldorf 1959.
E.-W. Böckenförde, Der deutsche Typ der konstitutionellen Monarchie im 19. Jh., in: W. Conze Hg., Beiträge zur deutschen und belgischen Verfassungsgeschichte im 19. Jh., Stuttgart 1967, 70–92, wieder abgedruckt in: E.-W. Böckenförde, Moderne deutsche Verfassungsgeschichte, Meisenheim 1981², 146–170.
Ders., Verfassungsprobleme u. Verfassungsbewegung des 19. Jhs., in: JuS 1971, 560–566, wieder abgedruckt in: ders., Staat, Gesellschaft, Freiheit, Frankfurt 1976, 93–111.
K. Bosl Hg., Der moderne Parlamentarismus u. seine Grundlagen in der ständischen Repräsentation, Berlin 1977.
Ders., Die Geschichte der Repräsentation in Bayern: Landständische Bewegung und altständische Gesellschaft. Repräsentation und Parlamentarisierung in Bayern vom 13. Jh. bis zum 20. Jh., Bd. 1, München 1974.
H. Brandt, Landständische Repräsentation im deutschen Vormärz, Neuwied 1968.
O. Brunner, Vom Gottesgnadentum zum monarchischen Prinzip, in: Vorträge u. Forschungen, Bd. 3, Lindau 1956, 279–305.
H. Conrad, Richter und Gesetz im Übergang vom Absolutismus zum Verfassungsstaat, Graz 1971.
O. Dann, Gleichheit u. Gleichberechtigung, Berlin 1980.
P. M. Ehrle, Volksvertretung im Vormärz. Studien zur Zusammensetzung, Wahl u. Funktion der deutschen Landtage im Spannungsfeld zwischen monarchischem Prinzip und ständischer Repräsentation, 2 Bde., Frankfurt 1979.
G. Engelberg, Der Konstitutionalismus in den deutschen Kleinstaaten, in: Probleme des Konstitutionalismus im 19. Jh., Beiheft 1 zu »Der Staat« 1975, 103–121.
W. Frauendienst, Demokratisierung des deutschen Konstitutionalismus in der Zeit Wilhelms II., in: ZStW 113. 1957, 721–746.
K. H. Friauf, Der Staatshaushaltsplan im Spannungsfeld zwischen Parlament u. Regierung, Bd. 1, Bad Homburg 1968.
D. Grimm, Grundrechte und Privatrecht in der bürgerlichen Sozialordnung, in: G. Birtsch Hg., Grund- u. Freiheitsrechte im Wandel von Gesellschaft und Geschichte, Göttingen 1981, 359–375.
C. Gusy, Richterliches Prüfungsrecht, Berlin 1985.

F. Hartung, Staatsbildende Kräfte der Neuzeit, Berlin 1961.
O. Hintze, Das monarchische Prinzip u. die konstitutionelle Verfassung, in: Preußisches Jahrbuch 144. 1911, 381–412.
Ders., Staat und Verfassung. Gesammelte Abhandlungen, Bd. 1, Göttingen 1962².
H. Hofmann, Repräsentation, Berlin 1974, 406–462.
E. R. Huber, Heer und Staat in der deutschen Geschichte, Hamburg 1943².
Ders., Deutsche Verfassungsgeschichte seit 1789, Bd. 3, Stuttgart 1970², 3–24.
D. Jesch, Gesetz und Verwaltung, Tübingen 1968².
G. Kleinheyer u. a., Von der ständischen Gesellschaft zur bürgerlichen Gleichheit, Beiheft 4 zu »Der Staat« 1980.
H. O. Meisner, Die Lehre vom monarchischen Prinzip im Zeitalter der Restauration und des Deutschen Bundes, Breslau 1913.
W. Moessle, Regierungsfunktionen des Parlaments, München 1985, 41–92.
R. v. Mohl, Die Verantwortlichkeit der Minister in Einherrschaften mit Volksvertretung, Tübingen 1837.
E. Nolte, Deutscher Scheinkonstitutionalismus? in: HZ 228. 1979, 529–550.
O. Plathner, Der Kampf um die richterliche Unabhängigkeit bis zum Jahre 1848, Breslau 1935.
V. Press, Landstände des 18. u. Parlamente des 19. Jhs., in: H. Berding u. H.-P. Ullmann Hg., Deutschland zwischen Revolution und Restauration, Königstein/Ts. 1981, 133–157.
W. v. Rimscha, Die Grundrechte im süddeutschen Konstitutionalismus, Köln 1973.
F. Rosin, Gesetz u. Verordnung nach badischem Staatsrecht. Zugleich ein Beitrag zur Geschichte der Freiheits- und Eigentumsformel, Karlsruhe 1911.
U. Scheuner, Volkssouveränität u. Theorie der parlamentarischen Vertretung. Zur Theorie der Volksvertretung in Deutschland, 1815–1848, in: Bosl Hg., 297–340.
Ders., Die rechtliche Tragweite der Grundrechte in der ersten deutschen Verfassungsentwicklung des 19. Jhs., in: Fs. E. R. Huber, Göttingen 1973, 139–165.
Ders., Die Überlieferung der deutschen Staatsgerichtsbarkeit im 19. und 20. Jh., in: Bundesverfassungsgericht und Grundgesetz. Festgabe aus Anlaß des 25jährigen Bestehens des Bundesverfassungsgerichts, Bd. 1, Tübingen 1976, 1–62.
C. Schmitt, Staatsgefüge und Zusammenbruch des Zweiten Reiches, Hamburg 1934.
B. Vogel u. a., Wahlen in Deutschland. Theorie – Geschichte – Dokumente 1848–1970, Berlin 1971.
R. Wahl, Der Vorrang der Verfassung, in: Der Staat 20. 1981, 485–516.

Ders., Rechtliche Wirkungen und Funktionen der Grundrechte im deutschen Konstitutionalismus des 19. Jhs., in: Der Staat 18. 1979, 321–348.
Ders. u. F. Rottmann, Die Bedeutung der Verfassung u. der Verfassungsgerichtsbarkeit in der Bundesrepublik – im Vergleich zum 19. Jh. u. zu Weimar, in: W. Conze u. M. R. Lepsius Hg., Sozialgeschichte der Bundesrepublik Deutschland, Stuttgart 1983, 339–386.
E. Weis, Kontinuität u. Diskontinuität zwischen den Ständen des 18. Jh. u. den frühkonstitutionellen Parlamenten von 1818/19 in Bayern u. Württemberg, in: Fs. A. Kraus, Kallmünz 1982, 337–355.

V. Die Verfassungsentwicklung im Vormärz

Quellen

Protokolle der deutschen Bundesversammlung, 1816ff.
E.-R. Huber Hg., Dokumente zur deutschen Verfassungsgeschichte, Bd. 1, Stuttgart 1978³, Nr. 27ff.
J. L. Klüber Hg., Quellensammlung zu dem Öffentlichen Recht des Teutschen Bundes, Erlangen 1830³.
Ders. u. C. Welcker Hg., Wichtige Urkunden für den Rechtszustand der deutschen Nation, Mannheim 1844.
P. A. G. Meyer Hg., Corpus Juris Confoederationis Germanicae, Frankfurt 1858–1869³.
F. v. Weech Hg., Korrespondenzen u. Aktenstücke zur Geschichte der Ministerkonferenzen von Karlsbad und Wien, Leipzig 1865.

Literatur

A. E. Adam, Ein Jahrhundert württembergischer Verfassung, Stuttgart 1919.
K. O. v. Aretin, Bayerns Weg zum souveränen Staat. Landstände u. konstitutionelle Monarchie 1714–1818, München 1976, 235–263.
E.-W. Böckenförde, Gesetz u. gesetzgebende Gewalt. Von den Anfängen der deutschen Staatsrechtslehre bis zur Höhe des staatsrechtlichen Positivismus, Berlin 1981².
Ders., Entstehung u. Wandel des Rechtsstaatsbegriffs, in: Fs. A. Arndt, Frankfurt 1969, 53–76.
H. Boldt, Deutsche Staatslehre im Vormärz, Düsseldorf 1975.
H. Brandt, Landständische Repräsentation im deutschen Vormärz, Neuwied 1968.
Ders., Ansätze einer Selbstorganisation der Gesellschaft in Deutschland im 19. Jh. Beiheft 2 zu »Der Staat« 1978, 51–67.

E. Büssem, Die Karlsbader Beschlüsse von 1819, Hildesheim 1974.
M. Bullik, Staat und Gesellschaft im hessischen Vormärz. Wahlrecht, Wahlen und öffentliche Meinung 1830–1848, Köln 1972.
W. Conze Hg., Staat u. Gesellschaft im deutschen Vormärz, 1815–1848, Stuttgart 1970².
O. Dann Hg., Nationalismus u. sozialer Wandel, Hamburg 1978.
G. Dilcher, Zum Verhältnis von Verfassung und Verfassungstheorie im frühen Konstitutionalismus, in: Beiträge zur Rechtsgeschichte, Gedächtnisschrift für H. Conrad, Paderborn 1979, 65–84.
P. M. Ehrle, Volksvertretung im Vormärz. Studien zur Zusammensetzung, Wahl und Funktion der deutschen Landtage im Spannungsfeld zwischen monarchischem Prinzip und ständischer Repräsentation, Teil 1 u. 2, Frankfurt 1979.
U. Eisenhardt, Der Deutsche Bund u. das badische Pressegesetz von 1832. Ein Schritt auf dem Weg zur Pressefreiheit im 19. Jh., in: Beiträge zur Rechtsgeschichte, Gedächtnisschrift für H. Conrad, Paderborn 1979, 103–124.
K.-G. Faber, Strukturprobleme des deutschen Liberalismus im 19. Jh., in: Der Staat 14. 1975, 201–227.
C. Foerster, Der Preß- und Vaterlandsverein von 1832/33. Sozialstruktur u. Organisationsformen der bürgerlichen Bewegung in der Zeit des Hambacher Festes, Trier 1982.
J. Gaile, Menschenrecht und bürgerliche Freiheit. Marburg 1978.
L. Gall, Benjamin Constant. Seine politische Ideenwelt und der deutsche Vormärz, Wiesbaden 1963.
Ders., Das Problem der parlamentarischen Opposition im deutschen Frühliberalismus, in: G. A. Ritter Hg., Die deutschen Parteien vor 1918, Köln 1973, 192–207.
Ders., Liberalismus u. »bürgerliche Gesellschaft«, in: HZ 220. 1975, 324–356.
Ders. Hg., Liberalismus, Königstein/Ts. 1985³.
F. Gentz, Über den Unterschied zwischen den landständischen und Repräsentativverfassungen, 1819, in: J. L. Klüber u. J. Welcker Hg., Wichtige Urkunden für den Rechtszustand der deutschen Nation, Mannheim 1845², 213–233.
R. Goldschmidt, Geschichte der badischen Verfassungsurkunde 1819–1918, Karlsruhe 1918.
D. Grimm, Öffentliches Recht II seit 1750, in: HRG, Bd. 3, Berlin 1982, Sp. 1198–1214.
Ders., Die sozialgeschichtliche und verfassungsrechtliche Entwicklung zum Sozialstaat, in: P. Koslowski u. a., Chancen und Grenzen des Sozialstaates, Tübingen 1983, 41–64.
Ders., Soziale Voraussetzungen u. verfassungsrechtliche Gewährleistungen der Meinungsfreiheit, in: J. Schwartländer u. D. Willoweit Hg.,

Meinungsfreiheit – Grundgedanken und Geschichte in Europa und USA, Kehl 1986, 145–171.
Ders., Die Entwicklung der Grundrechtstheorie in der deutschen Staatsrechtslehre des 19. Jhs., in: W. Birtsch Hg., Grund- u. Freiheitsrechte von der ständischen zur spätbürgerlichen Gesellschaft, Göttingen 1987, 234–266.
W. Grube, Der Stuttgarter Landtag 1457–1957. Von den Landständen zum demokratischen Parlament, Stuttgart 1957.
H.-W. Hahn, Geschichte des Deutschen Zollvereins, Göttingen 1984.
W. Hardtwig, Vormärz. Der monarchische Staat u. das Bürgertum. München 1985.
W. O. Henderson, The Zollverein, London 1968³.
F. T. Hoefer, Pressepolitik u. Polizeistaat Metternichs. Die Überwachung von Presse und politischer Öffentlichkeit in Deutschland u. den Nachbarstaaten durch das Mainzer Informationsbüro (1833–1848), München 1983.
L. F. Ilse, Geschichte der deutschen Bundesversammlung, insbesondere ihres Verhaltens zu den deutschen National-Interessen, 3 Bde., Marburg 1861/62.
G. Kleinheyer u. a., Von der ständischen Gesellschaft zur bürgerlichen Gleichheit, Beiheft 4 zu »Der Staat« 1980.
R. Koselleck, Preußen zwischen Reform u. Revolution, Stuttgart 1975².
Ders., Staat u. Gesellschaft in Preußen 1815–1848, in: H.-U. Wehler Hg., Moderne deutsche Sozialgeschichte, Köln 1976⁵, 55–84.
H. Kramer, Fraktionsbindungen in den deutschen Volksvertretungen 1819–1849, Berlin 1968.
H. Lübbe, Politische Philosophie in Deutschland. Studien zu ihrer Geschichte, München 1972.
I. Maus, Entstehung u. Funktionswandel der Theorie des bürgerlichen Rechtsstaats, in: M. Tohidipur Hg., Der bürgerliche Rechtsstaat, Bd. 1, Frankfurt 1978, 13–81.
R. v. Mohl, Die Geschichte der württembergischen Verfassung von 1819, in: ZStW 6. 1850, 44–150.
F. Müller, Kooperation u. Assoziation. Eine Problemgeschichte der Vereinigungsfreiheit im deutschen Vormärz, Berlin 1965.
W. Näf, Staatsverfassung u. Staatstypen 1830/31, in: E.-W. Böckenförde Hg., Moderne deutsche Verfassungsgeschichte, Königstein/Ts. 1981², 127–145.
T. Nipperdey, Verein als soziale Struktur in Deutschland im späten 18. und frühen 19. Jh., in: Geschichtswissenschaft und Vereinswesen im 19. Jh., Göttingen 1972, 1–44.
H. Oncken u. F. Saemisch Hg., Vorgeschichte und Begründung des Deutschen Zollvereins 1815–1834, 3 Bde., Berlin 1934.

H. Reinalter Hg., Protestbewegungen im deutschen Vormärz, Frankfurt 1985.
W. v. Rimscha, Die Grundrechte im süddeutschen Konstitutionalismus, Köln 1973.
U. Scheuner, Die neuere Entwicklung des Rechtsstaats in Deutschland, in: ders., Staatstheorie u. Staatsrecht. Gesammelte Schriften, Berlin 1978, 185–221.
Ders., Der Beitrag der deutschen Romantik in der politischen Theorie, Opladen 1980.
W. Schieder Hg., Liberalismus in der deutschen Gesellschaft des Vormärz, Göttingen 1983.
P. Schiera, Il laboratorio borghese, Bologna 1987.
F. Schneider, Pressefreiheit u. politische Öffentlichkeit. Studien zur politischen Geschichte Deutschlands bis 1848, Neuwied 1966.
J. J. Sheehan, Der deutsche Liberalismus: von den Anfängen im 18. Jh. bis zum Ersten Weltkrieg, 1770–1914, München 1983.
W. Siemann, »Deutschlands Ruhe, Sicherheit u. Ordnung«. Die Anfänge der politischen Polizei 1806–1866, Tübingen 1985.
Ders., Kampf um Meinungsfreiheit im deutschen Konstitutionalismus, in: J. Schwartländer u. D. Willoweit Hg., Meinungsfreiheit, Straßburg 1986, 173–188.
H. v. Srbik, Metternich. Der Staatsmann u. der Mensch, 2 Bde., Nd. München 1957.
M. Treml, Bayerns Pressepolitik zwischen Verfassungstreue und Bundespflicht (1815–1837), Berlin 1977.
P. Wende, Radikalismus im Vormärz. Untersuchungen zur politischen Theorie der frühen deutschen Demokraten, Wiesbaden 1975.

VI. Die Revolution von 1848 und die Paulskirchen-Verfassung

Quellen

J. G. Droysen Hg., Die Verhandlungen des Verfassungsausschusses der deutschen Nationalversammlung, Leipzig 1849.
W. Grab Hg., Die deutsche Revolution von 1848/49. Eine Dokumentation, München 1980.
K. D. Haßler Hg., Verhandlungen der deutschen verfassungsgebenden Reichsversammlung zu Frankfurt, 6 Bde., Frankfurt 1848/49.
R. Hübner Hg., Aktenstücke und Aufzeichnungen zur Geschichte der Frankfurter Nationalversammlung aus dem Nachlaß von J. Droysen, Berlin 1924, Nd. Osnabrück 1967.
F. Jucho Hg., Verhandlungen des deutschen Parlaments. Offizielle Ausgabe, 2 Bde., Frankfurt 1848.

K. Obermann Hg., Flugblätter der Revolution, Berlin 1970.
K. G. Rauer Hg., Protokolle der von der Versammlung zur Vereinbarung der preußischen Verfassung ernannt gewesenen Verfassungs-Kommission, Berlin 1849.
P. Roth u. H. Merck Hg., Quellensammlung zum deutschen öffentlichen Recht, 2 Bde., Erlangen 1850–1852.
A. Springer Hg., Protokolle des Verfassungsausschusses im österreichischen Reichstage 1848/49, Leipzig 1885.
Verhandlungen der konstituierenden Versammlung in Preußen, Bd. 1–8, Berlin 1848, Bd. 9, Leipzig 1849.
Stenographische Berichte über die Verhandlungen der zur Vereinbarung der Preußischen Staatsverfassung berufenen Versammlung, 3 Bde., Berlin 1848.
Verhandlungen des österreichischen Reichstages nach der stenographischen Aufnahme, 5 Bde., Wien u. Kremsier 1848/49.
F. Wigard Hg., Stenographischer Bericht über die Verhandlungen der deutschen konstituierenden Nationalversammlung zu Frankfurt/M., 9 Bde., Frankfurt 1848/49.

Literatur

L. Bergsträsser, Die Verfassung des deutschen Reiches vom Jahre 1849, Bonn 1913.
W. Boldt, Die Anfänge des deutschen Parteiwesens in der Revolution von 1848, Paderborn 1971.
Ders., Konstitutionelle Monarchie oder parlamentarische Demokratie. Die Auseinandersetzung um die deutsche Nationalversammlung in der Revolution von 1848, in: HZ 216. 1973. 553–622.
U. Botzenhardt, Deutscher Parlamentarismus in der Revolutionszeit 1848–1850, Düsseldorf 1977.
Die Gegenwart. Eine enzyklopädische Darstellung der neuesten Zeitgeschichte für alle Stände, 12 Bde., Leipzig 1848–1856.
J. Droz, Les révolutions allemandes, Paris 1957.
H. J. Faller, Die Verfassungsgerichtsbarkeit in der Frankfurter Reichsverfassung vom 28. März 1849, in: Fs. W. Geiger, Tübingen 1974, 827–866.
J. Franke, Das Wesen der Frankfurter Grundrechte von 1848/49 im System der Entwicklung der Menschen und Grundrechte, Diss. jur. Bonn 1970.
H. Friedjung, Österreich von 1848 bis 1860, 2 Bde., Stuttgart 1918[4].
K. Griewank, Ursachen und Folgen des Scheiterns der deutschen Revolution von 1848, in: HZ 170. 1950, 495–523.
G. Grünthal, Zwischen König, Kabinett u. Kamarilla. Der Verfassungsoktroi in Preußen vom 5. 12. 1848, in: Jahrbuch f. d. Geschichte Mittel- u. Ostdeutschlands 32. 1983, 119–174.

W. Häusler, Von der Massenarmut zur Arbeiterbewegung. Demokratie und soziale Frage in der Wiener Revolution von 1848, Wien 1979.
G. Hildebrandt, Die Paulskirche, Berlin 1986.
R. A. Kann, Das Nationalitätenproblem der Habsburgermonarchie, 2 Bde., Graz 1964[2].
J. D. Kühne, Die Reichsverfassung der Paulskirche, Frankfurt 1985.
D. Langewiesche Hg., Die deutsche Revolution von 1848/49, Darmstadt 1983.
Ders., Die Anfänge der deutschen Parteien. Partei, Fraktion u. Verein in der Revolution von 1848, in: GG 4. 1978, 324–361.
Ders., Die deutsche Revolution von 1848/49 u. die vorrevolutionäre Gesellschaft: Forschungsstand und Forschungsperspektiven, in: AfS 21. 1981, 458–498.
Ders., Republik, Konstitutionelle Monarchie u. »Soziale Frage«. Grundprobleme der deutschen Revolution von 1848/49, in: HZ 230. 1984, 529–547.
K. Schauer, Die Paulskirche, Frankfurt 1923.
G. Schilfert, Sieg u. Niederlage des demokratischen Wahlrechts in der deutschen Revolution 1848/49, Berlin 1952.
H. Scholler, Die Grundrechtsdiskussion in der Paulskirche, Darmstadt 1982[2].
W. Siemann, Die deutsche Revolution von 1848/49, Frankfurt 1985.
Ders., Die Frankfurter Nationalversammlung 1848/49 zwischen demokratischem Liberalismus und konservativer Reform, Frankfurt 1976.
Ders., Wirtschaftsliberalismus 1848/49 zwischen sozialer Verpflichtung u. Konkurrenzprinzip. Zur Debatte über das »Recht auf Arbeit« in der »Paulskirche«, in: Fs. E. W. Zeeden, Münster 1976, 407–432.
R. Stadelmann, Soziale und politische Geschichte der Revolution von 1848, München 1970[2].
H. A. Strauss, Staat, Bürger, Mensch. Die Debatten der deutschen Nationalversammlung 1848/49 über die Grundrechte, Aarau 1947.
V. Valentin, Die erste deutsche Nationalversammlung, München 1919.
Ders., Geschichte der deutschen Revolution von 1848/49, 2 Bde., Berlin 1930/31.
G. Wollstein, Deutsche Geschichte 1848/49. Gescheiterte Revolution in Mitteleuropa, Stuttgart 1986.
Ders., Das Vorparlament 1848, in: M. Salewski Hg., Die Deutschen u. die Revolution, Göttingen 1985, 179–227.

VII. Rückbildungs- und Fortbildungsversuche bis zur Auflösung des Deutschen Bundes

Quellen

Der deutsche Fürstenkongreß zu Berlin im Mai 1850. Aktenstücke und Betrachtungen, 1850, Nd. Osnabrück 1967.
Protokolle der deutschen Bundesversammlung, Frankfurt 1816ff.
Stenographischer Bericht über die Verhandlungen des deutschen Parlaments zu Erfurt, Erfurt 1850.
H. Fischer u. G. Silvestri Hg., Texte zur österreichischen Verfassungsgeschichte. Von der Pragmatischen Sanktion zur Bundesverfassung, Wien 1970, S. 69–103.
J. Schlumbohm Hg., Der Verfassungskonflikt in Preußen 1862–1866, Göttingen 1970.
H. v. Srbik Hg., Quellen zur deutschen Politik Österreichs 1859–1866, 5 Bde., Oldenburg 1934–1938.

Literatur

G. Anschütz, Die Verfassungsurkunde für den preußischen Staat vom 31. Januar 1850, Bd. 1, Berlin 1912.
K. Binding, Der deutsche Bundesstaat auf dem Erfurter Parlament, in: Zum Werden u. Leben der Staaten, München 1920, 55–94.
H. Böhme Hg., Probleme der Reichsgründungszeit 1848–1871, Köln 1968.
H. H. Brandt, Der österreichische Neoabsolutismus. Staatsfinanzen und Politik 1848–1860, 2 Bde., Göttingen 1978.
J. Droz, Liberale Anschauungen zur Wahlrechtsfrage u. das preußische Dreiklassenwahlrecht, in: E.-W. Böckenförde Hg., Moderne deutsche Verfassungsgeschichte, Königstein/Ts. 1981², 232–251.
K. G. Faber, Realpolitik als Ideologie. Die Bedeutung des Jahres 1866 für das politische Denken in Deutschland, in: HZ 202. 1966, 1–32.
K. H. Friauf, Der Staatshaushaltsplan im Spannungsfeld zwischen Regierung u. Parlament, Bd. 1: Verfassungsgeschichtliche Untersuchungen über den Haushaltsplan im deutschen Frühkonstitutionalismus, Bad Homburg 1968.
L. Gall, Der Liberalismus als regierende Partei, Wiesbaden 1968.
Ders., Bismarck. Der weiße Revolutionär, Berlin 1980, 199–380.
D. Grimm, Die Entwicklung der Grundrechtstheorie in der deutschen Staatsrechtslehre des 19. Jhs., in: G. Birtsch Hg., Grund- u. Freiheitsrechte von der ständischen zur spätbürgerlichen Gesellschaft, Göttingen 1987, 234–266.
G. Grünthal, Parlamentarismus in Preußen 1848/49–1857/58, Düsseldorf 1982.

Ders., Das Preußische Dreiklassenwahlrecht. Ein Beitrag zur Genesis u. Funktion des Wahlrechtsoktrois vom Mai 1849, in: HZ 226. 1978, 17–66.
M. Gugel, Industrieller Aufstieg u. bürgerliche Herrschaft. Sozioökonomische Interessen u. politische Ziele des liberalen Bürgertums in Preußen zur Zeit des Verfassungskonflikts 1857–1867, Köln 1975.
A. Hess, Das Parlament, das Bismarck widerstrebte. Zur Politik u. sozialen Zusammensetzung des preußischen Abgeordnetenhauses der Konfliktzeit 1862 bis 1866, Köln 1964.
K. Kaminski, Verfassung u. Verfassungskonflikt in Preußen 1862–1866, Diss. jur. Kiel 1937.
D. Langwiesche, Liberalismus u. Demokratie in Württemberg zwischen Revolution und Reichsgründung, Düsseldorf 1974.
H. v. Poschinger, Preußen im Bundestag 1851–1859, Leipzig 1884[2].
W. Real, Zur Geschichte der Bundesreformbestrebungen 1859–1862, in: P. Wentzcke u. a. Hg., Darstellungen und Quellen zur Geschichte der deutschen Einheitsbewegung im 19. u. 20. Jh., Bd. 4, Heidelberg 1963, 152–254.
R. Schwemmer, Die Reaktion u. die neue Ära, Leipzig 1925[4].
R. Smend, Die preußische Verfassungsurkunde im Vergleich mit der belgischen, Göttingen 1904.
W. O. Vollrath, Der parlamentarische Kampf um das preußische Dreiklassenwahlrecht, Diss. jur. Jena 1931.
R. Wahl, Der preußische Verfassungskonflikt u. das konstitutionelle System des deutschen Kaiserreiches, in: E.-W. Böckenförde Hg., Moderne deutsche Verfassungsgeschichte, Königstein/Ts. 1981[2], 208–231.
H. A. Winkler, Preußischer Liberalismus u. deutscher Nationalstaat. Studien zur Geschichte der deutschen Fortschrittspartei 1861–1866, Tübingen 1964.
E. Winter, Revolution, Neoabsolutismus und Liberalismus in der Donaumonarchie, Wien 1969.
G. Witzmann, Die Gothaer Nachversammlung zum Frankfurter Parlament 1849, Gotha 1917.